Über dieses Buch   Anknüpfend an sein bereits in viele Sprachen über-
setztes Standardwerk ›Grundzüge der Psychoanalyse‹ gibt der Autor
hier Einblick in die Praxis der Psychoanalyse. Er beschäftigt sich nicht
nur mit der psychoanalytischen Behandlungstechnik als solcher, sondern
vor allem mit der Bedeutung des psychischen Konflikts für die analytische Situation.
In seinem klar gegliederten Buch nimmt der Verfasser ständig Bezug auf
die konkrete analytische Behandlungssituation und veranschaulicht jeden wichtigen Punkt mit exemplarischen Falldarstellungen.

Der Autor   Charles Brenner, geboren 1913 in Boston (Mass.), absol-
vierte sein medizinisches Studium an der Harvard University. Im An-
schluß an sein Medizin-Praktikum begann er seine psychoanalytische
Ausbildung am Boston Psychoanalytic Institute und setzte sie nach 1945
am Psychoanalytischen Institut in New York fort, zu dessen Lehrkörper
er schließlich gehörte. Er ist Professor für Psychiatrie an der State University von New York.
Der Autor war sowohl Präsident der New York Psychoanalytic Society
als auch der American Psychoanalytic Association.
Weitere Bücher von Charles Brenner: *Elemente des seelischen Konflikts*
(S. Fischer Verlag, 1986) und *Grundzüge der Psychoanalyse* (Bd. 6309).

Charles Brenner

Praxis der Psychoanalyse

Psychischer Konflikt und Behandlungstechnik

Aus dem Amerikanischen
von Willi Köhler

Fischer
Taschenbuch
Verlag

13.–14. Tausend: Juni 1993

Ungekürzte Ausgabe
Veröffentlicht im Fischer Taschenbuch Verlag GmbH,
Frankfurt am Main, März 1982

Die Originalausgabe erschien unter dem Titel
›Psychoanalytic Technique and Psychic Conflict‹
im Verlag International Universities Press, Inc., New York
Lizenzausgabe mit freundlicher Genehmigung
des S. Fischer Verlages GmbH, Frankfurt am Main
© International Universities Press, Inc., New York 1976
© S. Fischer Verlag GmbH, Frankfurt am Main 1979
Umschlaggestaltung: Buchholz/Hinsch/Hensinger
Gesamtherstellung: Clausen & Bosse, Leck
Printed in Germany
ISBN 3-596-26740-4

Gedruckt auf chlor- und säurefreiem Papier

Inhalt

Vorbemerkung zur deutschen Ausgabe

Bei der Niederschrift des Buches hatte ich – wie auch der Titel der deutschen Ausgabe andeutet – Leser vor Augen, die in der psychoanalytischen Praxis tätig oder an ihr interessiert sind. In den zwei Jahren, die seit der Veröffentlichung des amerikanischen Originals verstrichen sind, hat sich herausgestellt, daß die Arbeit auch für andere Leser von Nutzen ist, vor allem für Therapeuten, die eine psychoanalytisch orientierte Psychotherapie praktizieren. Daher möchte ich die deutsche Ausgabe dieser größeren Leserschaft empfehlen, und ich kann nur hoffen, daß sie eine ebenso wohlwollende und zustimmende Aufnahme erfährt wie die amerikanische Ausgabe.

Der Übersetzer hat sich alle Mühe gegeben, eine gleichermaßen inhaltlich genaue wie lesbare Übersetzung zu verfassen. Wann immer er sich im unklaren darüber war, was ich sagen wollte, hat er sich mit mir verständigt, und so glaube ich, daß sein endgültiger Text genau das wiedergibt, was mir beim Schreiben vorschwebte. Ist diese Genauigkeit schon bei der Übersetzung jedes wissenschaftlichen oder technischen Werkes keine geringe Leistung, dann um so mehr, wenn die Arbeit viele Gedanken enthält, die neu oder nicht allgemein bekannt sind, wie dies für mein Buch zutrifft. Es ist mir eine große Freude, dem Übersetzer und dem S. Fischer Verlag für ihre ausgezeichnete Arbeit und für ihr verständnisvolles Eingehen auf mein Buch zu danken.

New York im Januar 1979   Charles Brenner

Vorwort

Dr. Charles Brenner braucht Lesern psychoanalytischer Literatur nicht eigens vorgestellt zu werden. Sowohl in seinem Heimatland, den Vereinigten Staaten, wie auch im Ausland ist er weithin als Kliniker, Theoretiker und Lehrer der Psychoanalyse bekannt. Seine Schriften zeichnen sich aus durch Gedankenschärfe, klare verständliche Darstellung und konsequentes Bemühen, Theorie mit Hilfe klinischer Beobachtungen abzusichern. Das vorliegende Buch ist erneut ein Beispiel für solche Tugenden.

Bei der vorliegenden Arbeit handelt es sich nicht um eine Sammlung von Regeln und Vorschriften. Im Verlauf seiner Auseinandersetzung mit dem Problem der psychoanalytischen Technik beschreibt und erläutert Dr. Brenner vielmehr die Grundprinzipien der psychoanalytischen Methode, die psychoanalytische Einstellung sowie die Beziehung zwischen Theorie und Praxis. Er spricht von der Notwendigkeit, sich das »Wesen der analytischen Aufgabe in ihrer Gesamtheit« zu vergegenwärtigen, der Aufgabe nämlich, »Natur und Ursprung der Konflikte jedes Patienten so weitgehend wie möglich zu verstehen«. Die Aussage und ihr Inhalt – die überall spürbare zentrale Bedeutung des psychischen Konflikts – sind auf den ersten Blick von täuschender Einfachheit. Doch wie offenkundig sie auch erscheinen mögen, der Leser wird feststellen, daß sie auf den folgenden Seiten in einer Art und Weise entwickelt und erarbeitet werden, die höchst bedeutsam und aufschlußreich ist und die allersorgfältigste Aufmerksamkeit verdient.

Nach den Worten von Dr. Brenner besitzt die psychoanalytische Technik wissenschaftlichen Wert in ihrer klinischen Anwendung, und folglich untermauert der Verfasser in allen Teilen des Buches seine theoretischen Aussagen mit einer Fülle klinischer Fallbeispiele.

In früheren Veröffentlichungen hat Dr. Brenner angeregt,

grundlegende psychoanalytische Konzepte einer neuen Betrachtungsweise zu unterziehen, die er in der vorliegenden Arbeit auf die psychoanalytische Technik anwendet. Zu den Konzepten, die neu zu überdenken er vorschlug, gehören die Affekttheorie, Übertragung und das therapeutische Arbeitsbündnis, Träume sowie vor allem das Wesen des psychischen Konflikts. Er sucht nachzuweisen, daß viele Aspekte dieser wichtigen Gegenstände, von Psychoanalytikern bis dahin als selbstverständlich hingenommen, dringend der Neuformulierung, der Neubewertung und kritischer Beurteilung bedürfen, die sich auf eine neue, unvoreingenommene Sicht der relevanten klinischen Daten gründet. In diesem Buch hat Dr. Brenner viele Gedanken zusammengetragen, die zuvor in den verschiedensten Schriften und Arbeiten verstreut lagen. Einige dieser Gedanken formulierte er neu, wobei er vor allem jene Gesichtspunkte hervorhob, die ihm am unmittelbarsten die technischen Probleme zu berühren schienen. Die weiteren behandelten Fragen stellt er in einen größeren Rahmen und erörtert sie unter Aspekten, die zweifellos die Aufmerksamkeit jedes praktizierenden Analytikers finden.

Der Verfasser wendet sich an ein Publikum »praktizierender Analytiker in Gegenwart und Zukunft«. Sein Buch dürfte dem Studierenden wertvolle Kenntnisse und Einsichten vermitteln; für den Analytiker, der gerade seine Ausbildung beendet hat, wie auch für den erfahrenen Kollegen wird es von erfrischendem, anregendem Reiz sein. Dem Nichtanalytiker bringt es in klarer, verständlicher Weise nahe, um was es bei der Psychoanalyse eigentlich geht.

New York im April 1976   David Beres

Einführung

Dieses Buch ist für praktizierende Analytiker in Gegenwart und Zukunft geschrieben. Es wendet sich auch an jeden Studierenden, der sich in psychoanalytischer Technik ausbildet. Doch damit stellt es keineswegs den Versuch einer gründlichen oder systematischen Anleitung in psychoanalytischer Praxis dar. Aus Gründen, die ich weiter unten erörtern möchte, hege ich ohnehin Zweifel daran, daß irgendein Buch einen solchen Zweck auch nur annähernd erfüllen könnte.

Die Wahl der im folgenden erörterten Themen wie auch der Inhalt dieser Erörterungen sind das Ergebnis einer persönlichen Entscheidung in jedem einzelnen Fall. Ganz allgemein hatte ich zwei Ziele vor Augen: erstens, mich weitgehend auf das Thema psychoanalytische Technik zu beschränken, und zweitens, alles auszusparen, was meiner Ansicht nach zum Allgemeinwissen gehört. Folglich ist das Buch ein höchst persönlicher Beitrag zu dem Thema, das ich mir gestellt habe. Es verzichtet auf eine ausführliche Darstellung und Würdigung der zahlreichen Beiträge anderer analytischer Autoren, angefangen mit Freud, und desgleichen wird der Leser auch vergebens auf eine systematische oder kritische Beurteilung all jener Beiträge warten.

Die Gesamtanlage des Buches und die Abfolge in der Darbietung des Textmaterials ergeben sich aus der Bedeutung, die der Beziehung zwischen psychoanalytischer Technik und psychoanalytischer Theorie zukommt. Es kann nicht häufig genug wiederholt werden, daß die psychoanalytische Technik, wie übrigens jede andere wissenschaftlich begründete Verfahrensweise, keinesfalls eine bloße Sammlung überlieferter Vorschriften und Faustregeln darstellt (Brenner, 1969b). Im Gegenteil, sie ist vielmehr Anwendung psychoanalytischer Theorien über Funktionsweise und Entwicklung der Psyche auf das praktische Problem, das es zu lösen gilt, wenn man in einem individuellen Fall jene seelischen Abläufe in je spezieller Weise ändern möchte. Psychoanalytische Technik ist in Wahrheit gleichermaßen wichtige Quelle von Daten, auf denen die genannten Theorien beruhen, wie auch ständige Prüfung und schließlich mögliches Korrektiv dieser Daten und Theorien.

Keine Frage, es ist weder originell noch ungewöhnlich, auf die enge Beziehung hinzuweisen, die zwischen psychoanalytischer Technik und psychoanalytischer Theorie besteht. Das ist in der Vergangenheit häufig und überzeugend geschehen. Aus der Tatsache jedoch, daß diese Beziehung so eng ist, leiten sich für jede theoretisch begründete Erörterung psychoanalytischer Technik gewisse Konsequenzen ab. Wer immer in diese Erörterung als Autor einsteigt, hat die Pflicht, seinen Lesern zumindest in allgemeiner Form mitzuteilen, wie es um seine theoretische Orientierung bestellt ist. In meinem Fall ist das nicht schwierig. Jeder interessierte Leser findet darüber in meinen früheren Schriften recht ausführliche Hinweise (Arlow und Brenner, 1964; Brenner, 1966, 1968a, 1968b, 1969b, 1970, 1971, 1973a, 1974b, 1975a). Dennoch dürfte die folgende Zusammenfassung von Nutzen sein. Sie lehnt sich unübersehbar an Freuds Strukturtheorie an (1920, 1923a, 1926, 1933) und legt besonderes Gewicht auf jenen Teil dieser Theorie, der sich mit dem psychischen Konflikt beschäftigt und für die klinische Arbeit von zentraler Bedeutung ist.

Freud ging von der Annahme aus, daß die Psyche von triebhaften Strebungen – daher die Bezeichnung »Trieb« – und deren Energie in Bewegung gesetzt und zur Aktivität gezwungen wird. Diese Triebe sind von zweifacher Art, es sind libidinöse und aggressive Triebe. Freud nahm des weiteren an, daß die Psyche einen Apparat – den seelischen oder psychischen Apparat – zur Abfuhr, Kontrolle und Regulierung der zur Aktivität drängenden Triebenergie darstellt. In seiner Tätigkeit unterliegt der psychische Apparat einem Grundgesetz, das Freud als Lust-Unlust-Prinzip bezeichnet, das heißt, er strebt nach Lust, sonderlich nach der Lust durch Triebbefriedigung, und sucht Unlust zu vermeiden, vor allem die Unlust infolge von Triebversagung und Angst.

Nach Freud besteht der psychische Apparat aus drei Teilen, drei Strukturen oder, wenn man will, drei Agenturen oder Instanzen, die als Es, Ich und Überich bezeichnet werden.

Das Es umfaßt den triebhaften Teil der Psyche, das Ich den Teil, der sich mit der Außenwelt, und das Überich den Teil, der sich mit Moral und Gewissen auseinandersetzt. Die Berechtigung für diese Unterteilung und ihre Nützlichkeit im Rahmen einer psychologischen Theorie leitet sich aus Erscheinungen ab, die man in Situationen beobachten kann, die einen psychischen Konflikt hervorrufen. Solche Konflikte sind, vereinfacht gesagt, von dreifacher Art. Einmal können ein oder mehrere Triebabkömmlinge im Gegensatz stehen zu dem reiferen, organisierten und kohärenteren Teil der Psyche. In solchen Fällen schlägt sich das Überich, sofern es bereits ausgebildet und funktionsfähig ist, auf die Seite des Teils der Psyche, der stärker durchstrukturiert und in sich geschlossener ist. Des weiteren kann der organisiertere Teil der Psyche in Konflikt treten mit dem unbewußten Bedürfnis nach Selbstbestrafung. Schließlich, und im dritten Fall, hat sich der Hang zur Selbstbestrafung mit einem masochistischen Wunsch verbündet, und diese beiden Strebungen gemeinsam liegen in Konflikt mit dem reiferen, organisierteren Persönlichkeitsanteilen. In der Sprache der Strukturtheorie bestehen in den genannten Fällen Konflikte zwischen Es und Ich (und Überich), zwischen Überich und Ich sowie zwischen Es plus Überich und Ich. Damit spiegelt sich in den Konzepten und in der Terminologie der Strukturtheorie die Bedeutung wider, die der Rolle des Konflikts im Seelenleben zugemessen wird. Im Verlauf der weiteren Erörterungen dieses Buches werden sich zahlreiche Gelegenheiten ergeben, um auf das Thema Konflikt näher einzugehen.

Andere wichtige Eigenschaften des psychischen Apparats sollten hier Erwähnung finden. Da ist zunächst der Grundsatz des psychischen Determinismus. Danach ist alles, was zu einem gegebenen Augenblick in der Psyche geschieht, das Ergebnis von zeitlich früher liegenden Ereignissen, das heißt, in der seelischen wie in der materiellen Welt bewahrheitet sich das Gesetz von Ursache und Wirkung. Des weiteren ist das Konzept der dynamischen Bedeutung unbewußter Seelentätigkeit zu erwähnen. Mit anderen Worten, das Unbewußte kann eine ebenso wichtige psychische Determinante sein wie das Bewußte, wenn nicht in noch stärkerem Maße. Ferner gilt es den genetischen Gesichtspunkt zu beachten, das heißt die Annahme, daß die Eigenschaften des psychischen Apparats, wie sie sich im Erwachsenenleben darstellen, in genetischer Beziehung zu den Triebkonflikten der Kindheit und den damit verbundenen Ereignissen stehen. Schließlich haben wir noch den Grundsatz der multiplen Funktion (Waelder, 1930), der zufolge die Ergebnisse der Seelentätigkeit – Gedanken, Phantasien, Handlungen, neurotische Symptome usw. – im allgemeinen einen Kompromiß zwischen Es, Ich und Überich darstellen. Teils sind sie Triebbefriedigungen, teils Abwehroperationen, teils Folgen moralischer Erwägungen, und zu einem gewissen Grade werden sie auch durch die äußere Realität beeinflußt. Auf diese letztere Eigenschaft des psychischen Apparats, das heißt auf die Kompromißbildung, werden wir im folgenden des öfteren zurückkommen. Soviel zum theoretischen Rahmen. Er dient, zumindest vorläufig, zur Orientierung des Lesers, sofern er darauf angewiesen ist. Ergänzend möchte ich noch, gleichsam als Auftakt zu dem Buch, einen Punkt erwähnen, der nach meiner Meinung von ebenso fundamentaler Bedeutung ist wie die theoretischen Bezugspunkte, die dem Buch zugrunde liegen. Auch dieser Punkt, wenngleich alles andere als eine theoretische Überlegung, bedarf einiger Erläuterungen.

Psychoanalyse als therapeutisches Verfahren ist eine Form der Psychotherapie (Freud, 1904). Die Methode der Ausbildung in diesem Verfahren – in der psychoanalytischen Technik – besteht unter anderem darin, Patienten zu analysieren, und zwar zunächst mit Hilfe häufiger, regelmäßiger Beratungen durch einen ausgebildeten, erfahrenen Kollegen. Neben dieser Form der Unterweisung, die für gewöhnlich als Supervision bezeichnet wird, haben sich Falldarstellungen im Kreis von Auszubildenden als förderlich erwiesen, desgleichen Seminare, in denen Fortschritte in der Behandlung eines Analysanden in regelmäßigen Abständen sowohl von Ausbildungskandidaten wie von erfahrenen Kollegen besprochen werden. Selbst informelle oder gelegentliche Fallgespräche können zuweilen von Nutzen sein, so daß man durchaus sagen kann, jede analytische Erörterung eines klinischen Falles trägt wahrscheinlich zur Verbesserung von technischen Fertigkeiten bei, wenngleich die entscheidenden Fortschritte bei der Darstellung und Erörterung eigener Fälle erzielt werden. Welches könnte der Grund dafür sein, daß man aus einem eigenen Fall stets soviel mehr lernt als aus dem Bericht über einen Fall, den jemand anders behandelt? Liegt es daran, daß so wenige Analytiker die Fähigkeit besitzen, einen Fall so darzustellen, daß er wirklich »mit Leben erfüllt« ist? Ich glaube nicht. Selbst die Lektüre der klassischen Fallberichte Freuds ist kein Ersatz für regelmäßige Beratungen über einen eigenen Fall, für Beratungen, die dem angehenden Psychoanalytiker die Aneignung technischer Fertigkeiten erleichtern sollen. Auch aus Freuds Fallgeschichten kann der lernbegierige Student lediglich flüchtige Eindrücke davon gewinnen, »wie Freud es gemacht hat«. Aus den Berichten weniger begabter Autoren lernt man noch weniger, doch wer sich die Mühe gibt, nach den Gründen zu forschen, dürfte zu der Einsicht gelangen, daß daran weder Freud noch seine Nachfolger die Schuld tragen. Auf jeden der eigenen Fälle, die man unter Supervision behandelt, verwendet man jährlich zwischen 200 und 250 Sitzungen, von denen jede fast eine Stunde dauert und dazu 49 bis 50 Beratungssitzungen. Außerdem gibt man eine unbestimmte, aber sicherlich erhebliche Menge an Zeit daran, über den Fall nachzudenken, sich Aufzeichnungen zu machen, die in der Beratung besprochen werden, und den Fall auf informelle Weise mit seinen Kollegen zu erörtern. Daraus entsteht eine Vertrautheit mit den Einzelheiten des Falles – sowohl der Lebensgeschichte vor Beginn der Analyse wie der Fortschritte im Verlauf der Analyse selbst –, die unvergleichlich gründlicher ist und der Vollständigkeit erheblich näherkommt, als dies bei dem Fall eines Kollegen jemals möglich sein dürfte. Eine so weitgehende Vertrautheit mit Fallgeschichten kann man nur noch gewinnen, wenn man an einem kontinuierlich durchgeführten Fallseminar teilnimmt, und in der Tat sind sich die meisten Analytiker darin einig, daß sie, von ihren eigenen Fällen abgesehen, über psychoanalytische Technik am meisten in solchen Seminaren erfahren und gelernt haben. Die Vorstellung, daß man viele hundert oder einige tausend Stunden daran wendet, um eine Fallgeschichte zu studieren, diese Vorstellung allein sollte ausreichen, jeden zu überzeugen, daß ein solcher Bericht sich in seinem Wert als Mittel zur Ausbildung niemals mit einem eigenen Fall messen kann. Und wenn man, weil unumgänglich, zu diesen Überlegungen noch die Tatsache hinzufügt, daß aus unbewußten wie bewußten Gründen der eigene Fall stets interessanter ist als der eines anderen, dann wird um so deutlicher, welche Vorzüge der eigene Fall für die psychoanalytische Ausbildung besitzt. Es gibt ganz einfach nichts, was der Erfahrung gleichkommt, die darin besteht, mit einem Male etwas von einem eigenen Fall zu verstehen, das man vorher nicht verstanden hat, eine Deutung zu geben und diese Deutung durch die darauf folgenden Assoziationen eines Patienten, durch sein Verhalten oder durch beides bestätigt zu finden.

Dennoch ist das gedruckte Wort für jemanden, der sich die psychoanalytische Technik aneignen möchte, nicht ohne erzieherischen Wert, auch wenn es die eigene praktische Erfahrung niemals ersetzen kann. Sobald man erst einmal ein hinlängliches Maß an Vertrautheit mit der psychoanalytischen Praxis und einige Fertigkeiten in analytischer Technik erworben hat, kann man aus Fallbruchstücken oder Fallgeschichten sowie aus allgemeinen Erörterungen über klinische Probleme durchaus eine gehörige Menge lernen. Der Autor kann also hoffe, daß ein Buch über Technik einem nützlichen Zweck dient, auch wenn er nicht verkennt, daß es nie mehr sein kann als Ergänzung zur persönlichen Erfahrung, die der Leser während seiner klinischen Tätigkeit macht. Dieses Buch möchte eine solche Ergänzung sein. Mehr kann kein Buch leisten.

1. Psychischer Konflikt und die Aufgabe des Analytikers

An den Anfang möchte ich einige Aspekte des psychischen Konflikts stellen. Mag dieses Thema auch jedem, der sich einer Ausbildung in Psychoanalyse unterzieht, vertraut sein, einige Konsequenzen, die sich aus unserem Wissen über den Ursprung des psychischen Konflikts, über sein Wesen und seine Auswirkung auf die psychischen Funktionsabläufe ergeben, sind für die psychoanalytische Technik derart wichtig, daß es sich verlohnt, sie hier noch einmal zusammenzufassen, auch wenn ein großer Teil der folgenden Erörterungen sich mit einem Gebiet beschäftigt, das jedem Leser bereits wohlbekannt ist.

Die sich anschließende Zusammenfassung aus einem früheren Aufsatz möge als Einstieg in unsere Diskussion dienen.

Seit der Veröffentlichung von *Hemmung, Symptom und Angst* (Freud, 1926) gilt Angst als der mit dem psychischen Konflikt am engsten in Beziehung stehende Affekt. Die gegenwärtig als stichhaltig angenommene Verbindung zwischen den beiden läßt sich wie folgt zusammenfassen. Wann immer ein Triebabkömmling oder eine Tendenz zur Selbstbestrafung oder Selbstzerstörung als gefährlich empfunden wird, entwickelt sich Angst. Um diese Angst zu beseitigen oder zu verringern, werden von dem Betroffenen Anstrengungen unternommen, die dem Ziel dienen, den gefährlichen Abkömmling fernzuhalten, das heißt, ihn abzuwehren. Das Ergebnis ist charakteristischerweise ein Kompromiß zwischen Triebabkömmling und Abwehr, ein Kompromiß, der die Angst entweder zum Verschwinden bringt oder zumindest weniger Angst aufkommen läßt, als sich ohne Einsatz einer Abwehroperation entwickeln würde. Die Konfliktbestandteile sind mithin (1) Triebwunsch, (2) Gefahrensignal, (3) Abwehr und (4) Kompromiß zwischen all diesen Faktoren. Abwehr hat die Funktion, Angst zu vermeiden, eine

Funktion, die in Einklang mit dem Lustprinzip steht. Da die gegenwärtig gültige psychoanalytische Theorie – die Strukturtheorie – Triebabkömmlinge zum Es zählt, Selbstbestrafungstendenzen zum Überich und Abwehrvorgänge zum Ich, kann man auch sagen, daß wir es mit zwei übergeordneten Klassen von Konflikten zu tun haben, und zwar mit denen zwischen Ich und Es und mit denen zwischen Ich und Überich. In beiden Fällen wird der Angst eine Schlüsselstellung eingeräumt. Angst ist der Auslöser, der ein Individuum in Widerstreit mit gefahrdrohenden Es- oder Überich-Abkömmlingen bringt und der verantwortlich ist für den Einsatz von Abwehroperationen, die jenen Abkömmlingen entgegenarbeiten (Brenner 1975a, S. 5).

Als ich diese gerade zitierte Textstelle niederschrieb, war ich der Meinung, daß ich lediglich die zur Zeit als gültig akzeptierte psychoanalytische Auffassung zum Thema Konflikt wiedergab. Doch in Diskussionen mit Kollegen kam zum Vorschein, daß manche Analytiker den psychischen Konflikt für gewöhnlich ein wenig anders definieren oder jedenfalls enger fassen. Ein Standpunkt lautete, nur eine Reaktion aus dem komplizierten Wechselspiel von Wünschen, Ängsten und Abwehren, das so weite Bereiche menschlichen Denkens und Verhaltens bestimme, solle als Konflikt bezeichnet werden, nämlich die von Angst- oder Schuldgefühlen geprägte Reaktion. Andere waren der Auffassung, Konflikt zeige lediglich das Auftreten von Abwehrmanövern gegen gefährliche Wünsche an, und um den Konflikt zu definieren, sei es nicht nötig, die Begriffe Angst oder Schuldgefühl zu bemühen. Nebenbei bemerkt, von der ersten der genannten Definitionen läßt sich sagen, daß sie im wesentlichen subjektiv ist, während die zweite eher auf objektiven Kriterien beruht. Die Aussage »Das bereitet mir Konflikte« bedeutet häufig. »Das macht mir Angst« oder »Das bereitet mir Schuldgefühle«. Unbewußte Wünsche und Abwehroperationen gegen sie müssen andererseits von einem Beobachter, das heißt einem Analytiker, erschlossen werden; von dem Patienten werden sie nicht wahrgenommen.

Man wird auch bemerken, daß die Definition des Konflikts, mit der ich dieses Kapitel eingeleitet habe, weiter gefaßt ist als jede der beiden Definitionen, die ich soeben angeführt habe.

Tatsächlich schließt sie die beiden genannten Definitionen und noch mehr ein. Die Gründe, warum ich sie jeder engeren, weniger umfassenden Definition vorziehe, sind die folgenden. Wenn Abwehrmaßnahmen eingesetzt werden, um zur Vermeidung von Angst einem gefährlichen Triebwunsch oder einer Überich-Forderung entgegenzuwirken, dann taucht im psychischen Leben und Verhalten des betreffenden Individuums die sich aus der Abwehr ergebende Kompromißbildung als ein Phänomen auf, das sich beobachten und verfolgen läßt. Diesen Kompromiß erkennt man, wenn man einem Patienten zuhört und ihn beobachtet. Triebwunsch, Angst, Schuldgefühle und Abwehr, all dies geht in jedem Fall in das Endergebnis, den Kompromiß ein, auch wenn die relative Bedeutung jedes Faktors von Fall zu Fall unterschiedlich ist. Der Kompromiß ist unumgängliches Ergebnis des Wechselspiels zwischen all den genannten Faktoren.

Gerade weil man eine Mischung all der sich im Wechselspiel befindlichen Elemente beobachtet, die ich soeben angeführt habe, hat es sich als vorteilhaft erwiesen, sie alle unter dem Stichwort psychischer Konflikt zusammenzufassen. Triebwunsch, Angst, Schuldgefühle und Abwehr sind die Elemente jedes Konflikts. Diese Elemente finden sich zusammen, um das schließliche Ergebnis zu bilden. Mit anderen Worten, was Kompromißbildung genannt wird, ist nach dem Stand unseres heutigen Wissens eine Folge von Triebwunsch, Angst, Schuldgefühl und Abwehr in je unterschiedlichen Anteilen. Dieser Tatsache wird Gewalt angetan, wenn man eines der genannten Elemente in einer Definition für Konflikt nicht berücksichtigt. Der Vollständigkeit halber sei noch hinzugefügt, daß eine Kompromißbildung häufig auch durch aktuelle Umweltbedingungen beeinflußt wird.

Bevor wir uns von Definitionsfragen zu jenen mehr praktischen Überlegungen wenden, die im Mittelpunkt unserer Beschäftigung stehen sollen, ist noch ein weiteres Wort der Erklärung vonnöten. In der Erörterung, die ich in diesem Kapitel zum Thema Konflikt anstelle, werde ich mich hinsichtlich der Affekte, die für die Entstehung von Konflikten verantwortlich sind, auf Angst und Schuldgefühle beschränken. Vor einiger Zeit (1975a) habe ich Sachverhalte zur Diskussion gestellt, die es nahelegen, diese Auffassung zu erweitern, das heißt die Auffassung, der bis heutigentags im allgemeinen zugestimmt wird. Die von mir vorgeschlagene Modifizierung und ihre Anwendung auf die psychoanalytische Technik sollen in Kapitel 4 erörtert werden. Sie hier einzuführen hieße, die Darstellung der Gedanken, die in diesem Kapitel von vorrangiger Wichtigkeit sind, unnötigerweise zu verkomplizieren. Mit dieser Einschränkung können wir uns nun einigen klinischen Anwendungen widmen, die sich aus der Definition des psychischen Konflikts ergeben.

Nehmen wir ein Beispiel, bei dem die Kompromißbildung ein neurotisches Symptom darstellt. In Übereinstimmung mit den soeben skizzierten Gedanken müssen wir zu folgendem Schluß gelangen: Erstens, was immer an bewußter Angst und Schuldgefühlen mit dem Symptom verbunden sein mag, sie leiten sich in Wahrheit von dem Triebwunsch her, der den Konflikt hervorgerufen hat, und zweitens sind Angst und Schuldgefühle deshalb bewußt, weil die Abwehrmaßnahmen gegen diesen Wunsch nur zum Teil erfolgreich sind. Wenn also beispielsweise ein Patient Angst verspürt, wenn er sich in einem überfüllten Bus befindet, dann schreiben wir seine Angst den unbewußten Wünschen zu, die zu dem betreffenden Zeitpunkt in seiner Seele wirksam sind, und nicht Rationalisierungen, die er uns auch anbieten mag, etwa daß er Angst habe, weil er das Fahrzeug nicht verlassen könne oder weil darin nicht ausreichend Luft sei. Wenn, um bei dem Beispiel zu bleiben, der erschreckende Wunsch des Patienten sich von einer Kindheitsphantasie herleitet, die zum Inhalt hat, daß er sich im Körper seiner Mutter befindet, dann sagen wir, die Verschiebung des Wunsches von der Mutter auf den Bus sei als Abwehr nicht stark genug gewesen, um das Auftauchen einer wenn auch geringfügigen Angst zu verhindern.

Manche Analytiker neigen jedoch dazu, in anderen Fällen weniger folgerichtig vorzugehen. Wenn ein Patient mit selbstzerstörerischen Tendenzen Angst hat, er könne sich töten, oder ein anderer Patient Gefühle von Realitätsverlust empfindet, die mit Angst einhergehen, neigt nach unserer Beobachtung manch ein Analytiker dazu, auf die Rationalisierungen des Patienten einzugehen, statt sich von seinem Wissen über die Rolle von Angst und Schuldgefühlen im Seelenleben leiten zu lassen. Statt seine Aufmerksamkeit der Aufgabe zuzuwenden, die Elemente des psychischen Konflikts aufzudecken, der sowohl für die Symptome des Patienten wie für seine Angst- und Schuldgefühle verantwortlich ist, nimmt er unter Umständen die letzteren sozusagen für bare Münze und überläßt sich der Führung des Patienten, indem er die Angst (oder Schuldgefühle) dem Symptom zuschreibt und nicht dem Konflikt, der ihm zugrunde liegt.

Über die Gründe für derlei Verhalten kann man nur spekulieren. Die wichtigsten dieser Gründe sind wahrscheinlich nicht ohne weiteres zugänglich und werden auch nur zögernd eingestanden, etwa der unbewußte Widerwille dagegen, sich mit den Konflikten eines Patienten auseinanderzusetzen, aus Angst, sie könnten auch in einem selbst zum Vorschein kommen. Zu den weiteren, leichter zugänglichen Gründen zählt ohne Frage die Tendenz, sich mit dem Patienten zu identifizieren: »Wer wäre nicht erschreckt, wenn er den Wunsch verspürte, sich selbst zu töten? Wer geriete nicht in Panik, wenn er das Gefühl hat, alles sei unwirklich?« Ein subtilerer Grund hat mit dem Gedanken zu tun, »Auflösung der Ich-Organisation« sei ein Vorgang, vor dem jedermann Furcht empfinde, und »Verrückt werden« sowie »Sich unwirklich fühlen« riefen deshalb Angst hervor, weil sie eine solche Auflösung implizierten oder ankündigten.

Eng verknüpft mit diesem letzten Grund ist die Vorstellung, psychotische Symptome unterschieden sich insofern von neurotischen, als sie nicht im mindesten Kompromißbildungen, sondern echte »endopsychische Wahrnehmungen« (Freud, 1911, S. 315) seien und man sie daher als bare Münze nehmen müsse und nicht wie ein neurotisches Symptom analysieren dürfe. Da zum Beispiel Selbstmordimpulse bei psychotischen Patienten nicht ungewöhnlich sind, kann die Meinung, zumindest einige psychotische Symptome seien endopsychische Wahrnehmungen, den Betrachter zu der Vorstellung führen, Patienten mit Selbstmordgedanken, die von Angst begleitet sind, hätten recht, wenn sie ihre Angst den unbewußten Gedanken an Selbsttötung zuschrieben. Wenn Suizidgedanken tatsächlich verläßliche endopsychische Wahrnehmungen wären, wenn sie wirklich nichts als zutreffende Wahrnehmungen eines Patienten über Vorgänge in seiner Seele wären, dann könnte man durchaus mit einem gewissen Grad an Plausibilität behaupten, sie hingen mit der Einsicht des Patienten zusammen, daß sich seine Aggression als Impuls zur Selbsttötung gegen seine eigene Person gerichtet habe. Gleichzeitig könnte man alle Angstgefühle, von denen die Suizidgedanken eines Patienten begleitet sein mögen, dem Umstand anlasten, daß er unbewußt erkennt, daß seine Aggression sich gegen seine eigene Person gewandt hat oder gewandt worden ist. Wer so argumentiert, verliert jedoch die Tatsache aus den Augen, daß die psychische Situation in Wahrheit ganz anders aussieht. Aufgrund unserer Kenntnis des psychischen Konflikts haben wir allen Anlaß zu erwarten, daß im Falle von Selbstmordgedanken wie auch bei allen anderen Symptomen, die uns bekannt sind, sowohl die Gedanken wie auch die sie begleitende Angst von dem Konflikt herrühren; klinische Erfahrung bestätigt denn auch unsere Erwartung. Das gleiche gilt für Patienten mit Gefühlen von Unwirklichkeit. Solche Gefühle gründen sich nicht in der richtigen Wahrnehmung des Patienten, daß seine Ich-Organisation infolge des regressiven Prozesses seiner Krankheit von Auflösung bedroht ist. Sie sind vielmehr Kompromißbildungen, die wie andere Symptome auch von einem psychischen Konflikt herrühren, nicht anders als Ängste welcher Art auch immer, die in ihrem Gefolge auftauchen (siehe Arlow und Brenner 1964, Kap. 10).

Um es zu wiederholen, in Fällen, in denen ein Patient Gedanken oder Symptome zeigt, die sein Analytiker mit einer gravierenden psychischen Krankheit in Verbindung bringt oder ihr zuschreibt, erkennen wir auf seiten mancher Analytiker eine Neigung zur Inkonsequenz, wenn es gilt, ihr Wissen über den psychischen Konflikt in den Dienst der Aufgabe zu stellen, den Ursprung der Angst zu verstehen, die der Patient bewußt erlebt. Statt die Angst eines solchen Patienten Triebwünschen zuzuschreiben, die in seiner Seele aufgrund der Angst, die sie auslösen, einen Konflikt hervorrufen, wie man es im Fall anderer sogenannter neurotischer Symptome unweigerlich tun würde, beobachten wir bei den genannten Analytikern eine Neigung, die Angst des Patienten dem Aspekt seines Konfliktes zuzurechnen, den er bewußt als Symptom wahrnimmt, das heißt, dem Teil der Kompromißbildung, der tatsächlich bewußt ist.

Eine ähnlich inkonsequente Haltung läßt sich im Zusammenhang mit Erscheinungen auf dem entgegengesetzten Ende der Schwereskala psychopathologischer Erkrankungen beobachten, nämlich im Zusammenhang mit Erscheinungen, die zum Bereich der Normalität gehören. Wenn zum Beispiel ein Patient Schuldgefühle darüber empfindet, daß es ihm nicht gelingt, so erfolgreich zu sein, wie seine Eltern und er hoffen und erwarten, dann heißt es unter Umständen: »Natürlich, so ist ja auch die Realität«, doch man übersieht dabei die wirklich wichtigen Quellen dieses bewußten Affekts, nämlich die Schuldgefühle weckenden Wünsche des Patienten in Verbindung mit seinem Versagen, Wünsche, die sogar in erster Linie dafür verantwortlich sein können, daß seine Bemühungen zum Scheitern verurteilt sind. Desgleichen, wenn ein Patient durch etwas in Angst gerät, das sich seinem Einfluß weitgehend entzieht und unbestritten »real« ist, wie etwa eine körperliche Krankheit, ein Unfall oder ein finanzieller Rückschlag, dann fühlt sich ein Analytiker unter Umständen veranlaßt, die Angst seines Patienten der »Realität« der äußeren Situation anzulasten, genau wie der Patient selbst, statt der wichtigsten psychischen Realität, das heißt dem Zusammenspiel zwischen äußerer Situation und den häufig unbewußten, mit Angst besetzten Triebwünschen des Patienten.

Auch in solchen Fällen sind die Gründe dafür, warum es einem Analytiker nicht gelingt, sein Wissen über den psychischen Konflikt konsequent einzusetzen, nicht selten individueller Natur und ausgenommen mit Hilfe der Analyse des Analytikers selbst der Einsicht kaum zugänglich. Überdies kann auch Identifizierung ins Spiel kommen: »Es ist nur natürlich, solche Gefühle zu haben. An seiner Stelle hätte ich sie auch.« Vielleicht spielt zuweilen auch der Gedanke hinein, wir hätten es mit zwei *Formen* von Angst zu tun, mit einer neurotischen und einer »realistischen«, ein Gedanke, dem, nebenbei bemerkt, Freud selbst vor 1926 zugeneigt hatte. Aus welchen Gründen auch immer, die Neigung zur Inkonsequenz macht sich sowohl gegenüber »normalen« psychischen Reaktionen wie auch gegenüber »psychotischen« bemerkbar.

Warum diese ausführliche Erörterung inkonsequenten Verhaltens bei der Anwendung des Wissens über den psychischen Konflikt auf verschiedene symptomatische und normale Phänomene? Was hat diese Erörterung mit dem Gegenstand zu tun, dem unser Interesse gilt, der psychoanalytischen Technik? Nehmen wir an, ein Analytiker ist bisweilen inkonsequent in der beschriebenen Art und Weise. Welche Auswirkungen wird dies auf seine Fähigkeit haben, eine Analyse durchzuführen?

Die Antwort lautet: »Häufig überhaupt keine, doch gelegentlich eine erhebliche Menge.« Wenn beispielsweise ein Patient berichtet, er denke daran, er könne sterben oder sich selbst umbringen, Gedanken, die ihn in Schrecken versetzen, dann ist es unerläßlich, sowohl die Suizidgedanken wie die Angst als Folgen eines Konflikts zu begreifen, über den sich der Patient gänzlich oder teilweise im unklaren ist und den er, selbst wenn er ihn zum Teil durchschaut, jedenfalls nicht in Verbindung mit seinen Folgen bringt. Selbstmordgedanken sind Phantasien, die mehr oder weniger durchdacht und bis ins einzelne durchgeformt sind und die wie alle anderen Phantasien oder, nebenbei, auch bewußte Gedanken Kompromißbildungen darstellen. Wenn man dies versteht, dann liegt auch auf der Hand, wie man technisch vorgehen sollte, wenn ein Patient über Gedanken wie die oben genannten berichtet. Man sollte den Patienten dazu bringen, die Gedanken so vollständig wie möglich zu beschreiben und dann so frei, wie er es vermag, zu ihnen zu assoziieren.

Ein verkürzt dargestelltes Fallbeispiel mag hier von Nutzen sein. Der Patient war ein Mann, der eine lange Geschichte immer wiederkehrender Depressionen und selbstschädigenden Verhaltens hinter sich hatte. Kurz vor Beginn der Behandlung unternahm er einen Selbstmordversuch, den er als Schauspielerei hinzustellen suchte, obgleich er in Wirklichkeit durchaus hätte erfolgreich sein können, wenn nicht ein Freund dazugekommen wäre. Wie zu erwarten, tauchten während seiner Analyse häufig Gedanken an Selbsttötung auf. Bezeichnenderweise suchte der Patient ihre Bedeutung entweder herunterzuspielen oder schwieg sich darüber aus. So mochte er etwa erklären: »Aber ja, ich habe in den letzten Wochen ab und zu an Selbstmord gedacht, doch zu dem Zeitpunkt, als solche Gedanken auftauchten, habe ich kaum Notiz von ihnen genommen.« Für seine Abwehr dagegen, sich einzugestehen und bewußt zu machen, daß er Selbstmordgedanken hatte, waren ohne Zweifel mehrere Motive verantwortlich, doch ein Beweggrund kam im Verlauf der Analyse überklar zum Vorschein: zuzugeben, wie krank er war, bedeutete für ihn, in unerträgliche Abhängigkeit von seinem Analytiker zu geraten, der, so fürchtete er, ihn verlassen könne, wie sein Vater, der gestorben war, als der Patient drei Jahre alt war, wie sein Großvater, der den Familienhaushalt verlassen hatte, als der Patient sechs Jahre alt war, und wie ein Lehrer, dessen plötzlicher Tod den Patienten im Alter von 25 Jahren getroffen hatte und von dem er fünf oder sechs Jahre vor diesem Ereignis hinsichtlich Rat und Ermutigung ziemlich abhängig gewesen war oder sich zumindest so gefühlt hatte. Noch schlimmer als die Angst, sein Analytiker könne ihn verlassen, waren zwei weitere, eng miteinander verbundene Ängste, erstens, er könne in seiner Wut den ersten Schritt tun und seinen Analytiker verlassen oder sogar umbringen, zweitens der für ihn entsetzliche Gedanke, er könne, aufgelöst in Tränen, zu seinem Analytiker kommen, wie ein Bittsteller, wie eine Frau um Liebe bettelnd.

Während der ersten Monate der Analyse ging viel Zeit darauf, die Abwehr des Patienten gegen den Wunsch zu analysieren, der Analytiker möge ihm Liebe entgegenbringen, ein Wunsch, der ihn in Schrecken versetzte. Als Folge davon war er schließlich in der Lage, sich der nicht das Körperliche betreffenden Aspekte dieses Wunsches klarer bewußt zu werden, als ihm dies zunächst möglich gewesen war. Er konnte Gefühle von Bewunderung äußern, konnte über den Wunsch sprechen, seinerseits bewundert zu werden, über das Vergnügen, das er bei der Erörterung von Themen empfand, die beide, ihn und den Analytiker, interessierten, sowie schließlich über seine Dankbarkeit für die Hilfe, die er nach seinem Gefühl aus der Analyse zog. Es kam dann zum Vorschein, daß er am Wochenende, das ihn jedesmal von seinem Analytiker trennte, unglücklich, in großer Sorge war und Selbstmordgedanken hatte. Manchmal befürchtete er, keine der beruflichen Tätigkeiten, über die er in Verhandlungen lag, werde sich für ihn verwirklichen, und manchmal war er sich dessen sogar völlig sicher. Trotz der vorteilhaften finanziellen Umstände, in denen er lebte, hatte er Angst vor Armut und dachte sogar an die Möglichkeit, er könne Hungers sterben. Wiederholt sprach er davon, Geld sparen zu wollen, indem er die Analyse aufgab oder zumindest die Zahl der wöchentlichen Analysesitzungen reduzierte. Zuweilen dachte er: »Es ist zuviel. Ich bin es müde.« Für ihn hieß das nach eigenen Worten, er sei lebensmüde. Einem Freund gegenüber meinte er ein- oder zweimal: »Vielleicht sollte ich den ganzen Kram besser hinwerfen«, behauptete danach zwar, er habe nur gespaßt, doch ihm war völlig klar, daß er es ganz ernst meinte. All dies kam in seiner Sitzung am Montag und bis zu einem gewissen Maße auch am Dienstag zur Sprache, doch gegen Wochenende war er ziemlich aufgeräumt, zuversichtlich im Hinblick auf seine beruflichen Aussichten und ganz allgemein optimistisch und guten Mutes. Nachdem ich diese Abfolge drei Wochen lang beobachtet hatte, lenkte ich an einem Freitag seine Aufmerksamkeit darauf und äußerte die Vermutung, ob es nicht sein könne, daß er mich während des Wochenendes vermisse. Am darauffolgenden Montag ließ er mich wissen, die Ereignisse des vergangenen Wochenendes seien nicht dazu angetan, meine Äußerung vom Freitag zuvor zu bekräftigen. Er sei weder deprimiert gewesen, meinte er, noch habe er Selbstmordgedanken gehabt. Es war offensichtlich, daß er meine Annahme für falsch hielt. Er konnte jedoch von einem Traum berichten. Darin lebte er in einem einstöckigen Ranchhaus. Seine Freundin war bei ihm, und in ihrer Gegenwart verhielt er sich auf eine Art und Weise, die sie in Eifersucht versetzte, wie er hätte wissen müssen. Kein Wunder, daß sie ihn verließ. Er irrte anschließend durch das Gebäude und suchte sie vergeblich. Doch schließlich gelang es ihm, sie zu finden, und er war überrascht und zugleich erleichtert, als er erkannte, daß sie nicht wütend auf ihn war. Allerdings stand fest, daß sie ihn für immer verlassen werde. Seine Assoziationen kreisten vor allem um seine Schuldgefühle darüber, daß er sich für einen späteren Tag in der Woche mit einer anderen Frau verabredet hatte. Er fühlte sich schrecklich bei dem Gedanken, daß er seine Freundin hinterging. Es sei dumm von ihm, warum er sich nur so verhalte. Vielleicht trage er sich mit der Absicht, sie am Ende zu verlassen, obwohl sie bei weitem das beste Mädchen sei, das er je gekannt habe, und es eigentlich das vernünftigste sei, bei ihr zu bleiben und sie zu heiraten. Mit der Frage nach dem Gebäude, das er im Traum bewohnt hatte, konnte er zunächst nichts anfangen, doch schließlich ging ihm auf, daß ihn am meisten beeindruckt hatte, wie flach es war. Es sei das genaue Gegenteil von dem mehrgeschossigen Haus gewesen, in dem er gelebt habe, als sein Vater starb, und an dem er noch kürzlich vorbeigefahren sei. Als die Analysestunde vorbei war, erklärte er, das seien mit Abstand die kürzesten 50 Minuten gewesen, die er je verlebt habe. Am nächsten Tag berichtete er, es sei ihm wieder nicht gelungen, sich an meine Voraussage zu halten. Statt sich besser zu fühlen, sei er am Nachmittag des vorherigen Tages plötzlich in eine tiefe Depression gefallen: »Alles wurde plötzlich schwarz. Nicht äußerlich natürlich.« Danach ließ er sich eine Weile darüber aus, wie verzagt er sei, was seine berufliche Laufbahn angehe, wie armselig er sich fühle, sprach von seiner Angst, er könne verhungern, und deutete wieder die Absicht an, die Analyse zu beenden, um auf diese Weise Geld zu sparen. Ich erinnerte ihn an den Traum, den er mir am Tag zuvor erzählt hatte, und äußerte die Vermutung, darin komme der Gedanke zum Ausdruck, er wolle *nicht* Gefahr laufen, daß ich ihn verlasse, wie sein Vater das getan habe, daß *er* diesmal vielmehr verlassen wolle und daß seine Freundin diejenige sein werde, die sich alleingelassen, unglücklich und wütend fühle und nicht er. Daraufhin sprach er wieder von seinem Zwang zur Untreue und von seinen Schuldgefühlen dabei. Auch gab er zu verstehen, er hätte sich während der jüngsten Depressionsphase in Gedanken viel mit Phantasien darüber beschäftigt, ältere Freunde um Hilfe und Rat anzugehen – und nicht mich. Ich gab ihm zu bedenken, daß er sich bei dem Gedanken, er könne mich um Liebe und Hilfe bitten, wie ein Mädchen fühle, denn mit seinen Worten kam ans Licht, daß die Selbstmordgedanken, die ihm seit dem vorausgegangenen Nachmittag durch den Kopf gingen, mit der unbewußten Absicht verknüpft waren, sich Sympathie und Liebe zu sichern. Gleichzeitig ließen seine sarkastischen, in spaßig streithaftem Ton vorgetragenen Antworten auf viele Bemerkungen, die ich fallen ließ – Antworten, die sich von seiner üblichen Sprechweise deutlich unterschieden – klar erkennen, wie wütend er war und welche Anstrengungen es ihn kostete, dies zu verbergen.

Aus diesen Angaben kann man den Schluß ziehen, daß die Selbstmordgedanken des Patienten zum Teil aus jeder der folgenden Quellen herrührten. 1. Ein – während der Kindheit bewußter – Wunsch, sein Vater möge leben und ihn lieben. 2. Identifizierung mit seinem toten Vater, von dem ihm erzählt worden war, daß er ein leidenschaftlicher Pokerspieler gewesen war (»Ich sollte den ganzen Kram hinwerfen«; im Engl.: »I should cash in my chips«) und daß er in den Monaten vor seinem Tod darüber geklagt hatte, er fühle sich müde und erschöpft. 3. Der Wunsch, ein Mädchen zu sein, so daß sein Analytiker (= Vater; Großvater) ihn lieben könnte. 4. Der Wunsch, seinen Analytiker (= Vater, Großvater) zu töten oder im Stich zu lassen, weil er ihn verlassen will. 5. Ersetzung des Analytikers durch die Freundin (= Mutter anstelle des Vaters), damit *er* der Mann ist und Rache an den Frauen nehmen kann, indem er sie verläßt. Dies ist, übrigens, eine Determinante seiner Identifizierung mit dem Vater. 6. Das Bedürfnis, sich für seine mörderischen und inzestuösen Wünsche und Handlungen zu bestrafen. 7. Das Bedürfnis, die mörderischen, inzestuösen und auf Selbstbestrafung zielenden Wünsche und Bedürfnisse abzuwehren, das heißt, sich vor ihnen zu schützen. Besonders auffällig unter seinen Abwehroperationen waren Verdrängung, Verschiebung, Identifizierung, die den Zweck verfolgte, Passives in Aktives zu verwandeln und phantasierte Kastration ungeschehen zu machen oder zu vermeiden, Wendung von Aggressionen gegen die eigene Person, Verleugnung und Abspaltung von Affekten.

Dieser kurze Bericht soll zwei Punkte des geschilderten Falls verdeutlichen. Erstens, die Selbstmordgedanken des Patienten, wie auch die sie begleitenden Vorstellungen, er könne im Leben versagen und in Armut geraten, der Traum des Patienten und sein Sexualverhalten stellen in Wahrheit ein Ensemble vielfach determinierter Kompromißbildungen dar, die ihrerseits auf denselben psychischen Konflikt oder eine Gruppe von Konflikten, zwischen denen eine enge Verbindung besteht, zurückzuführen sind, und zweitens ließen sich die psychischen Kräfte, die für das gesamte Ensemble der in Frage stehenden, miteinander verknüpften Gedanken und Symptome verantwortlich waren, aus den üblichen analytischen Sachverhalten, und nur aus ihnen, erschließen. Die Symptome des Patienten und ihr Ursprung sind nur zu verstehen, wenn man sich mit den Konflikten beschäftigt, die ihnen zugrunde liegen, und man kann die Konflikte, von denen die Beschwerden des Patienten herrühren, nur erschließen, wenn man den Patienten über seine Symptome berichten und zu ihnen, zu seinem Traum und zu seinem Sexualverhalten assoziieren läßt.

Der Fallbericht läßt mithin erkennen, wie wichtig es ist, bei der Anwendung seines Wissens über den psychischen Konflikt und seine Folgen konsequent zu verfahren. Nur in Fällen, in denen Selbstmord- oder, allgemeiner gesagt, Selbstzerstörungs- und Selbstbeschädigungsneigungen von relativ geringer Bedeutung sind, spielt es kaum eine Rolle, ob die Einstellung des betreffenden Analytikers diesen Neigungen gegenüber in Einklang steht mit seinem Wissen über den psychischen Konflikt oder nicht. Wenn aber solchen Neigungen, wie in dem geschilderten Fall, größere Bedeutung zukommt, ist es ganz entscheidend, daß man bei dem Bemühen, solche Tendenzen zu analysieren, seine Kenntnisse über das Wesen und die Rolle des psychischen Konflikts heranzieht und ohne Abstriche einsetzt. Versäumnisse in dieser Beziehung führen unweigerlich zu großen Schwierigkeiten im Verlauf der Analyse. Entweder scheitert sie, womöglich weil der Patient sich umbringt oder weil er sie unter irgendeinem Vorwand abbricht, oder sie schleppt sich mühsam zu einem Ende, das man schwerlich als zufriedenstellend bezeichnen kann. Es dürfte nicht sehr sinnvoll sein, einem Patienten wie dem oben beschriebenen einfach zu erklären, daß er »seine Aggression gegen sich selbst wendet«, daß er »Depressionen hat, weil er unter Schuldgefühlen leidet« und daß seine Ängste vor Armut und Hunger als Folgen seiner »oralen Gier« anzusehen sind, oder ihm womöglich zu sagen, daß in seinen Selbstmordgedanken der Wunsch zum Ausdruck kommt, mit seinem toten Vater vereint zu sein. Im besten Falle können solche Standarderklärungen bei den Deutungsbemühungen eines Analytikers eine Art Nebenrolle spielen. Wie zutreffend sie auch sein mögen, sie gehen eindeutig an der analytischen Aufgabe vorbei, dem Patienten dabei behilflich zu sein, das Wesen und den Ursprung *seines* pathogenen Konflikts – seiner Wünsche, Ängste, Selbstbestrafungstendenzen und Abwehroperationen – so weit zu verstehen und einzusehen, daß seine Symptome sich erheblich bessern oder vielleicht sogar verschwinden. Die Bewältigung dieser Aufgabe hängt wesentlich von der konsequenten Analyse der Selbstmordgedanken, der sexuellen Verhaltensweisen und der Phantasien ab, einer in allen Fällen im Rahmen der

Übertragung durchgeführten Analyse. An dieser Stelle ist es nicht erforderlich, die Aufeinanderfolge von Verstehen und Deuten, die mit den Worten »konsequente Analyse« gemeint ist, genauer und eingehender zu beschreiben, denn dies wird das Thema des zweiten Kapitels bilden. Im Augenblick sei nur hervorgehoben, wie wichtig es ist, sich über die Komplexität von Wesen und Ursprung psychischer Konflikte, die zu Selbstmordgedanken und -handlungen führen, völlige Klarheit zu verschaffen.

Nicht weniger wichtig ist es, sich ständig seine analytischen Kenntnisse über die Symptombildung zu vergegenwärtigen und sie entsprechend einzusetzen, wenn man Patienten analysiert, die unter Gefühlen von Unwirklichkeit leiden, oder auch Patienten, die in erster Linie über ihre Handlungen klagen, über ihre Unfähigkeit, sich in der Welt, in der sie leben, glücklich oder zufrieden zu fühlen, sei es hinsichtlich ihres Sexuallebens, ihrer Arbeit oder des gewöhnlichen gesellschaftlichen Verkehrs. Unter den Symptomen von Patienten in der Analyse nehmen Gefühle von Unwirklichkeit nur selten einen herausragenden Platz ein, auch wenn in dieser Beziehung Ausnahmen bestehen (siehe z.B. Freud, 1918; Rosen, 1955; Arlow, 1969a, 1969b). Da für gewöhnlich derartige Gefühle bei den Patienten, die man analysiert, relativ unwichtig sind, dürfte es in den meisten Fällen auch nicht von sonderlicher Bedeutung sein, ob man sein Wissen über die Beziehung, die zwischen ihnen und dem psychischen Konflikt besteht, konsequent auf solche Gefühle anwendet, das heißt, es ist häufig unwichtig, ob man diese Gefühle so analysiert, wie man es eigentlich sollte. Patienten hingegen, die über ernste Schwierigkeiten in ihren sozialen, sexuellen und beruflichen Beziehungen klagen, sind in der analytischen Praxis sehr häufig anzutreffen, so daß es in vielen Fällen unerläßlich ist, diese Verhaltensaspekte eines Patienten konsequent zu bearbeiten, so unerläßlich, daß eine weitergehende Erörterung dieses Sachverhalts gerechtfertigt erscheint.

Bei Patienten der eben genannten Art wird häufig der Fehler gemacht, »normales« oder »realistisches« Verhalten und »Abwehr«-Verhalten einander gegenüberzustellen. Doch es kann nicht deutlich genug betont werden, daß solche Gegenüberstellungen niemals durch die Tatsachen gedeckt werden. Es geht nie um die Frage »entweder-oder«, sondern es handelt sich stets um ein »Sowohl-als-auch«. Jedes Verhalten stellt eine Kompromißbildung dar, die zwischen den seelischen Kräften ausgehandelt wird, ist ein Kompromiß, der vielfach determiniert ist und bei dem Es, Ich und Überich allesamt eine Rolle spielen. Dies ist, nebenbei gesagt, ein Beispiel für die Anwendung des Grundsatzes der multiplen Funktion auf klinische Phänomene (Waelder, 1930; Stein, 1953; Brenner, 1959). Verhalten ist stets zum Teil triebbefriedigend, zum Teil durch die Abwehr gegen eben die Wünsche bestimmt, die es befriedigt, zum Teil Selbstbestrafung oder Ausdruck von Reue und zum Teil Ergebnis äußerer Umstände. Es ist niemals nur eins von alledem, wenngleich die Bedeutung jedes Faktors von Fall zu Fall höchst unterschiedlich sein mag und die praktischen Erfordernisse des Augenblicks es unter Umständen zwingend vorschreiben, einem Patienten zu einem bestimmten Zeitpunkt Deutungen nur zu einer oder wenigstens nicht zu allen Determinanten zu geben. Auch wenn dies in einzelnen Fällen unvermeidlich ist, der Analytiker selbst muß sich stets klar machen, daß die psychische Situation des Patienten in ihrer ganzen Dimension nur abzuschätzen ist, wenn man die große Zahl der soeben skizzierten Faktoren berücksichtigt, und zumindest der Analytiker sollte aufnahmefähig für Hinweise in den Assoziationen seines Patienten bleiben, die erkennen lassen, daß es den einen oder anderen Faktor noch aufzudecken gilt.

Wir unterscheiden zwischen *analytisch* wichtigen und nicht wichtigen Verhaltensbereichen des Patienten, und einige Aspekte dieser Unterscheidung bereiten nur selten praktische Schwierigkeiten, andere hingegen schon eher. So hat beispielsweise Freud (1916, 1924) bereits vor langer Zeit unsere Aufmerksamkeit auf die Tatsache gelenkt, daß einige Menschen für Unrecht oder Versagung, die sie nach ihrer Überzeugung in der Kindheit erlitten haben, auf ihrem Lebenswege an jedem Rache nehmen, der sich dazu anbietet, wohingegen andere Menschen ständig danach trachten, geschädigt oder übervorteilt zu werden. Die ersteren nannte Freud »die Ausnahmen«, die letzteren moralische Masochisten. Es dürfte folglich nur selten vorkommen, daß ein Analytiker nicht erkennt, daß die Verhaltensweisen solcher Patienten und ihre Einstellung gegenüber Menschen und Ereignissen, mit denen sie zu tun haben, zu einem wesentlichen Teil von weitgehend unbewußten psychischen Konflikten festgelegt werden. Trotz alledem ist es jedoch keineswegs selten, daß Analytiker einige Aspekte der den Symptomen zugrunde liegenden Konflikte zugunsten anderer vernachlässigen. So ist der moralische Masochismus verschiedentlich ausgegeben worden als Kompromiß zwischen Triumph und Unterwerfung (»Sieg durch Niederlage«), als Abwehr von Einsamkeit oder Verlassenwerden, als phantasierte Möglichkeit, die Liebe eines sadistischen Elternteils zu gewinnen und als Abkömmling des aus sadomasochistischen Urszenenphantasien herrührenden Wunsches, von dem eigenen Vater geliebt zu werden. Keine dieser Erklärungen ist irrig, doch jede ist falsch, insofern sie unvollständig ist (für eine ausführlichere Erörterung dieses Gedankens siehe Brenner, 1959). Es sei hinzugefügt, daß die Bedeutung jeder der genannten Erklärungen im Sinne einer Verhaltensdeterminante sich von Patient zu Patient unterscheidet und daß der Analytiker bei einem solchen Patienten nur durch Analysieren, das heißt durch Zuhören, Beobachten und Deuten, sich darüber schlüssig werden kann, welche Determinante jeweils am wichtigsten ist.

Doch die Versuchung zur Inkonsequenz in der Anwendung analytischer Kenntnisse scheint am stärksten zu sein, wenn es um alltägliche Verhaltensweisen geht. Wie bereits weiter oben bemerkt, wird häufig versucht, eine Entscheidung darüber zu fällen, ob dieses oder jenes Verhaltenselement »realistisch« oder »neurotisch« ist, wo doch auf der Hand liegt, daß diese Frage von Anfang an falsch gestellt ist. Wenn beispielsweise ein Patient körperlich krank ist, sollte man als Analytiker sich nicht den Kopf darüber zerbrechen, ob der Patient »normal« reagiert oder nicht, sondern vielmehr aus seinem Verhalten und seinen Assoziationen die jeweiligen Determinanten seiner Reaktion zu erschließen suchen. Freilich, wenn ein Patient ständig wegen geringfügiger Symptome zum Arzt läuft oder, umgekehrt, es fortwährend ablehnt, den Arzt aufzusuchen, auch wenn er die schwerwiegendsten Symptome zeigt, in solchen Fällen haben wir nicht den geringsten Zweifel, daß hinter den Verhaltensweisen starke Motive am Werke sind. Doch als Analytiker sollten wir daran interessiert sein, die jeweiligen Motive herauszufinden, ob nun das Verhalten in Reaktion auf körperliche Krankheiten so ungewöhnlich ist wie in den soeben angeführten Fällen oder ob es völlig konventionell, sprich »normal« ist.

Das gleiche gilt auch für Objektverluste. »Trauer« ist so wenig für jedermann das gleiche, wie wir eine einheitliche Norm besitzen, nach der sie zu messen und zu beurteilen wäre (Brenner, 1974a). Für die Analyse ist wichtig, so weitgehend wie möglich die psychischen Konflikte zu verstehen, welche die jeweiligen Reaktionen eines Patienten auf den Verlust eines Objektes und ihre besonderen Ausprägungen bestimmten. Freud (1917a) war der Auffassung, die Trauerarbeit bestehe darin, daß die Seele all die vielen Erinnerungen, die mit einem verlorenen Objekt verknüpft seien, noch einmal wachrufe und jeder von ihnen gleichsam Lebewohl sage. Der von einem Verlust betroffene Mensch ist tatsächlich in der Regel vertieft in Gedanken und Erinnerungen an den geliebten Partner, den gerade der Tod hinweggerafft hat, und ohne Zweifel bildete diese wohlbekannte Tatsache mit eine Grundlage für die Auffassung, zu der Freud schließlich über das Wesen der Trauer allgemein gelangte. Klinische Erfahrung läßt jedoch erkennen, daß sich das soeben beschriebene hinlänglich bekannte Phänomen einerseits in psychologischer Hinsicht von dem Vorgang unterscheiden kann, bei dem die Besetzung von Erinnerungen an ein verlorenes Objekt abgezogen wird, und daß ihm andererseits erheblich komplexere Motivationen zugrunde liegen können.

So hatte beispielsweise eine Patientin im Verlauf des ersten Jahres nach dem Tode ihres Vaters verschiedentlich Träume, die sie mit tiefem Schmerz erfüllten: sie sah nämlich im Traum, wie ihr Vater auf seinem Totenbett saß oder lag. Sein Tod hatte die Patientin nicht unvorbereitet getroffen. Ihr Vater war an einem Lungenkarzinom gestorben; die letzte Krankheitsphase hatte sich über ein Jahr erstreckt, ein Zeitraum, der in das vierte und fünfte Jahr der Analyse fiel. Mithin hatte die Patientin viele Gelegenheiten gehabt, sich über ihre verhängnisvolle, ambivalente Beziehung zu dem sterbenden Vater ein wenig mehr Klarheit zu verschaffen. Die besagten Träume traten immer dann auf, wenn die Patientin rückblickend auf ihren Vater wütend war, wenn sich etwas ereignet hatte, das ihr den Gedanken eingab: »Dieser Halunke, ich bin froh, daß er tot ist!« Im Traum verleugnete sie diesen von Schuldgefühlen begleiteten Gedanken, allerdings kommt auch das wunscherfüllende Element des Traums klar zum Vorschein. Denn schließlich träumte sie, daß ihr Vater im Sterben lag. Kein Zweifel, die Träume waren typische Kompromißbildungen: bewußte Gefühle von Angst und Schrecken, von Liebe und Mitleid bei dem Gedanken an den Tod des Vaters; unbewußte Haßgefühle und Rachsucht.

Derartige Gefühle und Gedanken gegenüber jemandem, der gerade gestorben ist, können die meisten Menschen nicht ertragen. Sie müssen so wirksam wie möglich verdrängt und abgewehrt werden. Eine Möglichkeit, in der dies für gewöhnlich bewerkstelligt wird, besteht darin, seine Trauer und Liebe gegenüber dem gestorbenen Menschen dadurch besonders zu unterstreichen, indem man sich auf schmerzliche, quälende Weise in Erinnerungen an ihn versenkt. Gleichzeitig dient diese Art der Beschäftigung mit Erinnerungen dazu, die Tatsache des Todes zu verleugnen und libidinöse Wünsche zu befriedigen, was häufig auf unverhüllte Weise geschieht. Es ist keineswegs ein Wunder, daß Menschen, die einen anderen verloren haben, in der Trauerzeit für gewöhnlich auf die beschriebene Weise reagieren. Doch in der Reaktion scheint erheblich mehr zum Ausdruck zu kommen als ein Vorgang, der dem Zweck dient, die Libido von Erinnerungen an den gerade gestorbenen Menschen abzuziehen. Wie in dem soeben geschilderten Fall scheint es vielmehr so zu sein, daß solche Erinnerungen Tagträume darstellen, die sich von anderen Phantasien nicht wesentlich unterscheiden. Sie sind Kompromißbildungen, entstanden in Übereinstimmung mit dem Prinzip der multiplen Funktion, das heißt, in ihnen treffen viele unterschiedliche Determinanten aufeinander, bei denen die Abwehrfunktion eine hervorragende Rolle spielt.

Ähnliche Überlegungen sollten den Analytiker hinsichtlich der Ängste eines Patienten leiten. Selbstverständlich versucht man herauszufinden, welche psychischen Konflikte bei der Angst eines Patienten vor einer in Wahrheit »harmlosen« Situation beteiligt sind, sagen wir bei der Angst vor einem Aufzug oder vor einem überfüllten Bus. Doch in der Analyse sollte man mit der gleichen Methode auch Ängsten zu Leibe rücken, die auf andere Weise hervorgerufen werden, beispielsweise der Angst im Gefolge eines Unglücksfalls, etwa eines Verkehrsunfalls, an dem der Patient selbst nicht aktiv beteiligt war. Es spielt überhaupt keine Rolle, ob »jedermann« aufgrund eines solchen Geschehnisses in Angst und Schrecken geraten wäre und ob wirkliche Gefahr bestanden hat, der gegenüber die Angst als »normal« erscheint. Wichtig ist, unter allen Umständen so weit wie möglich eine analytische Einstellung beizubehalten. Das heißt noch lange nicht, »die Realität zu ignorieren« oder eine bestimmte Reaktion oder ihr Ausbleiben als »neurotisch« zu etikettieren. So war zum Beispiel der weiter oben erwähnte suizidale, sich ständig selbst schädigende Patient einmal in einen merkwürdigen Unfall verwickelt. Als er mit seinem Auto durch die Stadt fuhr, fiel ein schwerer Gegenstand, vermutlich ein Ziegelstein, vom obersten Stockwerk eines Gebäudes herab und fügte seinem Fahrzeug eine tiefe Beule zu. Es gab einen schrecklich lauten Krach, doch als dem Patienten aufging, was vorgefallen war, wurde er ganz ruhig, zog die für die Versicherung notwendigen Erkundigungen ein und war zu seiner eigenen Überraschung über die ganze Angelegenheit sogar ziemlich erfreut. Als er in der darauffolgenden analytischen Sitzung über den Vorfall berichtete, meinte er spaßhaft: »Sie sehen, ich bin keineswegs paranoid. Sie verfolgen mich wirklich.« Im weiteren Verlauf der Sitzung kam ans Licht, daß er den Unfall auch deshalb begrüßte und ihn als angenehm empfand, weil er dazu beitrug, seine auf Verleugnung beruhende Abwehr gegen die Wahrnehmung selbstzerstörerischer Tendenzen zu stärken. In diesem Fall konnte er nämlich *beweisen*, daß er nicht aus eigenem Verschulden in eine Lage geraten war, die ihm fast den Tod gebracht hätte. Man darf annehmen, daß auch noch andere Determinanten seines Reaktionsverhaltens am Werk gewesen sind, beispielsweise das unbewußte Verlangen nach Befriedigung femininer Wünsche, doch der wichtigste Sachverhalt, der sich aus seinen Assoziationen erschließen ließ, ein Sachverhalt überdies, der ihm zu jener Zeit am sinnvollsten nahezubringen war, dürfte in dem Umstand liegen, daß der Unfall ihm mehr Sicherheit verlieh und damit seine Angst verringerte, statt sie zu verstärken.

Desgleichen sollten Phantasien, Hobbys, künstlerische und sonstige Neigungen, die allesamt als »normal« zu bezeichnen sind, soweit man eine vernünftige Definition des Begriffs heranzieht, mit der von uns als analytisch charakterisierten

Einstellung bearbeitet werden, denn es ist eine Tatsache, daß all diese Dinge in mehr oder minder starkem Ausmaße durch Faktoren bestimmt sind, die genauso ein Bestandteil wesentlicher psychischer Konflikte sind wie die Symptome, unter denen der Patient leidet.

So hatte beispielsweise ein Patient starkes Interesse an der Geschichte seiner Heimatstadt, ein Interesse, das sich zum erstenmal bemerkbar gemacht hatte, als er noch ein Junge war. Zur Zeit seiner Behandlung hatte er alles gelesen, was er über das Thema hatte auftreiben können, vor allem Bücher und sonstige Veröffentlichungen, in denen zum Ausdruck kam, wie schön das Leben auf jenem friedlichen, reizvollen, unbesiedelten Fleckchen Erde gewesen sein mußte, das nunmehr restlos bebaut und mit Menschen übervölkert war. Wenn es doch wieder so geruhsam sein könnte oder wenn er nur in jener früheren, glücklicheren Zeit gelebt hätte! Der Patient war das dritte von vier Kindern, die in Abständen von zwei bis drei Jahren zur Welt gekommen waren. Das älteste Kind, ein Junge, war auf den Patienten nicht gut zu sprechen und tyrannisierte ihn mit Worten wie mit Taten. Das jüngste, ein Mädchen, beanspruchte, kaum war es geboren, die Aufmerksamkeit der Mutter völlig. Hinter dem Wunsch des Patienten, in einer früheren Zeit zu leben, stand sein Wunsch, der Ältere in der Familie (Vater oder älterer Bruder) zu sein, unbehelligt von all seinen Rivalen (die schöne, menschenleere Landschaft), so daß die Mutter nur für ihn da wäre und er von Eifersucht und Streit, die ihn in Schrecken versetzten, verschont bliebe (friedlich und reizvoll). Seine ödipalen Konflikte bestimmten gleichermaßen sein Interesse an Lokalgeschichte wie seine neurotischen Symptome.

Eine Patientin fühlte sich sehr zur freien Natur hingezogen. Sie genoß es stets über die Maßen, wenn sie sich auf dem Lande aufhielt, sei es auf einer Farm, in Wäldern oder auf den Bergen. Kein Nahrungsmittel war schmackhafter als die Beeren, die sie selbst pflückte, als die Trauben des Wintergrüns oder der Sauerampfer, den sie bei ihren Wanderungen durch Wald und Feld zu kauen pflegte. Wie der vorhin erwähnte Patient hatte auch sie eine Abneigung gegen Menschenmassen. Sie vermied vielbesuchte Ferienorte und zog ländliche Gegenden vor, wo sie »ganz für sich« sein konnte. Im Verlauf der Analyse gelang es, den ersten Aufenthalt der

Patientin auf dem Lande zeitlich genau zu bestimmen. Es war der Sommer vor der Geburt ihrer Schwester. Da die Patientin das älteste Kind ihrer Familie war, war sie zu jener Zeit folglich das einzige Kind, das die ganze Aufmerksamkeit ihrer Mutter genoß, wie niemals wieder in ihrem Leben. Die Eifersucht auf ihre Geschwister, ihr Wunsch, die Mutter ganz für sich zu besitzen, ihre Wut auf die Mutter wegen ihrer Unzuverlässigkeit, all dies waren Determinanten der Liebe der Patientin zur Mutter Natur. Die einzelnen Merkmale dieser Liebe wurden auf die gleiche Weise durch ihre besonderen Konflikte und deren Ursprung in der Kindheit bestimmt wie die einzelnen Elemente ihrer Symptomatologie oder die eines Traums oder einer Phantasie. Die Beständigkeit und Intensität dieser Naturliebe im Erwachsenenleben der Patientin spiegelten die Beständigkeit und Intensität ihres Konflikts wider.

Es wäre jedoch falsch anzunehmen, meine Empfehlung ginge dahin, den besonderen Interessen oder Hobbys von der Art, wie ich sie gerade erwähnt habe, sollte im Verlauf der Analyse besonders aufmerksame, gründliche Beobachtung zuteil werden. Im Gegenteil, ich halte es lediglich für ratsam, *alles,* was der Patient berichtet oder tut, in der gleichen Art und Weise zu betrachten, das heißt im Lichte der Kenntnisse, die sich der Analytiker über das Wesen, die Ursprünge und die Folgen von Konflikten im Seelenleben erworben hat. Auch an dieser Stelle sei noch einmal angemerkt, daß die Frage nach der Beziehung zwischen der Mutmaßung oder dem Verstehen seitens des Analytikers und den Deutungen, mit denen er seinem Patienten dieses sein Verstehen vermittelt, in Kapitel 2 erörtert werden soll. Hier geht es mir nur darum zu betonen, daß die konsequente Anwendung der Kenntnisse über den psychischen Konflikt einen wesentlichen Bestandteil der richtigen analytischen Einstellung bildet. Sie ist ein wesentlicher Faktor des Beitrags, den der Psychoanalytiker zur analytischen Situation und folglich zum analytischen Prozeß beisteuert. Mehr noch, wenn man dieses Merkmal der analytischen Einstellung erkannt hat und wenn man seine Bedeutung einzuschätzen weiß, ist man auch besser gerüstet, andere Empfehlungen bezüglich der Frage nach der richtigen Einstellung des Analytikers zu beurteilen, Empfehlungen, auf die man bisweilen in der Literatur stößt oder die einem in

Gesprächen mit Kollegen gegeben werden. So war beispielsweise Fenichel (1941, S. 74) davon überzeugt, es sei besonders wichtig, sich seinen Patienten gegenüber »natürlich« zu verhalten, und sprach sich mithin dafür aus, der Patient solle sich stets auf die »Menschlichkeit« seines Analytikers verlassen können. Ganz gewiß, doch nur innerhalb der Grenzen, die von der analytischen Situation gesteckt werden. Sich *als Analytiker* natürlich verhalten ist häufig etwas ganz anderes, als sich als Freund, Ratgeber, Elternteil oder auch als guter Arzt in der üblichen Bedeutung dieses Begriffs natürlich zu verhalten. Es entspricht völlig den Tatsachen, wie Greenson (1967, S. 190ff. und passim) sowie andere betont haben, daß der Analytiker ein Therapeut, daß die Psychoanalyse ein therapeutisches Verfahren und daß die psychoanalytische Situation eine therapeutische Situation ist. Allerdings ist der Zusatz unerläßlich, daß Therapeut, Verfahren und Situation jeweils von besonderer Art sind. Für einen Analytiker ist es selbstverständlich, einen Patienten anzuhalten, er solle seine Gedanken mitteilen, die er bei einer Frage – selbst bei einer »schlichten, praktischen« Frage beispielsweise nach dem Terminplan des Analytikers – gehabt habe, statt eine solche Frage zu beantworten und es dabei bewenden zu lassen, wenn er der Meinung ist, wahrscheinlich oder gar möglicherweise seien wichtige unbewußte Motive dabei im Spiel, daß der Patient ausgerechnet diese Frage gerade zu diesem Zeitpunkt gestellt habe. Ein solches Verhalten ist insofern selbstverständlich, als es sich natürlicherweise aus den Kenntnissen des Analytikers über die Auswirkungen psychischer Konflikte auf Gedanken und Verhalten sowie aus seinem Interesse ergibt, soviel wie möglich über Wesen und Ursprung der Konflikte, die Gedanken und Verhalten des Patienten steuern, in Erfahrung zu bringen, ein Interesse, das sich speist aus der Erwartung des Analytikers – und von daher als gerechtfertigt erscheint –, daß solche Einsichten notwendig sind oder zumindest dabei helfen, günstige therapeutische Ergebnisse zu erzielen.

Für einen Analytiker in den Vereinigten Staaten wie in Großbritannien ist es gleichermaßen selbstverständlich, einem Patienten zu Beginn und am Ende einer Sitzung nicht die Hand zu geben. Fühlte er sich bewogen, dies dennoch zu tun, würde er in die psychoanalytische Situation einen unnötigen und folglich unerwünschten psychischen Reiz einbringen. Aus dem gleichen Grunde würde ein Analytiker vom europäischen Kontinent, der seinen Handschlag *verweigerte,* einen unnötigen und damit unerwünschten Reiz hervorrufen. Der Unterschied im Verhalten besteht schlicht und einfach darin, daß der Analytiker den Unterschied zwischen der Bedeutung seines Verhaltens (des Handschüttelns) für den amerikanischen oder britischen und für den europäischen kennt und berücksichtigt.

Einer ähnlichen Prüfung sollten andere gesellschaftlichen Gepflogenheiten unterworfen werden. Genauso wie der tägliche Handschlag in manchen Ländern mehr enthält als Höflichkeit und konventionelle Umgangsformen, so auch die Äußerungsformen für Sympathie und gute Wünsche. Wenn eine solche Äußerungsweise für einen Patienten zu einem bestimmten Zeitpunkt nur wenig bedeute, bringt es auch wenig Schaden, sollte man sich ihrer bedienen. Bedeutet sie ihm hingegen viel, wie es gelegentlich vorkommt, und bedient man sich ihrer, ohne den Patienten darauf aufmerksam zu machen, wie wertvoll es wäre, wenn er darüber spräche, wie sehr er sich nach einem solchen Verhalten sehnt, dann können seine Reaktionen darauf oder auch die Folgen für den Verlauf der Analyse von Nachteil sein. Es sei jedoch hinzugefügt: Wenn der Analytiker ihm *kein* Mitgefühl entgegenbringt oder *kein* Wohlergehen wünscht, keinerlei Beachtung schenkt, dann ist dies genauso unanalytisch, wie wenn der Analytiker der Reaktion eines Patienten auf eine Äußerung von Sympathie und guten Wünschen keine Aufmerksamkeit widmet. In beiden Fällen ist eine von Interesse geprägte Einstellung des Analytikers gegenüber den Determinanten im Denken und Verhalten des Patienten von ausschlaggebender Bedeutung. Alles, was man als Analytiker sagt oder tut, sollte soweit wie möglich dieser Einstellung untergeordnet sein oder sich aus ihr ergeben.

So ist es beispielsweise nicht tunlich, einem Patienten zu erklären: »Lassen wir die Analyse einmal für einen Augenblick beiseite...«, und sich anschließend daran zu machen, ihm Ratschläge in praktischen Lebensfragen zu geben, ihn nach seiner Meinung über Dinge zu fragen, in denen er sich als Fachmann auskennt, oder mit ihm eine Angelegenheit zu erörtern, für die sich beide, Analytiker wie Patient, interessieren. All solche Verhaltensweisen beeinflussen notwendigerweise die Übertragung, und wenn ein Analytiker diesen Einfluß vorsätzlich aus seiner Nachforschung ausklammert und behauptet, er sei gar nicht vorhanden, bilde »keinen Bestandteil der Analyse«, dann führt das dazu, daß die Determinanten hinter dem Verhalten eines Patienten uneinsehbar werden, jedenfalls in mehr oder weniger großem Maße. Das Ausmaß, in dem dies geschieht, hängt davon ab, inwieweit die »nichtanalytische« Intervention des Analytikers für die Wünsche und Konflikte seines Patienten von Bedeutung sind. Wenn sie groß ist, dürfte auch der unerwünschte Effekt auf die Analyse entsprechend groß sein; ist sie hingegen gering, mag auch die Auswirkung praktisch unerheblich sein. Die Schwierigkeit liegt darin, daß man nicht in jedem Fall im voraus angeben kann, ob die Bedeutung einer solchen Intervention groß oder gering ist. Wie dem auch sei, grundsätzlich ist sie unerwünscht.

Die Situation stellt sich freilich anders dar, wenn etwas zufällig geschieht, das heißt, wenn es ohne Intervention des Analytikers geschieht. Solch ein Ereignis, was immer es sein mag, hat für die Wünsche und Konflikte eines Patienten eine ganz andere Bedeutung. Die Folgen, die sich für das Seelenleben eines Patienten aus Ereignissen ergeben, die an der Oberfläche identisch zu sein scheinen, fallen höchst unterschiedlich aus, wenn das eine Ereignis vom Analytiker eingeplant oder mit herbeigeführt wurde, das andere hingegen nicht. So sollte ein Analytiker, wenn er einen Patienten zufällig außerhalb des Sprechzimmers trifft, ein »natürliches«, im Sinne der Konvention angemessenes Verhalten an den Tag legen, auch wenn das gleiche Verhalten keineswegs »natürlich«, das heißt analytisch angemessen wäre, wenn beide, Patient und Analytiker, sich im Sprechzimmer begegnen. Wichtiger jedoch ist, daß der Analytiker gegenüber allen derartigen Ereignissen eine analytische Haltung einnimmt – daß er sich in erster Linie darum bemühen sollte, anhand der Reaktion des Patienten auf das Ereignis und anhand seiner Gedanken darüber soviel wie möglich über Wesen und Ursprung der psychischen Konflikte zu erfahren, die Reaktion und Gedanken mehr oder minder bestimmt haben.

Der Leser wird bemerkt haben, daß die vorausgegangene Erörterung sich allmählich zu einer Erörterung über die

Wichtigkeit der Einhaltung einer richtigen analytischen Einstellung im Umgang mit der Übertragung entwickelt hat. Da ein späteres Kapitel dem Thema der Übertragung gewidmet sein soll, möchten wir eine weitere Erörterung solcher Fälle bis dahin hintanstellen.

Zusammenfassung

1. Ein wesentlicher Teil der Aufgabe des Analytikers besteht darin, Wesen und Ursprung der pathogenen seelischen Konflikte seiner Patienten zu verstehen.
2. Konsequente Beachtung dieser Aufgabe ist mithin ein wichtiges Element der angemessenen analytischen Einstellung. Sie sollte soweit wie möglich das Verhalten des Analytikers in der analytischen Situation bestimmen.
3. Um in dieser Hinsicht konsequent sein zu können, muß man sich vergegenwärtigen, welches die Konfliktelemente sind, welche Funktion der Konflikt erfüllt und welche Konsequenz er für das Seelenleben hat.
4. Wenn ein Symptom von Angst begleitet wird, sind beide, Symptom und Angst, Folgen desselben Konflikts. *Symptome rufen keine Angst hervor.*
5. Symptome, Phantasien, Träume, Verhaltensweisen, kurz alle Elemente des bewußten Seelenlebens, sind vielfach determiniert. Sie stellen eine Kompromißbildung zwischen Es, Überich und Ich dar. Sie sind niemals nur den Trieben, nur der Abwehr, nur Umwelteinflüssen oder nur Tendenzen von Reue oder Selbstbestrafung zuzuschlagen.
6. Es kommt selten vor, daß Analytiker in der Anwendung dieses Wissens über den psychischen Konflikt auf die Analyse neurotischer Symptome oder bekannter neurotischer Charakterstörungen inkonsequent vorgehen. Häufiger hingegen ist inkonsequentes Vorgehen im Zusammenhang mit der Analyse »psychotischer« Symptome und »normaler« Charakterbestandteile eines Patienten zu beobachten.
7. Als Analytiker »natürlich«, anders gesagt: therapeutisch oder mitfühlend sein ist etwas gänzlich anderes, als ein umgänglicher, freundlicher, verständnisvoller »guter

Arzt« oder auch »guter Elternteil« zu sein. Es heißt vielmehr, gegenüber seinen Patienten in Einklang mit seiner Verpflichtung zu handeln, einer Verpflichtung, deren erster Schritt darin besteht, das Wesen und den Ursprung ihrer pathogenen Konflikte zu verstehen. Mit anderen Worten, es heißt, sich von seinem Wissen über solche Konflikte im allgemeinen sowie von der nur mit Hingebung zu erfüllenden Aufgabe leiten zu lassen, soviel wie möglich über die Konflikte seiner Patienten im besonderen in Erfahrung zu bringen.

2. Mutmaßung und Deutung

Im ersten Kapitel haben wir uns klargemacht, daß ein wesentlicher Bestandteil der analytischen Situation in der Einstellung des Analytikers liegt, das heißt in der Art und Weise, wie er an die Aufgabe herangeht, das Wesen und den Ursprung der psychischen Konflikte eines jeden Patienten aufzuspüren. Die Triebfeder dieser analytischen Einstellung oder Orientierung ist, wie wir gesehen haben, zutiefst therapeutisch. Was ein Analytiker über die Konflikte seiner Patienten in Erfahrung bringt, sucht er ihnen in der Erwartung zu vermitteln, daß dieses sein Vorgehen die Konflikte derart verändern wird, daß die Symptome, die sie hervorgerufen haben, sich bessern oder gar verschwinden.

Im allgemeinen nennt man Deutung, was ein Analytiker dem Patienten erklärt, um ihn im weitesten Sinne über seine Konflikte zu informieren. Derselbe Begriff wird allerdings häufig auch benutzt, um damit das Wissen des Analytikers selbst über das Seeelenleben und die Konflikte seines Patienten zu bezeichnen. So sprechen Analytiker davon, daß sie »eine Deutung formulieren« oder »zu einer Deutung kommen«, wenn der Begriff »Deutung« sich in solchen Fällen ganz offensichtlich nur auf die Kenntnisse bezieht, die der Analytiker über die Determinanten seelischer Vorgänge beim Patienten gewonnen hat, und nicht auf die Erklärungen, die er dem Patienten hinsichtlich besagter Determinanten bereits gegeben hat. In den meisten Fällen ist die Mehrdeutigkeit des Begriffs nicht von Belang, doch im Rahmen dieser Erörterung soll das Wort »Deutung« Erklärungen bezeichnen, die der Analytiker dem Patienten über seine psychischen Konflikte gibt, das Wort »Mutmaßung« hingegen Erklärungen oder Formulierungen, die er sich in seinen eigenen Gedanken zurechtlegt, um damit zusammenzufassen, was er über die psychischen Konflikte eines Patienten in Erfahrung gebracht hat. Es sei betont, daß der Begriff »Mutmaßung«, sofern er im genannten

Sinne benutzt wird, nichts darüber aussagt, ob der Analytiker der Überzeugung ist, daß seine Beobachtungen zutreffend sind. Man sollte beachten, daß der Begriff sowohl Einsichten einschließt, deren sich der Analytiker sicher ist, wie auch Schlußfolgerungen, denen gegenüber er noch Zweifel hegt – daß er sowohl umfaßt, was der Analytiker seit längerem für zutreffend hält, wie auch erst seit kurzem angestellte Vermutungen und auftauchende Ahnungen. Also unterscheidet sich diese Definition um einiges vom umgangssprachlichen Wortgebrauch, nach dem »Mutmaßung« die Bedeutung von Unsicherheit einschließt. Mit Rücksicht auf die umgangssprachliche Nebenbedeutung wird auf den folgenden Seiten »Mutmaßung« hin und wieder durch »Verstehen« oder »Schlußfolgerung« ersetzt, um damit anzudeuten, daß die Mutmaßung durch Sachverhalte hinlänglich abgesichert ist, um als zutreffend gelten zu können, jedenfalls mit ziemlicher Sicherheit.

Psychoanalytische Arbeiten über die Entstehung von Mutmaßungen sind gering an Zahl. Ein Grund dafür liegt in dem Umstand, daß es zum gegenwärtigen Zeitpunkt noch völlig unmöglich ist, eine zufriedenstellende allgemeine Antwort auf die Frage zu geben: »Wie kann ein Analytiker Einsicht gewinnen in das Wesen und den Ursprung der Konflikte eines Patienten oder wie kann er darüber zu einigermaßen sicheren Annahmen gelangen?« Es besteht allgemeine Übereinstimmung darüber, daß als wesentliche Voraussetzung der Analytiker selbst gründlich genug analysiert sein muß, daß seine eigenen Konflikte ihn weder für die des von ihm analysierten Patienten blind machen noch ihn dazu veranlassen, in jedem Patienten die gleichen Konflikte zu entdecken. Aus genau diesem Grunde ist die Lehranalyse ein notwendiger Bestandteil der Ausbildung jedes Analytikers. Doch bei jedem analytischen Fall sind die Hinweise, an die man sich halten kann, um eine Mutmaßung über die Konflikte des Patienten anzustellen, derart zahlreich, derart unterschiedlich und häufig zeitlich derart auseinanderliegend, daß nur die persönliche Erfahrung als Analytiker einem dazu verhelfen kann, irgendeine Art zufriedenstellenden Wissens über den Vorgang der Entstehung einer Mußmaßung und über das Wesen der damit verbundenen Probleme zu erwerben. In einer Erörterung wie dieser kann man also bestenfalls einige Bemerkungen zu dem Thema anbieten.

Es ist nicht ohne Reiz zu beobachten, wie unterschiedlich verschiedene Analytiker den Prozeß des Entstehens einer Mutmaßung beschreiben. Bei diesem Vorgang handelt es sich ganz eindeutig um einen Prozeß, der sich, zumindest subjektiv, von Analytiker zu Analytiker unterscheidet. Manche Analytiker schildern ihre bewußte Erfahrung in dieser Hinsicht als etwas ganz und gar Intuitives. Jede Mutmaßung stelle sich wie eine Inspiration ein, zu der keine bewußten Gedanken hinführten: »Als ich dem Patienten zuhörte, ging mir auf ...« Solche Analytiker dürften der Ansicht Freuds (1912e) zustimmen, daß das Unbewußte des Analytikers, der den Assoziationen eines Patienten zuhört, Eindrücke vom Unbewußten seines Patienten empfangen kann und befähigt ist, das Unbewußte des Patienten »wiederherzustellen«. Folglich schreibt Isaacs (1939), eine Mutmaßung sei »ihrem Wesen nach eine Wahrnehmung«; Isakower und Malcove (Malcove, 1975) äußerten eine ähnliche Ansicht, während Reik (1937) zu bedenken gab, bewußtes logisches Denken sei der analytischen Wahrnehmung in höchstem Maße abträglich. Auf der entgegengesetzten Seite finden wir Analytiker wie Fenichel (1941), der sich mit dem logischen und intellektuellen Aspekt des Entstehens einer Mutmaßung beschäftigte. Fenichel hob den Wert vorläufiger Mutmaßungen in dynamischer und genetischer Hinsicht hervor und skizzierte seinen Lesern den Vorgang fortschreitender Entwicklung und Verfeinerung der Mutmaßungen des Analytikers im Verlauf der Analyse, einer Entwicklung, die den Analytiker letztendlich in den Stand setze, sowohl den Entwicklungsgang der Konflikte und Symptome eines Patienten während der Jahre vor Beginn der Analyse zu rekonstruieren und ihre Wiederbelebung in der Übertragung wie auch ihre schrittweise Änderung durch Deutungen im Fortgang der Analyse zu erklären. So revidiert der Analytiker laut Fenichel im Laufe der Analyse anhand neuer Informationen ständig seine Mutmaßungen.

Andere Analytiker machen darauf aufmerksam, daß es vorteilhaft sei, wenn der Analytiker seine eigenen Phantasien und affektiven Zustände als Hinweise betrachte, mit deren Hilfe er zu Mutmaßungen über die Determinanten hinter den Assoziationen und Verhaltensweisen des Patienten gelangen könne. Wenn ein Analytiker beispielsweise nicht in der Lage sei, den Äußerungen eines Patienten mit der sonst üblichen Aufmerksamkeit zu folgen, sondern sich gelangweilt fühle, dann solle er sich fragen, ob der Grund nicht vielleicht darin liege, daß der Patient ihn unbewußt zu langweilen wünsche. Es könne sein, so betonen diese Analytiker, daß eine solche Mutmaßung zutreffend sei, und das gleiche könne sich als richtig erweisen, wenn man sich gereizt, provoziert, sexuell erregt, schläfrig oder dergleichen fühle. Bei anderen Gelegenheiten bemerke man eigene Phantasien oder Tagträume, während man einem Patienten zuhöre (Beres und Arlow, 1974), und ihr Inhalt könne unter Umständen einen Hinweis liefern, aufgrund dessen man eine zutreffende Mutmaßung über den Patienten anstellen könne.

Intuition, bewußte Reflexion, unbewußt ausgelöste affektive Reaktionen oder Phantasien, all dies sind potentielle Methoden, um zu einer richtigen und sinnvollen Mutmaßung über den in Analyse befindlichen Patienten zu gelangen. Manche Analytiker zeigen sich über die eine oder andere Methode besonders begeistert, doch es ist eine Tatsache, daß es kaum von Belang ist, welcher Methode sich ein Analytiker bedient, wenn sie ihn nur zu dem gewünschten Ziel führt. Die meisten Analytiker haben wahrscheinlich bei der einen oder anderen Gelegenheit alle Methoden eingesetzt. Besondere Vorlieben sind ohne Zweifel durch die psychischen Konflikte des Analytikers determiniert. Sie sind womöglich für den betreffenden Analytiker als Teil seiner eigenen Analyse von Interesse, doch solange sie seine analytische Arbeit nicht beeinträchtigen, kommt ihnen für die Praxis keine weitere Bedeutung zu. Sie bilden gleichsam ein Element dessen, was man als Arbeitsstil eines Analytikers charakterisieren kann.

Mutmaßungen sind mithin Hypothesen, die der Analytiker, ob bewußt oder unbewußt, aufstellt, um sich das Wesen und den Ursprung der Konflikte zu erklären, die nach seinen Beobachtungen festlegen, wie die Psyche seines Patienten arbeitet und welche Entwicklung sie eingeschlagen hat. Mit Mutmaßungen macht sich der Analytiker verständlich, warum der Patient die Art von Mensch ist, die er ist, warum er sich so verhält und spricht, wie er es tut, und zwar sowohl während der analytischen Sitzungen, in denen der Analytiker ihn unmittelbar beobachten kann, wie auch in seinem Leben außerhalb des Sprechzimmers, über das der Analytiker nur aus den Berichten des Patienten erfährt. Da Mutmaßungen bewußte Ergebnisse der psychischen Tätigkeit des Analytikers darstellen, müssen sie wie alle anderen bewußten Ergebnisse ein Kompromiß zwischen den verschiedenen Kräften oder Tendenzen sein, die in der Psyche des Analytikers am Werke sind. Sie sind auf der einen Seite determiniert durch äußere Reize, in diesem Fall durch Assoziationen und Verhaltensweisen des Patienten, und auf der anderen Seite durch das Zusammenspiel von Es-, Ich- und Überich-Abkömmlingen und -Bestrebungen beim Analytiker selbst. Um einem möglichen Mißverständnis entgegenzuwirken, in dieser Hinsicht ist an den Mutmaßungen des Analytikers nichts Ungewöhnliches, nichts Besonderes. All unsere Erkenntnisse über die uns umgebende Welt sind das gleiche Gemisch aus selektiver Wahrnehmung (Arlow, 1969a), Triebwünschen und den Konflikten, die solche Wünsche hervorrufen. Was die analytischen Mutmaßungen angeht, so bedient man sich zur Kennzeichnung dieses Aspektes der psychischen Tätigkeit eines Analytikers für gewöhnlich solcher Begriffe wie Empathie und Introspektion, und vielleicht ist es in diesem Zusammenhang angebracht, einige erläuternde Worte über diese Begriffe zu sagen, soweit sie mit dem Thema zu tun haben, das wir gerade behandeln.

Kohut (1959) gab die Anregung, die Psychoanalyse insofern von anderen Naturwissenschaften abzuheben, als man berücksichtige, daß die Introspektion in der Analyse sowohl eine wesentliche wie auch eine einschränkende Rolle spiele, ein Umstand, der nach Kohuts Ansicht auf die anderen Wissenschaften nicht zutrifft. Tatsächlich jedoch spielen Empathie oder Introspektion in allen Wissenschaften die gleiche Rolle (Brenner, 1968b). Man kann die Welt niemals ohne Beteiligung eigener Wünsche und Konflikte betrachten, noch ohne sie »empathisch« zu personifizieren. Die Worte, die wir verwenden, legen Zeugnis davon ab, daß es sich so verhält. Kraft, Energie, Arbeit, Bewegung, es sind alles Worte, die ursprünglich mit persönlicher, subjektiver Erfahrung zu tun hatten. Steine und Planeten sind nicht mit Kraft oder Energie erfüllt. Sie leisten keine Arbeit; sie bewegen sich auch nicht aktiv und zielgerichtet. Dies sind Gedanken und Worte, die uns selbst und unsere Gefühle über das Dasein beschreiben. Die ersten Naturforscher wandten sie auch auf unbelebte Objekte an. Damit sie sich für diese Zwecke überhaupt sinnvoll verwenden ließen, mußten sie neu definiert und ihrer personifizierten Elemente entkleidet werden. Genauer, im Verlauf der Entwicklung der Naturforschung als Wissenschaft ergab sich die Notwendigkeit, die Tatsache in Rechnung zu stellen, daß im Gegensatz zu unserer ersten natürlichen, empathischen Annahme die Objekte der uns umgebenden Welt, soweit sie nicht Menschen sind, sich in ihren Verhaltensweisen deutlich von denen der Menschen unterscheiden. Es brauchte eine sehr lange Zeit, bis die Physiker diese Tatsache vollständig begriffen hatten, doch heute ist diese Lektion so gründlich verstanden, daß man nicht einmal mehr bewußt über sie nachdenkt. In dieser Hinsicht sind Psychoanalytiker jedoch gegenüber Physikern in einer günstigeren Position. Psychoanalytiker erforschen nämlich die psychischen Funktionsweisen von anderen Menschen, von Menschen, die ihnen in der Tat sehr ähnlich sind. Folglich sind sie nicht in der Gefahr, durch unbewußte, subjektive Faktoren derart schlimm in die Irre geführt zu werden, wie dies der Fall wäre, wenn sie gegenüber Molekülen oder Planeten »Empathie« empfänden. Freilich droht immer noch Gefahr, auf ganz ähnliche Weise in die Irre gelockt zu werden. Wenn auch die meisten Menschen einander, psychologisch gesehen, ähnlich sind, so bestehen zwischen ihnen jedoch auch Unterschiede, und es ist von Wichtigkeit, daß diese Unterschiede in der analytischen Behandlung erkannt werden. Es ist richtig, daß alle Patienten sich insofern ähnlich sind, als sie allesamt unter den Auswirkungen von Konflikten leiden, die sich auf Triebwünsche der Kindheit zurückführen lassen, an denen in jedem Fall Angst, Schuldgefühle, Abwehrmaßnahmen, Selbstbestrafung und Kompromißbildung beteiligt sind. Gleichermaßen richtig ist jedoch auch, daß die Konflikte, die sich aus Triebwünschen ergeben, niemals auch nur bei zwei Patienten die gleichen sind, sondern daß sie sich sogar häufig deutlich voneinander unterscheiden. Wichtiger noch, die Unterschiede sind in der psychoanalytischen Therapie von entscheidender Bedeutung. Insofern das Ziel der Analyse Selbsterkenntnis ist, sind alle Psychoanalytiker sich darin einig, daß jeder Patient sich zuvörderst selbst kennenlernen muß und nicht so sehr all das, was er mit der übrigen Menschheit gemeinsam hat.

Daraus ergibt sich, daß Psychoanalytiker, wie andere Wissenschaftler auch, die Möglichkeit haben müssen, ihre Mutmaßungen einer Prüfung, einem Test zu unterziehen. Sie müssen über Mittel und Wege verfügen, die es ihnen erlauben zu entscheiden, ob eine Mutmaßung zutreffend ist oder nicht, ob sie einen Patienten richtig eingeschätzt haben oder ob ihre Mutmaßung revidiert, erweitert oder sogar zugunsten einer anderen Mutmaßung aufgegeben werden muß.

Manche Analytiker empfehlen, man solle sich bei der Prüfung einer Mutmaßung, nicht weniger als bei ihrer Aufstellung, völlig auf unbewußte psychische Prozesse verlassen. Nach dieser Auffassung ist die Tatsache, daß man einer Mutmaßung gewahr wird, Beweis genug für ihre Stichhaltigkeit, sofern man selbst gründlich analysiert ist und mit den unbewußten psychischen Prozessen des Patienten »in Einklang« steht (Baranger und Baranger, 1966; de Mijolla und Shentoub, 1973). Analytikern zufolge, die sich diese Auffassung zu eigen gemacht haben, kommt es in der Analyse bei Analytiker wie Patient zu einem Vorgang, den sie als reziproke projektive Identifizierung bezeichnen, und diese Identifizierung gewährleiste die Richtigkeit der Mutmaßungen des Analytikers. Aus diesem Grunde betonen sie, daß die Kenntnisse eines Analytikers über die Psyche eines Patienten sich qualitativ von anderen Kenntnissen unterschieden und daß dieses Wissen nicht mittels der gleichen Maßstäbe bewertet oder geprüft werden könne. In diesem Sinne schreibt Riviere (1936): »Wir wissen, daß psychoanalytische Gesetze und Fakten in schriftlicher Form überhaupt nicht bewiesen werden können.«

Für das andere Extrem steht die Ansicht Kubies (1952), psychoanalytische Mutmaßungen (und Deutungen) könnten, da sie subjektiv und nicht objektiv seien, niemals auf ihre Stichhaltigkeit hin geprüft werden und seien folglich schon aufgrund ihrer Natur wissenschaftlich unglaubwürdig.

Vielleicht ist für beide der genannten Extrempositionen zum Teil das gleiche Mißverständnis über die wirkliche Bedeutung des Wortes »Beweis« auf dem Felde der Wissenschaften verantwortlich. Wie der Beweis für jede Hypothese, jede Theorie oder jedes Gesetz der Naturwissenschaften heißt auch der Beweis für eine psychoanalytische Mutmaßung: Anhäufung von Anhaltspunkten, welche die Mutmaßung stützen. Die Natur der Dinge verbietet es einfach anzunehmen, es gäbe so etwas wie einen »absoluten Beweis« oder »logischen Beweis« für eine naturwissenschaftliche Behauptung, etwa nach Art eines Beweises für einen mathematischen Lehrsatz. Ein mathematischer Lehrsatz läßt sich logisch beweisen oder widerlegen, weil er lediglich Auskunft darüber gibt, was sich aus willkürlich festgelegten Prämissen, die auch Postulate genannt werden, logisch ableiten läßt (oder auch nicht). Jeder Satz in der Mathematik hat die logische Form: »Wenn A, dann auch B.« Wissenschaftliche Hypothesen unterscheiden sich ihrem Wesen nach von mathematischen Sätzen. Sie sind grundsätzlich empirischer und nicht bloß logischer Natur. Sie müssen mit beobachteten Fakten übereinstimmen. Im Unterschied zu mathematischen Sätzen lassen sie sich in ihrer Form nicht in eine einheitliche grammatische Struktur bringen, und überdies droht ihnen ständig das Schicksal, aufgrund späterer Erfahrungen als unbrauchbar aufgegeben oder revidiert zu werden. Freilich, für gewöhnlich sind sie logisch miteinander verknüpft, doch sie sind niemals nur logische Schlußfolgerungen aus festgelegten Prämissen. In der Naturwissenschaft ist die Logik stets den empirischen Fakten, den Beobachtungsdaten untergeordnet. Die Hypothesen, Gesetze und Theorien – mit einem Wort: die Verallgemeinerungen – jeglicher Naturwissenschaft sind in der Tat die zu einem gegebenen Augenblick zur Erklärung der uns gelieferten Daten besten Annahmen und Mutmaßungen.

Wie läßt sich all dies auf das Problem der Prüfung psychoanalytischer Mutmaßungen anwenden? Eine Möglichkeit besteht, wie bereits festgestellt, darin, sich einfach auf die Intuition zu verlassen. Jene, die so verfahren, setzen voraus oder erklären ganz unumwunden, daß man sich auf seine Intuition verlassen und völlig auf das von ihr hervorgebrachte Ergebnis vertrauen kann, daß es sich dabei um eine Methode handelt, die, sofern richtig eingesetzt, nicht fehlschlagen kann. Wenn nun die intuitiv gefaßten Mutmaßungen aller Analytiker hinsichtlich des gleichen Materials im wesentlichen übereinstimmen, würde dies die Vorstellung, man könne sich zum Zwecke der Prüfung einer Mutmaßung völlig auf die Intuition verlassen, zumindest stützen können. Doch gerade daran fehlt es. Die Intuition eines Analytikers bringt häufig Mutmaßungen hervor, die »keineswegs auf alle Analytiker mit ihrem jeweils eigenen Erfahrungshintergrund überzeugend wirken« (Waelder, 1939, Teil II) oder, so können wir hinzufügen, nicht unbedingt mit den Erfahrungen ihrer Ausbilder in Psychoanalyse übereinstimmen. Mit anderen Worten, Intuition ist nach einer Bemerkung von Isaacs (1939) durch die jeweilige Ausbildung und ihre Inhalte geprägt, auch wenn sie subjektiv als »unmittelbare Wahrnehmung« erscheinen mag. Wenn ein Analytiker intuitiv zu einer Mutmaßung gelangt ist, dann heißt das noch nicht, daß sie auch zutreffend ist. Sehr häufig ist sie zwar richtig, doch die Tatsache, daß der Analytiker zu ihr auf intuitivem Wege gekommen ist, bedeutet noch kein hinlänglicher Beweis dafür, daß sie stichhaltig ist. Gültigkeitsbeweise muß man schon woanders suchen.

Anhaltspunkte, denen man am häufigsten vertraut, um die Stichhaltigkeit einer Mutmaßung zu prüfen, und die auch die meisten Möglichkeiten für ein solches Vorgehen bieten, sind die Reaktionen des Patienten auf eine Mutmaßung, sobald sie ihm erst als Deutung seitens seines Analytikers angeboten worden ist. Doch auch wenn sie nicht in Form einer Deutung geäußert wird, bestätigt der Patient sie unter Umständen spontan durch seine Worte (und Handlungen), nachdem der Analytiker sie für sich formuliert hat. So zeigte beispielsweise der im vorausgegangenen Kapitel erwähnte suizidale Patient in einer gewissen Phase seiner Analyse montags und dienstags ein Verhalten, das sich von dem an den übrigen Wochentagen unterschied. Ich mutmaßte als Grund, daß ich ihm am Wochenende fehlte. Doch ehe ich ihm eine entsprechende Deutung gab, ließ ich einige Wochen verstreichen, um meine Mutmaßung dadurch bestätigt zu finden, daß sich sein Verhalten wiederholte. Erst nachdem diese Bestätigung sich abzeichnete, bot ich dem Patienten eine Deutung seines Verhaltens an.

Diese Art von Bestätigung kann man als wiederholtes Auftauchen von Anhaltspunkten bezeichnen, auf denen die Mutmaßung in erster Linie beruht. Für den Verlauf der Analyse würde es keinerlei Unterschied bedeuten, ob der Analytiker eine solche Mutmaßung jetzt oder ein, zwei Wochen später für sich bewußt formuliert. In einigen Fällen können Anhaltspunkte, die eine Mutmaßung bestätigen, erst nach Monaten oder Jahren in den Assoziationen des Patienten zum Vorschein kommen. In einem Fall zum Beispiel war das berufliche wie außerberufliche Durchsetzungsvermögen eines jungen Mannes auf schwerwiegende Weise dadurch gestört, daß er ständig befürchtete, seine Gegner oder Konkurrenten könnten ihn verbal wie körperlich demütigen. Doch erst nachdem dies viele Male und mit vielen Beispielen gedeutet worden war, fand die Mutmaßung, er habe vor allem Angst vor Kastration, ihre Bestätigung in einer Erinnerung aus seiner späten Adoleszenz. Er erinnerte sich nämlich daran, in jenem Alter den Gedanken gehabt zu haben, er werde sich mit einiger Wahrscheinlichkeit zu einem überaus erfolgreichen Studenten entwickeln, wenn man nur seine Hoden entfernte, damit sexuelle Wünsche und Masturbation ihn nicht störten, wenn er zu lernen und zu arbeiten wünschte.

Eine andere Art von Anhaltspunkten für die Stichhaltigkeit von Mutmaßungen liefern uns Vorhersagen. Im Fall des oben erwähnten suizidalen Patienten zum Beispiel war die Angst vor zärtlichen, sexuellen und mörderischen Wünschen mir gegenüber so gravierend, daß mir angesichts zurückliegender Erfahrungen die Vorhersage vertretbar erschien, der Patient werde während der Therapiesitzungen am Montag und Dienstag nicht länger zu erkennen geben, daß er mich am Wochenende vermißt hatte, wenn er erst einmal auf dieses Verhaltensmerkmal aufmerksam gemacht worden wäre. Man durfte erwarten, daß er versuchen würde, mir nachzuweisen, daß ich mich irrte, teils um seine ambivalenten Übertragungswünsche abzuwehren, teils um sie zu befriedigen. Als sich herausstellte, daß dies zutraf, waren damit Anhaltspunkte gegeben, welche die Mutmaßungen über die Angst, die jene Wünsche auslösen könnten, weitgehend bestätigen.

Auch das folgende Beispiel kann zeigen, wie eine Mutmaßung durch die sich daran anschließenden Assoziationen und Verhaltensweisen auf ihre Stichhaltigkeit hin geprüft und bestätigt werden kann. Eine junge Frau von 26 Jahren erklärte nach den Sommerferien, sie habe unmittelbar nach Beginn der Ferien angefangen, sich wieder mit ihrem alten Freund namens F. zu treffen, einem 20 Jahre älteren Mann, der kurz zuvor verwitwet war und bereits mit einer festen Freundin zusammenlebte. Die Patientin meinte, sie sei so glücklich und zufrieden wie nie. Mich habe sie überhaupt nicht vermißt, und sie sei auch nicht im geringsten eifersüchtig auf F.s andere Freundin. Ja, in Wahrheit habe sie überhaupt nicht an die andere Frau gedacht und sei nicht die Spur gekränkt darüber, daß F. nur so wenig Zeit für sie übrig habe. Eines Tages erklärte sie: »F. ist in der letzten Nacht, nachdem wir uns geliebt hatten, länger geblieben als jemals zuvor. Das war so schön.« Da »länger als jemals zuvor« hieß, daß F. nicht nur zehn Minuten geblieben war, gab ich der Patientin die Deutung, sie gestehe sich selbst ihren Schmerz nicht ein, ihre Eifersucht, Einsamkeit und Wut auf F. darüber, daß er sie so behandelte. Sie bedachte meine Worte nur mit einer halbherzigen, aber freundlichen Erklärung, sie könne mir nicht zustimmen. Am nächsten Tag jedoch erschien sie in schlechter Stimmung und begann einen längeren Streit mit mir darüber, daß ich es ablehnte, ihre Sitzungsstunde am folgenden Tag ausfallen zu lassen, wo sie doch ihren Hund zum Tierarzt bringen müsse, und schließlich meinte sie, sie denke daran, die Analyse gegen Monatsende zu abzubrechen. Wie könne sie auch von einem so kaltherzigen Menschen wie mir annehmen, er sei ein guter Analytiker? Außerdem sei sie immer davon überzeugt gewesen, daß die Analyse ihr sowieso nicht helfe, usw., usw.

Meine Mutmaßung ging dahin, daß die Deutung, die ich ihr am Tag zuvor gegeben hatte, nämlich sie fühle sich durch F.s Rücksichtslosigkeit gekränkt und verletzt und sei daher wütend auf ihn, der eigentliche unmittelbare Grund dafür bildete, daß sie Wut auf mich empfand und mich verlassen wollte. Doch ich ließ ihr gegenüber nichts von meiner Mutmaßung durchblicken, da sie ganz offensichtlich nicht in der Stimmung war, auch nur über die Möglichkeit nachzudenken, ihre bewußte Feindseligkeit gegen mich könne andere Gründe haben als meine Unnachgiebigkeit in Fragen meines Stundenplans und ihre Zweifel an der Analyse als einer für sie geeigneten Behandlungsform. Gegen Ende der Woche kam sie eines Tages in die Behandlungsstunde und gestand, sie habe die Nacht zuvor geweint und »das hatte mit F. zu tun«, doch nichtsdestoweniger meinte sie beharrlich, daß sie wirklich nicht aufgebracht darüber sei, nicht von ihm gehört zu haben, daß sie nunmehr kein Bedürfnis mehr habe zu weinen und daß sie vielmehr ganz vergnügt sei. Wiederum gab ich ihr zu verstehen, sie verberge vor sich ihren Schmerz, ihre Eifersucht, ihre Einsamkeit und ihre Wut auf F. Diesmal geriet sie in unbändige Wut, schrie mich an: »Hören Sie auf! Ich warne Sie! Hören Sie auf so zu reden!« und, als ich geendet hatte, brüllte sie: »Nun sind Sie wahrscheinlich froh darüber, daß ich wütend bin und es auch sage!« Damit rannte sie aus dem Zimmer und schlug krachend die Tür hinter sich zu. Keine sehr vergnügliche Bestätigung meiner Mutmaßung von einer Woche zuvor, doch ohne Frage eine dramatisch und zugleich überzeugende.

Der erklärende oder heuristische Wert einer Mutmaßung kann ebenfalls beweiskräftige Anhaltspunkte für ihre Richtigkeit beisteuern. Wie Freud (1923c) bemerkte, liegt immer dann der beste Beweis für die Richtigkeit einer analytischen Rekonstruktion vor, wenn sie die einzige Möglichkeit darstelle, all die verschiedenen Bestandteile im Leben eines Patienten zusammenzufügen, gerade so wie es nur eine Möglichkeit gebe, die Stücke eines »Puzzles« so zu ordnen, daß die ihm zugrunde liegende Zeichnung sinnvoll werde. Es mag an dieser Stelle nützlich sein anzumerken, daß zu dieser Klasse von Anhaltspunkten, welche die Stichhaltigkeit einer Mutmaßung bestätigen, eine Art impliziter statistischer Analyse höchst pragmatischer Natur gehört (vgl. Schmidl, 1955). Darin kommt der Gedanke zum Ausdruck, daß vor dem Hintergrund dessen, was wir aufgrund unserer Lebenserfahrung wissen, die Wahrscheinlichkeit, daß es zwei oder mehr Rekonstruktionen geben könnte, die *alle* Fakten, die wir über einen Patienten haben, gleichermaßen sinnvoll erklären, so außerordentlich gering ist, daß wir sie vernachlässigen können, auch wenn sie sich nicht genau abschätzen läßt.

Schließlich kommt es bisweilen auch vor, daß eine Mutmaßung ihre Bestätigung durch eine außerhalb der Analyse liegende Informationsquelle findet: durch die Aussage eines anderen Menschen, durch eine Photographie, ein Tagebuch und dergleichen (vgl. Bonaparte, 1945). So willkommen solche beweiskräftigen Anhaltspunkte auch sind, wenn sie zum Vorschein kommen, sie tauchen jedoch so selten auf, daß ihr praktischer Wert für gewöhnlich äußerst gering ist, jedenfalls verglichen mit den Anhaltspunkten, die sich aus der analytischen Situation selbst ergeben. Mutmaßungen leiten sich in erster Linie aus dem analytischen Material her und werden in der großen Mehrzahl der Fälle durch eben dieses

Material entweder bestätigt oder widerlegt. Als Ideal in dieser Hinsicht schwebt Waelder (1939) vor, daß der seinen Patienten zuhörende Analytiker so lange »die Fakten anschaut, bis sie für sich selbst zu sprechen scheinen«.

Doch mag man auch alles aufzählen, was es über Mutmaßungen zu sagen gibt, darüber, wie man zu ihnen gelangt, und darüber, wie sie sich bestätigen oder widerlegen lassen, so kommt man einfach um die Tatsache nicht herum, daß man sie bei seiner Arbeit als Analytiker in der weit überwiegenden Zahl aller Fälle nur als einen ersten Schritt betrachten kann. Der zweite Schritt besteht darin, die Mutmaßungen seinen Patienten zu vermitteln, das heißt Deutungen zu geben, und die Verbindung zwischen Mutmaßung und Deutung ist so eng, daß, wie wir bereits gesehen haben, häufig nur ein Wort benutzt wird, um beide zu bezeichnen.

Über Deutung und Deutungen ist viel geschrieben worden; die Arbeiten, die dem Thema gewidmet wurden, reichen von Veröffentlichungen, die sich auf ganz allgemeine Überlegungen beschränken, bis zu solchen, die ganz bestimmte und sogar individuelle Gesichtspunkte herausarbeiten. Beiträge und Publikationen gehen das Thema unter den verschiedensten Fragestellungen an: Zeitpunkt und Art der Deutung, Deutung und Affekt, Takt und Zartgefühl bei der Deutung, richtiges Timing, Reihenfolge der Deutungen – Abwehr- vor Inhaltsdeutungen – tiefe Deutung, Aufwärtsdeutungen, Berücksichtigung der Übertragung bei der Deutung, Deutung und Widerstand, Bedeutung der Genauigkeit, des Vermeidens analytischer Begriffe und der Verwendung des dem jeweiligen Patienten eigenen Vokabulars; weiter die Frage nach den unterschiedlichen Bedeutungen, die der Patient Deutungen beimessen kann, sowie nach den sich daraus ergebenden Auswirkungen, einschließlich jener, die beinahe unabhängig sind von dem, was man gesagt hat, und vielmehr darauf beruhen, ob der Patient das Gefühl hat, daß man ihm zugehört und ihm geantwortet hat. Obwohl solche Veröffentlichungen höchst interessant und wertvoll sind, instruktiv sind sie im großen und ganzen nur, sofern man sie als Ergänzungen seiner eigenen klinischen Erfahrungen nimmt. Wer sie ohne solche Erfahrungen liest, dem werden sie allesamt als entweder abgedroschen oder unverständlich erscheinen. Solche Dinge lernt man in erster Linie aus Erfah-

54

rungen mit Patienten und aus Diskussionen mit Supervisoren und Kollegen über diese Erfahrungen. Aus diesem Grunde werde ich hier nicht den Versuch unternehmen, diese vielen Beiträge kritisch zu würdigen, geschweige denn sie zusammenfassend darzustellen. Statt dessen möchte ich zum Thema Deutung einige allgemeine Anmerkungen beisteuern, die der Leser als Ergänzung zu dem verstehen sollte, was er bereits gehört und gelesen hat, und keineswegs als Ersatz dafür.

An dieser Stelle dürfte es nützlich sein, noch einmal zu wiederholen, was man sich eigentlich an Auswirkungen von der Deutung erhofft, damit der Leser von Anfang an eine ganz klare Vorstellung davon hat, welche Rolle die Deutung in der Analyse spielt oder zumindest spielen sollte. Der Hauptzweck der Deutung besteht darin, dem Patienten verständlich zu machen, was man über *seine* psychischen Konflikte in Erfahrung gebracht hat. Das ist nicht immer das Wichtigste, was sich ereignet, wenn man eine Deutung anbietet, und es ist auch nie das Einzige, was sich zuträgt. Eine bestimmte Deutung ist in ihrer Wirkung auf den Patienten niemals auf Vermehrung seines Wissens über die ihn quälenden Konflikte beschränkt, ja in manchen Fällen ist Wissensmehrung nur ein ganz kleiner Ausschnitt der möglichen Wirkungsspanne einer Deutung, denn ihr Haupteffekt kann darin bestehen, daß der Patient das Gefühl hat, er sei durchschaut, angeklagt, erniedrigt, gedemütigt, gelobt, ermutigt, belohnt, verführt oder abgelehnt worden. Dennoch, beabsichtigt ist die Wirkung, das Wissen eines Patienten über sich selbst zu mehren, und sollte auch jede einzelne Bemühung in dieser Richtung ohne Erfolg bleiben, die Summe der Bemühungen, die man anstellt – die Netzwirkung der vielen Deutungen – muß von Erfolg gekrönt sein, wenn denn eine Analyse überhaupt diesen Namen verdienen soll. Zu behaupten (oder sich einzubilden), es laufe in der Analyse ein »Prozeß« ab, der im wesentlichen unabhängig von Deutungen im genannten Wortsinne sei, ist ein begrifflicher Widerspruch. »Analysieren« kann nur heißen, einem Patienten dabei behilflich zu sein, sich besser kennenzulernen. Jede andere Form der Psychotherapie ist keine Analyse. Sie kann durchaus in einem bestimmten Fall in therapeutischer Hinsicht gleichermaßen erfolgreich sein, sie kann sogar in einigen

Fällen noch erfolgreicher sein als die Analyse, doch es bleibt dabei, sie ist keine Psychoanalyse.

Erfahrung hat uns gelehrt, daß jedermann viel Zeit darauf verwenden muß, will er mehr als üblich seine Wünsche und Phantasien erfahren, die er sein Leben lang aufgrund ihres Potentials an Angst und Schuldgefühlen abzuwehren sich bemüht hat. Jeder Analytiker hat sich schon bald nach Aufnahme seiner Tätigkeit der Erkenntnis zu bequemen, daß im Gegensatz zu den Erwartungen, welche die meisten von uns hegen, wenn wir mit ihrem ersten analytischen Patienten beginnen, Deuten ein schrittweiser, immer wieder einsetzender Prozeß ist: daß man einem Patienten dieselbe Sache in vielerlei Art und Weise und bei den verschiedensten Gelegenheiten erklärt, ehe sich die volle Wirkung entfalten kann. Wenn Abwechslung die Würze des Lebens ist, so bildet im Gegensatz dazu Wiederholung ein wichtiges Ingredienz der analytischen Deutung, und dies ist so offenkundig, daß es keiner langwierigen oder tiefschürfenden Überlegung bedarf, um zu erklären, warum dem so ist. Analytische Deutungen, sofern sie überhaupt von Belang sind, gelten mächtigen Triebkräften und gleichermaßen mächtigen Abwehrmaßnahmen gegen sie, Abwehrmaßnahmen, die das Denken und Verhalten eines Patienten zeit seines Lebens tiefreichend beeinflußt haben und ihn in einen unaufhörlichen Konflikt verwickeln, den er ohne fremde Hilfe nicht zu lösen imstande ist. Kein Wunder also, daß eine einzelne Deutung, wie genau, umfassend, gut formuliert und zeitlich wohlabgestimmt sie auch sein mag, keine dauerhafte Änderung zum Besseren hervorrufen kann. Kein Wunder auch, daß ihre Auswirkung zeitlich relativ kurz ist, sich schnell verflüchtigt, und daß viele Wiederholungen notwendig sind, bevor ein Patient sich wirklich anders sieht und versteht, besser jedenfalls, als es ihm vorher möglich war. Dem Patienten selbst kann dieser ganze lange Prozeß beinahe völlig entgehen, oder er erinnert sich womöglich nur an die letzte der zahlreichen Deutungen, die ihm zu einem bestimmten Thema gegeben worden sind, und vielleicht denkt er sogar, die Änderung, die in ihm vorgegangen ist, sei auf dieses eine Mal zurückzuführen. Der Analytiker weiß hingegen, daß diese Änderung in Wahrheit die Folge einer langwierigen, mit Ausdauer und unablässiger Bemühung durchgeführten analytischen Arbeit ist, einer Arbeit, der nicht nur eine, sondern viele Deutungen zugrunde liegen, die alle dem gleichen Zweck dienten. Auf psychoanalytische Deutungen trifft es zu, daß kleine Ursachen keine großen Wirkungen nach sich ziehen. Stößt man bei seiner Lektüre auf ein klinisches Fallbeispiel, bei dem es den Anschein hat, eine einzelne Deutung habe bei dem betreffenden Patienten eine auffallende Änderung herbeigeführt, dann darf man getrost annehmen, daß dieser Deutung eine große Menge an Arbeit vorausgegangen ist und daß zwischen ihr und der ersten Deutung dieser Art eine große Strecke Weges zurückzulegen war.

Wer die Tatsache anerkennt, daß wichtige Deutungen ihre volle Wirksamkeit nur allmählich und nach vielen Wiederholungen entfalten können, der wird sich so leicht auch nicht der Einsicht verschließen, daß eine einzelne Deutung für den Verlauf einer Analyse mit ziemlicher Wahrscheinlichkeit niemals so bedeutsam sein kann wie der allgemeine Plan, den man sich für die Deutungsarbeit mit einem Patienten zurechtlegt. Mit seltenen Ausnahmen fällt diese oder jene Deutung längst nicht so ins Gewicht wie die kumulative Wirkung vieler Deutungen, die allesamt eine richtige Mutmaßung – eine richtige Erkenntnis, um vertrautere Begriffe zu benutzen – widerspiegeln, eine Mutmaßung über Wesen und Ursprung der wesentlichen Konflikte eines Patienten. Gewiß, ein Analytiker sollte immer versuchen, die Deutungen, die er gibt, so genau wie möglich zu formulieren, genau jenen Aspekt der Kindheitskonflikte eines Patienten herauszugreifen, der sich im Augenblick bemerkbar macht, damit er das Gegenwärtige am günstigsten mit dem Vergangenen verknüpfen kann, doch der Analytiker kann sich auch darauf verlassen, daß jede Deutung, die er gibt, mit ziemlicher Sicherheit dazu beiträgt, das Wissen eines Patienten über sich selbst zu mehren, auch wenn die jeweilige Deutung nicht die beste und genaueste ist, die er geben konnte; wichtig ist nur, daß er sich mit seinem Patienten auf dem richtigen Weg befindet, daß er ihn einigermaßen gut versteht, das heißt, daß seine Mutmaßungen über die Beziehung zwischen Vergangenem und Gegenwärtigem im großen und ganzen stichhaltig sind. Genau ins Ziel zu treffen ist das Beste, doch auch nahe dabei zu liegen ist noch gut, und man liegt wahrscheinlich immer nahe genug dabei, sofern die Mutmaßungen über einen Patienten nicht gerade falsch oder höchst unzulänglich sind.

Es sei hier hinzugefügt, daß richtige Deutungen nicht nur die Einsicht eines Patienten fördern. Sie führen auch auf seiten des Analytikers Schritt für Schritt zu einem immer umfassenderen und genaueren Wissen. Wie jeder Analytiker weiß, folgt auf richtige Deutungen im allgemeinen »frisches« analytisches Material, das heißt Erinnerungen, Träume, Phantasien, Symptome oder Übertragungsreaktionen, die sowohl die gerade anstehenden Mutmaßungen des Analytikers bestätigen wie auch das jeweilige Thema in ein neues Licht tauchen und damit dem Analytiker die Möglichkeit geben, seine Mutmaßungen zu korrigieren oder zu erweitern. Zahlreiche Autoren haben die genannten Reaktionen des Patienten auf Deutungen in Arbeiten beschrieben, die sich zum größten Teil mit Kriterien zur Prüfung der Stichhaltigkeit von Deutungen beschäftigen (Brenner, in Forumsdiskussion, 1955; Fenichel, 1941; Freud, 1937d; Hermann, 1933, S. 99–104; Isaacs, 1939; Reik, 1937). Die Reaktionen lassen sich gewöhnlich verstehen als Folge der Minderung von Angst (und Schuldgefühlen), der Lockerung von Abwehrhaltungen sowie größerer Toleranz gegenüber Triebabkömmlingen, und im allgemeinen erwartet man, daß mit ihnen eine Besserung der Symptome einhergeht.

Die soeben erwähnten Autoren wie auch andere (Kris, 1947; Schmideberg, 1949) haben festgestellt, daß die Besserung von Symptomen kein verläßlicher Index für die Wirksamkeit und Richtigkeit von Deutungen ist, und zwar aus zwei Gründen. Erstens, es kann zu einer paradoxen Verschlimmerung von Symptomen, zu einer sogenannten negativen therapeutischen Reaktion kommen (Freud 1923b, S. 278); und zweitens kann eine Besserung von Symptomen aus Gründen eintreten, die mit der Analyse nichts zu tun haben, beispielsweise aus dem unbewußten Wunsch, weiterer Analyse aus dem Wege zu gehen – die sogenannte Flucht in die Gesundheit –, infolge wohltuender Auswirkungen einer positiven Übertragung oder einer Änderung in der Lebenssituation des Patienten, sei es zum Besseren oder Schlechteren, denn bei manchen Patienten kann ein »wirkliches« Unglück wie Krankheit, Verletzung, Verlust eines geliebten Menschen usw. zu einem zeitweiligen Verschwinden ihrer psychogenen Symptome führen und nicht zu einer Verschlimmerung, wie es häufiger der Fall ist. Dennoch, Symptombesserung gehört unverzichtbar zu den Beweisen, die Mutmaßungen bestätigen, auch wenn sie als Index für ihre Stichhaltigkeit allein nicht ausreichen und keineswegs verläßlich sind. Es läßt sich schwerlich die Behauptung aufstellen, man habe einen Fall in seiner Problematik verstanden und richtig behandelt, wenn jegliche Symptombesserung ausbleibt. Freilich, solche Besserung ist an sich noch kein schlüssiger Beweis, daß man einen Fall korrekt behandelt hat, doch wenn sie sich partout nicht einstellen will, dann darf man den starken Verdacht haben, daß man nicht richtig vorgegangen ist.

Verschiedene der oben zitierten Autoren haben weitere bestätigende Reaktionen auf eine richtige Deutung, auf eine richtig formulierte und zeitlich richtig abgestimmte Deutung angeführt, und hier soll nicht der Versuch unternommen werden, eine vollständige Liste solcher Reaktionen zusammenzustellen. Dazu gehören die von Überraschung getragene Erkenntnis (»Wissen Sie, daran hätte ich *nie* gedacht!«), ein Gefühl von Vertrautheit (»Aber natürlich, das habe ich immer gewußt, ohne es mir klarzumachen.«), das Auftauchen einer vergessenen Erinnerung, ein den Sachverhalt bestätigender Traum am nächsten oder übernächsten Tag, affektive Reaktionen wie Tränen, Schuldgefühle, Wut oder Lachen, die Deutung bestätigende Assoziationen, eine Fehlhandlung, als Bestätigung zu wertendes Handeln (»Agieren«) und so weiter. Nach Fenichels (1941) Ansicht lassen sich solche Reaktionen allesamt unter folgender allgemeiner Rubrik zusammenfassen: Anhaltspunkte dafür, daß der Konflikt des Patienten sich grundlegend verändert hat, insofern es zu einer Lockerung der Abwehrhaltung gekommen ist und deutlichere, unmittelbarere Abkömmlinge der angsterregenden, von Schuldgefühlen begleiteten und bislang abgewehrten Impulse aufgetaucht sind, mag es sich bei solchen Impulsen nun um Triebregungen, um Motive der Selbstbestrafung, wie Freud (1923b) sie im Zusammenhang mit Reaktionen beschrieb, die er als negativ therapeutisch bezeichnete, oder um eine Verbindung beider handeln.

Man sollte hier erwähnen, daß die meisten Schilderungen von Reaktionen, die als Bestätigung für Deutungen angesehen werden können, sich um eine einzige Deutung drehen. Das ist verständlich, weil solche Reaktionen sich am anschaulichsten durch ein Fallbruchstück von überschaubarer Länge darstellen lassen. Doch wie bereits weiter oben angemerkt, führen solche Beschreibungen und anschaulichen Darstellungen leicht in die Irre, denn der Leser gewinnt unter Umständen den falschen Eindruck, einzelne Deutungen seien entscheidend und nicht die lange Sequenz von Deutungen, die allesamt auf einer einzelnen Mutmaßung oder jedenfalls auf einer eng zusammengehörigen Gruppe von Mutmaßungen beruhen, ein Sachverhalt, der in der überwiegenden Zahl aller Analysefälle von größter Bedeutung ist. Das folgende kurze Fallbeispiel dürfte geeignet sein, diesen Punkt näher zu erläutern.

Bei dem Patienten handelt es sich um einen Mann, der zwei Jahre zuvor, im Alter von 40 Jahren, die Analyse aufgenommen hatte. Für seine Kindheitsgeschichte ist die Tatsache von entscheidender Bedeutung, daß er zweimal von seiner Familie getrennt worden war. Bei der ersten Gelegenheit, er war damals vier Jahre alt, wurde er für drei Wochen aufs Land geschickt, als sein Bruder zur Welt kam. Nach einem Jahr erkrankte er an Scharlach mit beidseitiger Mittelohrentzündung (bilaterale Otitis media) und lag zwei Monate in einem Krankenhaus. In dieser Zeit wurde er mehrere Male operiert. Der Patient hatte diesen Erlebnissen nie besondere Bedeutung beigemessen. An das erste Trennungserlebnis hatte er keinerlei Erinnerungen, an das zweite nur schwache: die Gesichter seiner Eltern hinter einer Glasscheibe. Ich erwähnte, er habe zu Beginn der Analyse darüber geklagt, er fühle sich unglücklich, sein Leben sei unbefriedigend, freudlos, ohne Liebe, und meinte, möglicherweise seien die beiden Trennungserlebnisse dafür verantwortlich. Doch das hielt er für unwahrscheinlich. Im Gegenteil, bewußt stimmte er der beharrlichen Behauptung seiner Frau zu, seine charakterlichen Unzulänglichkeiten seien die Ursache für ihrer beider Eheprobleme, und äußerte die Hoffnung, mit Hilfe der Analyse werde er seine Charakterfehler überwinden können. Er machte sich zum Vorwurf, seine Frau und seine Kinder zu vernachlässigen, seine Familie gleichgültig zu behandeln und seine Frau nur wegen ihres Geldes geheiratet zu haben, weil er befürchtet hätte, nicht »für sich selbst« leben zu können. Zu seiner Mutter und seinem Bruder hatte er ein freundschaftliches, wenngleich nicht sonderlich enges Verhältnis. Der Vater des Patienten war sechs Jahre vor Beginn der Analyse gestorben. Bemerkenswert in diesem Zusammenhang, der Patient meinte, das einzige Mal, an das er sich erinnern könne, als erwachsener Mann geweint zu haben, sei gewesen, als er vom Krankenhaus, wo ihm nach dem Tode seines Vaters dessen Besitz ausgehändigt worden war, nach Haus zurückgekehrt sei.

Schon bald kam zum Vorschein, daß der Patient nur selten gegenüber irgend jemandem, ausgenommen gegenüber sich selbst, Wut zu äußern vermochte. Wenn ihn jemand angriff oder beleidigte, gab er für gewöhnlich sich selbst die Schuld für den Vorfall und schämte sich über seine vermeintliche Unfähigkeit, der allein es zuzuschreiben sei, daß es zu dem peinlichen Vorfall gekommen war. Er machte sich auch zum Vorwurf, gegenüber Menschen, die ihn auf die eine oder andere Weise verletzt hatten, keine Zuneigung aufbringen zu können, und beschuldigte sich der »Kälte« ihnen gegenüber. Im Verlauf mehrere Monate wurde ihm dieses von Hemmung und Selbstanklage geprägte Verhaltensmuster häufig gedeutet, und zwar jedesmal, wenn er wieder ein Beispiel dafür brachte, gleichgültig, worum es sich auch handeln mochte. Bisweilen folgte auf eine solche Deutung noch während der Sitzung eine weniger verdeckte Äußerung von Wutgefühlen gegen den Menschen, über den er in dem Augenblick gerade sprach, bisweilen war er sich anschließend einen oder zwei Tage lang der anhaltenden Wut stärker bewußt, die er gegenüber seiner Frau oder einem Geschäftsfreund hegte, und bisweilen ließen sich auch Anhaltspunkte, allerdings gewöhnlich indirekte, dafür erkennen, daß er wütend auf mich war, weil ich ihn »ermunterte«, seine Wut zu äußern, statt ihm dabei zu helfen, sie unter der Decke zu halten. Nach mehreren Monaten erinnerte er sich eines Tages schließlich daran, daß er auf der Mittelschule (junior high school) einmal zu Unrecht beschuldigt worden war, er habe während eines Vortrags eine Störung ausgelöst, und daß der Direktor ihn in seinem Büro stundenlang verhört und bedroht habe, damit er etwas eingestehe, was er in Wahrheit nicht getan hatte. Zum Schluß habe er gestanden, »nur um da rauszukommen«. Er hatte damals, wie er sich erinnerte, gedacht: »Sag ihnen, daß sie recht haben, dann hören sie damit auf und lassen dich gehen.«

Das Auftauchen dieser Erinnerung war ganz offensichtlich

eine Bestätigung für die wiederholten Deutungen, er fürchte sich davor, wütend zu sein oder sich zu beschweren, und mache sich selbst statt dessen Vorwürfe. Die Erinnerung, so willkommen sie war, bestätigte freilich nicht nur die Richtigkeit der Deutungen. Sie erhärtete auch die dem Patienten zu jenem Zeitpunkt noch nicht als Deutung angebotene Mutmaßung, daß seine Krankenhauserlebnisse wesentlich mit zu seiner Unfähigkeit beigetragen hatten, sich über irgend etwas zu beklagen oder wütend zu sein. Denn die Gedanken, die während des Verhörs im Rektorzimmer der Mittelschule in ihm aufgetaucht waren, ähneln verblüffend den Worten, die ein fünfjähriges Kind zu hören bekommt, wenn es ins Krankenhaus eingeliefert wird: »Wenn du schnell gesund werden und bald nach Hause kommen möchtest, muß du alles tun, was die Ärzte und Schwestern dir sagen. Wenn du widerborstig und ungehorsam bist, mußt du länger bleiben.« Im übrigen hat es, wie jedes fünfjährige Kind weiß oder schnell lernt, überhaupt keinen Sinn, sich den Ärzten und Schwestern zu widersetzen. Sie sind soviel größer, soviel stärker, und sie können einen immer zwingen nachzugeben, sofern man sich nicht von selbst duckt und ihnen beipflichtet. Wenn man nachgibt, dann wird man von den Schwestern gelobt und verwöhnt. Wenn nicht, mögen sie einen nicht, und man hat zu guter Letzt doch das zu tun, was sie von einem verlangen.

Um es zu wiederholen, dieses Beispiel soll deutlich machen, daß nicht eine einzelne Deutung zu Fortschritten in der Analyse führt – in dem geschilderten Fall zum Auftauchen einer wichtigen Erinnerung, die weitere Einsichten und Deutungen nach sich zog. Fortschritt ergibt sich vielmehr aus einer Folge von Deutungen, die auf einer einzelnen Mutmaßung oder auf einer Gruppe miteinander verbundener Mutmaßungen beruhen. Gewiß, in manchen Fällen geht die analytische Arbeit schneller, in anderen langsamer voran. Wie dem auch sei, psychische Änderungen im Gefolge einer Kette von Deutungen, die einen wichtigen Aspekt des Konflikts eines Patienten zum Inhalt haben, vollziehen sich nur Stück für Stück und stets über einen längeren Zeitraum.

Da die Deutung ein unverzichtbarer Teil des analytischen Prozesses ist, wird auf sie in den nachfolgenden Kapiteln immer wieder, sei es explizit oder implizit, hingewiesen und

Bezug genommen. Allerdings fügen sich Stellungnahmen zur Deutung auch viel zwangloser in den Rahmen späterer Kapitel als in den des vorliegenden ein und sie sollen daher ihrem gleichsam angestammten Platz in unserer Darstellung vorbehalten bleiben. Doch ehe wir uns dem nächsten Kapitel zuwenden, möchten wir den Inhalt dieses Kapitels wie folgt zusammenfassen.

Zusammenfassung

1. Wir haben in der Analyse zwischen Mutmaßung oder Verstehen und Deutung unterschieden, um die Erörterung dieser beiden Gesichtspunkte der analytischen Tätigkeit zu vereinfachen und durchsichtiger zu machen.

2. Die verschiedenen Analytiker bevorzugen unterschiedliche Methoden – oder betonen zumindest gern ihren besonderen Wert –, mit denen sie zu Mutmaßungen gelangen, zum Beispiel Intuition, bewußte Reflexion, unbewußt ausgelöste affektive Reaktionen und unbewußt ausgelöste Phantasien. Solche Vorlieben scheinen Bestandteil des Arbeitsstils zu sein, den der jeweilige Analytiker verfolgt. Jede dieser Methoden kann zu nützlichen, stichhaltigen Mutmaßungen führen.

3. Eine analytische Mutmaßung ist eine Kompromißbildung, in die zwangsläufig verschiedene Anteile der psychischen Konflikte des Analytikers selbst hineinspielen. Das gleiche gilt freilich für Mutmaßungen oder Hypothesen in allen empirischen Wissenschaften. Insbesondere unterscheidet sich die Rolle, die Introspektion und Empathie bei der Aufstellung einer analytischen Mutmaßung (Hypothese) spielen, nicht wesentlich von der Rolle, die ihnen bei der Bildung anderer wissenschaftlicher Hypothesen zukommt.

4. In den empirischen Wissenschaften kann sich das Wort »Beweis« nur auf das Vorhandensein und das Wort »Widerlegung« nur auf das Nicht-Vorhandensein validierender (bestätigender) Anhaltspunkte beziehen.

5. In der Analyse beziehen wir für gewöhnlich die verläßlichste Form validierender Anhaltspunkte aus der Reaktion eines Patienten auf eine Deutung, die auf der Mutma-

ßung beruht, deren Stichhaltigkeit es zu prüfen gilt. Doch Beweise für Stichhaltigkeit beziehen wir auch aus anderen Quellen, von denen wir einige beschrieben und durch Beispiele erläutert haben.

6. Symptombesserung ist ein notwendiges, wenngleich an sich keineswegs schon ausreichendes Kriterium für die Stichhaltigkeit einer Deutungsrichtung und der Mutmaßung(en), die ihr zugrunde liegt.

7. In der Analyse können Deutungen vielfache Auswirkungen haben und haben sie auch. Die bei allen Deutungen beabsichtigte und daher übliche Auswirkung besteht in einer Änderung der psychischen Konflikte eines Patienten, in einer Änderung, die dazu führt, daß immer weniger entstellte Abkömmlinge der Konfliktbestandteile an die Oberfläche kommen.

8. Diese Änderung ist das Wesentliche des psychoanalytischen Prozesses.

9. Sie vollzieht sich notwendigerweise langsam und Schritt für Schritt.

10. Die Änderung ist abhängig von dem kumulativen Effekt vieler wiederholt gegebener Deutungen, welche die richtige(n) Mutmaßung(en) des Analytikers widerspiegeln, eine oder mehrere Mutmaßungen, die im Verlauf der Analyse immer wieder auf ihre Stichhaltigkeit geprüft, verfeinert und ausgeweitet werden.

11. Nicht eine einzelne Deutung, mag sie auch noch so genau sein, zeitlich noch so richtig abgestimmt, löst eine Wirkung aus, die wir als bedeutsam und dauerhaft bezeichnen können. Daher ist jede Einzeldeutung weniger wichtig als eine konsequent verfolgte Deutungskette, die auf einer richtigen Einsicht oder Mutmaßungen hinsichtlich der Konflikte des Patienten beruht.

3. Abwehranalyse

Das Thema Abwehranalyse hat die Aufmerksamkeit von Psychoanalytikern bereits unmittelbar nach der Veröffentlichung von *Hemmung, Symptom und Angst* (Freud, 1926d) auf sich gezogen. Bahnbrechende Bücher über das Thema sind *Das Ich und die Abwehrmechanismen* (A. Freud, 1936) sowie *Problems of Psychoanalytic Technique* (Fenichel 1941). Nach der Zahl der Beiträge zu urteilen, die ihm gewidmet sind, hat das Thema nach Veröffentlichung der beiden genannten Arbeiten die Analytiker nicht mehr losgelassen. Ohne Frage, wenn man aufgefordert würde, ein einzelnes Merkmal der modernen psychoanalytischen Technik auszuwählen, das geeignet sein könnte, den Unterschied zwischen heutigem Stand und ihm vorausgegangenen Entwicklungsstadien zu markieren, dann könnte man wahrlich nichts Besseres tun, als auf die Abwehranalyse hinzuweisen. Ohne sie wäre die Psychoanalyse im wesentlichen Es-Analyse, wie sie es tatsächlich zu Anfang auch war (Kris, 1951). Mit der Abwehranalyse kam auch die Ich-Analyse hinzu. Während die Analytiker nach Waelders Worten (Forumsdiskussion, 1967) in den zwanziger Jahren es als ihre Aufgabe ansahen, all die verborgenen Fixierungen der Libido jedes Patienten aufzudecken, um auf diese Weise die Libido zu befreien, beschäftigen sich die Analytiker von heute nicht mehr nur mit den verdrängten infantilen Wünschen des Patienten, das heißt mit seinen Fixierungen, sondern auch mit den Ängsten, die von solchen Wünschen ausgelöst werden, und mit den Mitteln, die eingesetzt werden, um die Ängste abzuwehren.

Unter den Empfehlungen in der Literatur zur Technik der Abwehranalyse findet sich der bekannte Hinweis, vor Analyse der Triebabkömmlinge sollten die sie fernhaltenden oder ihnen entgegenwirkenden Abwehrmechanismen analysiert werden (Fenichel, 1941, S. 45). Diese Empfehlung wird gewöhnlich als Beispiel verstanden für den allgemeinen Grundsatz, zunächst das, psychologisch gesehen, an der Oberfläche Liegende zu analysieren, ehe man in die Tiefe geht, denn es herrscht die Auffassung vor, Abwehrmechanismen seien in diesem Sinne oberflächlicher und folglich der Wahrnehmung des Patienten leichter zugänglich als die Wünsche, denen sie entgegenwirken.

Gewiß, es gibt viele Fälle, in denen es geboten ist, der Empfehlung zu folgen. So wird man schwerlich von der Hand weisen können, daß es völlig sinnlos ist, einem Patienten zu erklären, er sei im Grunde ein Mörder, wenn er alles daran setzt, sich vor der Einsicht zu verschließen, daß er eigentlich jeden Menschen umbringen möchte. Im günstigsten Falle würde er es nicht glauben. Im schlimmsten Falle hingegen sofort wäre er so empört und aufgebracht, daß er die Behandlung abbrechen würde. Doch die Frage bleibt bestehen, ob man bei der Analyse eines solchen Patienten tatsächlich so verfährt, daß man zuerst seine Abwehrmechanismen deutet, ehe man sich über die Triebregungen äußert, gegen die sie gerichtet sind. Als Beispiel, das uns in dieser Frage weiterbringen kann, betrachten wir noch einmal die Deutungen, die dem Patienten gegeben worden sind, dessen Fall ich am Ende des zweiten Kapitels geschildert habe.

Der Leser wird sich erinnern, daß der Patient jedesmal, wenn er der Einsicht aus dem Wege gehen wollte, daß er Wut gegenüber jemandem empfand, der ihn verletzt hatte, sich selbst dafür die Schuld gab und wütend auf sich war. Desgleichen hatte er ständig Gemeinplätze bei der Hand wie »Anderen läßt sich leicht die Schuld zuschieben« oder »Durch Wutanfälle erreicht man auch nichts«. Wie im vorigen Kapitel geschildert, ist dem Patienten im Verlauf mehrerer Monate auf dem Wege von Deutungen wiederholt die Mutmaßung (Erkenntnis) nahegebracht worden, er wehre oder spalte seine Wut ab. Hier haben wir es offenkundig mit einem Fall von Abwehranalyse zu tun. Doch es stellt sich die Frage, ob die Deutungen ausschließlich den Abwehrmechanismen galten, die der Patient einsetzte. Ganz und gar nicht. Sie beschäftigten sich mit dem Triebabkömmling, den der Patient abwehrte, das heißt mit seiner Wut und den Abwehrmaßnahmen, die er gegen seine Wut einsetzte. In jeder Deutung kam etwas zur Sprache, das ihn darauf hinweisen sollte, daß er auf jemanden, den er kannte, wütend war, weil der Betreffende etwas getan oder verabsäumt hatte. Es könnte auch sein, jedenfalls war dies meine Intention, daß mit jeder Deutung grundsätzlich darauf hingewiesen wurde, daß der Patient sich selbst beschuldigte und kritisierte, um auf diese Weise die Aufmerksamkeit von seinen kritischen, wuterfüllten Gedanken abzulenken, die er gegenüber jemand anders hegte. Jedoch war es in Wirklichkeit so, daß mit jeder Deutung sowohl Hinweise auf die abgewehrte Triebregung wie auch auf die zu diesem Zweck eingesetzten Abwehrmechanismen gegeben wurden. Es wäre also unzutreffend, wenn man behaupten wollte, vor der Triebregung sei die Abwehr gedeutet worden. Denn in Wahrheit wurden beide gleichzeitig gedeutet. Gewiß, in einem solchen Fall wäre es ein technischer Fehler, wollte man nur den Triebabkömmling deuten, ohne die gegen ihn gerichtete Abwehr zu berücksichtigen, doch nicht minder fragwürdig wäre es, nur die Abwehr zu deuten, ohne deutlich zu machen, was denn nun eigentlich abgewehrt wird.

Die in dem geschilderten Fall erfolgte Deutungskette vermag auch zur Klärung eines weiteren Punktes beizutragen, nämlich des Ineinandergreifens von genetischen und dynamischen Deutungen. In dem vorliegenden Fall beruhten die genetischen Deutungen teils auf einer wiederaufgetauchten Erinnerung, teils auf Rekonstruktionen. Wie der Leser weiß, erinnerte sich der Patient nach mehreren Monaten Behandlung plötzlich an ein aufschlußreiches Ereignis: nach stundenlangem Verhör beim Direktor der Mittelschule hatte er schließlich, obwohl unschuldig, gestanden, einen Vortrag gestört zu haben, »nur um da rauszukommen«. Diese Erinnerung ließ, so hatten wir gesagt, den Ursprung der Abwehrmaßnahmen, deren sich der Patient bediente, besser verstehen. Das heißt, sie bestätigte bestimmte Mutmaßungen über seine Krankenhauserlebnisse, die ihm im Alter von fünf Jahren widerfahren waren, Erlebnisse, die sich in Kapitel 2 finden, also hier nicht wiederholt zu werden brauchen.

Kurze Zeit, nachdem er sich an die Ereignisse im Direktorzimmer erinnert hatte, begann der Patient sich mit einem anderen Aspekt seines Konflikts zu beschäftigen, mit dem Inhalt seiner Angst. Und auch dies in den Assoziationen des Patienten auftauchende neue Material ging in meine Deutungen ein. Um es genauer zu sagen, der Patient machte sich klar, daß seine Angst darin bestand, er könne abgelehnt werden und sich unbeliebt machen, wenn er seine Wut erkennen ließe. »Wer möchte schon mit jemandem zu tun haben, der immer nur wütend ist?« Dies die Worte des Patienten.

Der Gedanke beschäftigte den Patienten eine Zeitlang, doch er trug ihn mit so wenig Überzeugungskraft vor, daß man schwerlich den Eindruck gewinnen konnte, er bedeute ihm sonderlich viel. Nach und nach jedoch, als er sich immer unbefangener einzugestehen vermochte, daß er mit seiner Frau seit längerem unzufrieden war und ihr gegenüber mancherlei Vorbehalte hatte, fühlte er sich wirklich einsam, ungeliebt und unglücklich, so als wenn das Leben an ihm vorbeilaufe und er nichts dagegen tun könne. Er fragte sich auch, ob das Leben, das ihm soviel Leid und sowenig Glück gebe, überhaupt die Mühe lohne. Mit der Analyse und mit mir war er unzufrieden, auch wenn er seine Unzufriedenheit meistens in Selbstkritik kleidete. Zuweilen äußerte er sich jedoch offener. Eines Tages, er fühlte sich sehr niedergeschlagen, fragte er: »Welche Bedeutung haben Erlebnisse, die ich im Alter von vier Jahren hatte? Aus meinem *jetzigen* Leben muß ich etwas machen! Nur wie ich mich heutzutage fühle, ist von Belang. Das ist es, was mich bedrückt ... Ich weiß gar nicht, ob dies für mich die richtige Behandlungsform ist ... Was möchte ich eigentlich von Ihnen? Ich weiß es nicht. Ich vermute, ich möchte, daß Sie mir Antibiotika injizieren und mich auf diese Weise gesund machen.«

Der Leser wird sich erinnern, daß der Patient im Alter von fünf Jahren mit Scharlach – einer Infektionskrankheit – ins Krankenhaus eingeliefert und dort operiert worden war. Zur Zeit seiner Erkrankung gab es noch keine Antibiotika. Wären sie bereits vorhanden gewesen, hätten sich Hospitalisierung und anschließende Operationen vermeiden lassen. Tatsächlich wurde das Krankenhaus wenige Jahre nach der Entwicklung von Antibiotika geschlossen, weil man für es keinerlei Verwendung mehr hatte. Hinzuzufügen wäre noch, daß ich seine Hospitalisierung zehn Tage vor Auftauchen der oben zitierten Assoziationen zum letztenmal erwähnt hatte. Meine Worte sind offensichtlich bei ihm haftengeblieben, ohne daß er darüber gesprochen hätte.

Um noch einmal zur Darstellung des Falles im vorigen Kapitel zurückzukehren: Alles in allem können wir sagen, daß die Reaktionen und Assoziationen des Patienten uns weitere Bestätigungen für die Mutmaßung liefern, daß sein Krankenhauserlebnis im Alter von fünf Jahren und seine Trennung von den Eltern im Alter von vier wesentlich zur Bildung des für ihn charakteristischen Konflikts und des besonderen Angstinhalts beigetragen haben. In seinen Reaktionen und Assoziationen kommen gewiß sowohl seine Sehnsucht nach Liebe (Triebregung) wie die damit in Verbindung gebrachte Gefahr (Einsamkeit und Verzweiflung) zum Vorschein.

So läßt sich an diesem einfachen Beispiel für analytische Arbeit im Fortgang der Behandlung, an einem Beispiel, das weder besonders tiefgehend noch ungewöhnlich ist, anschaulich zeigen, was Konfliktanalyse in der Praxis eigentlich bedeutet. Der Analytiker geht bei seinen Deutungen nicht so vor, daß er schematisch von Abwehrmaßnahmen zu Triebregungen, vom Gegenwärtigen zum Vergangenen oder gar Unwichtigen zum Wichtigen fortschreitet. Bei seinen Deutungen läßt er sich vielmehr erstens durch Einsichten leiten, die er bereits in Charakter und Ursprung der Konflikte seines Patienten gewonnen hat, das heißt also von seinen Mutmaßungen, und zweitens durch die zeitliche Abfolge, in der die Assoziationen des Patienten wichtige neue oder bestätigende Informationen zutage fördern. Abwehr, Trieb, Angst, Schuldgefühle und Kompromißbildungen, sie werden allesamt in ihren aktuellen Erscheinungsformen wie in ihrer lebensgeschichtlichen Entwicklung gedeutet, und zwar entweder für sich oder in Verbindung miteinander, so wie sie in den Assoziationen des Patienten auftauchen, und nicht nach irgendeinem schematischen Regelkatalog. Sie werden in der Abfolge und in der Art und Weise gedeutet, die gerade am günstigsten sind, um die analytische Arbeit voranzutreiben, eine Arbeit, deren Ziel darin besteht, dem Patienten zu einem besseren Selbstverständnis, in der psychoanalytischen Bedeutung dieses Begriffes, zu verhelfen, das heißt dafür zu sorgen, daß er angesichts seiner Wünsche erwachsenere Einstellungen gewinnt, daß er weniger infantil ist, weniger von Ängsten und Schuldgefühlen geplagt, um nur einige Änderungen zu nennen. Wer von Abwehranalyse spricht, als wenn es sich dabei um etwas handelte, was von der Analyse der anderen Elemente des psychischen Konflikts losgelöst wäre und abseits davon läge, läuft Gefahr, sich selbst und auch seinen Zuhörer in die Irre zu führen. Wie die Es- und die Überich-Analyse gehört die Abwehranalyse zur Analyse des Konflikts und der Kompromißbildung, mag es sich bei dem Kompromiß nun um ein Symptom, einen Traum, eine Phantasie, einen Charakterzug oder eine Fehlleistung handeln. Was immer man zu analysieren sucht, man muß dabei notgedrungen auf die Abwehr(en) achten, die bei seiner Entstehung eine Rolle gespielt hat, doch man kann dabei niemals so vorgehen, als habe man etwas Isoliertes vor sich.

Bislang haben wir uns vornehmlich mit der Frage der Deutungsfolge bei der analytischen Arbeit beschäftigt und dabei besonders die Analyse der Abwehrmechanismen berücksichtigt. Von zahlreichen Analytikern ist bei den verschiedensten Gelegenheiten eine weitere Frage erörtert worden (de Saussure, 1954; Hoffer, 1954; Loewenstein, 1954; Weiss, 1967; Forumsdiskussionen, 1954, 1970 und 1972). Die Frage lautet, so knapp wie möglich formuliert: »Was geschieht mit einer Abwehr, wenn ein Symptom analysiert worden ist?« Oder um die Frage mit größerem sprachlichen Aufwand zu stellen: »Welche Änderungen ergeben sich aus der erfolgreichen Analyse der Symptome oder Charakterprobleme eines Patienten für bestimmte Abwehroperationen oder -strukturen? Wie ändern sich diese Abwehrmaßnahmen im Verlauf der Analyse?«

Hier möchte ich wiederum ein klinisches Fallbeispiel bemühen, um meiner Antwort mehr Anschaulichkeit zu verleihen und die Gründe zu belegen, die mich zu ihr veranlassen.[*]

Die Patientin, eine Frau von 29 Jahren, war zum Zeitpunkt der Episode, über die hier berichtet werden soll, seit sechs Jahren in analytischer Behandlung. Über ihre Lebensgeschichte vor und während der Analyse möchte ich folgende Angaben machen, die mir als die wesentlichen erscheinen. Vor der Analyse unterhielt sie sexuelle Beziehungen ausschließlich zu Frauen. Ihr Verhalten während dieser Liebesbeziehungen war beherrscht von dem unbewußten Bedürfnis, drei Sachverhalte zu verleugnen: erstens, sexuelle Gefühle gegenüber ihrem Vater, zweitens, eifersüchtige und feindselige Gefühle und Wünsche gegenüber ihrer Mutter

---

[*] Das folgende Beispiel findet sich in Brenner, 1975b.

und ihrer älteren, bereits verheirateten Schwester und drittens, Wut und das Gefühl der Erniedrigung darüber, daß sie keinen Penis besaß. So hatte sie beispielsweise bei sexuellen Kontakten mit einer Frau die – vor der Analyse unbewußte – Phantasie, einen Penis zu besitzen und ein Mann zu sein, der Sexualverkehr mit einer Frau hat.

Im Verlauf der Analyse hatte die Patientin zum erstenmal sexuellen Verkehr mit Männern. Dabei hatte sie bisweilen bewußte Phantasien, in denen sie den Penis ihres Partners führte und beherrschte. Bei anderen Gelegenheiten stellte sie sich vor, der Penis sei nicht Teil seines, sondern ihres Körpers. Die heterosexuellen Beziehungen der Patientin wurden hin und wieder abgelöst durch homosexuelle Liebesaffären, die allesamt auf ihr unbewußtes Bedürfnis zurückgingen, sexuelle Gefühle und Wünsche gegenüber ihrem Analytiker abzuwehren. Dies erreichte sie dadurch, daß sie in einer homosexuellen Beziehung die männliche Rolle übernahm, das heißt auf die gleiche Weise, wie sie vor der Psychoanalyse ihre unbewußten sexuellen Wünsche gegenüber ihrem Vater abgewehrt hatte.

In jenem Zeitraum ihrer Analyse, der uns hier beschäftigen soll, war die Patientin in eine homosexuelle Beziehung geraten. Das Verhältnis war einige Monate zuvor aufgenommen worden, kurz nachdem ihr Analytiker seine Urlaubsreise angetreten hatte. Obwohl sie auf der einen Seite bewußt große Anstrengungen unternahm, sich von ihrer damaligen Freundin zu trennen, war sie auf der anderen Seite offensichtlich verärgert über ihren Analytiker und suchte ihn zu provozieren. Aufrichtig empört, führte sie Beschwerde darüber, daß er sich ihr gegenüber unbillig verhalte und ihr nie gebe, was ihr zustehe. In einer Sitzung haderte sie wieder einmal mit sich, daß es ihr nicht gelang, sich von ihrer derzeitigen Freundin zu lösen, und dabei legte sie häufig Pausen ein, offensichtlich darauf wartend, daß der Analytiker das Wort ergriff. Schließlich intervenierte er und erklärte ihr, sie versuche ihn dazu zu bringen, ihr zu befehlen, die Freundin aufzugeben, damit sie sich dagegen auflehnen könne, genauso wie sie des öfteren versucht habe, ihre Eltern in eine Position zu drängen, die sie ihrerseits als Vorwand benutzen konnte, sich gegen sie aufzulehnen. Im Zusammenhang mit dieser Deutung verzichtete der Analytiker darauf, noch einmal ausdrücklich zu wiederholen, was die Patientin sehr wohl wußte, weil es ihr in der Vergangenheit bei geeigneter Gelegenheit wiederholt gedeutet worden war, nämlich daß ihre Wut auf die Eltern, die sie zeitlebens gehabt hatte, und die Wut, die sie nun gegenüber ihrem Analytiker empfand, in Wahrheit Wut darüber war, weil sie keinen Penis bekommen hatte und weil weder ihr Vater noch ihr Analytiker die Liebe und Zuneigung für sie aufbrachten, die ihr, dessen war sie sicher, zuteil geworden wären, wenn sie als Junge zur Welt gekommen wäre, wie ihr Vater vor ihrer Geburt gehofft hatte. Mithin galt diese Deutung, wie die Patientin sie verstand, ihrem Verlangen nach Liebe und ihrem Wunsch nach einem Penis sowie dem Umstand, daß die frustrierende Versagung dieser Wünsche Wut auf ihren Analytiker in ihr hervorrief, Wut, die sie auf dem Wege der Projektion ihm zuschrieb, um sich vor Schuldgefühlen zu bewahren, das heißt der Verurteilung durch ihr Überich zu entgehen.

Die Deutung bei der soeben geschilderten Gelegenheit schien auf die Patientin eine erhebliche Wirkung ausgeübt zu haben. Während der darauffolgenden Woche ließ sie eine Reihe von Veränderungen erkennen:

1. Sie beendete ihre homosexuelle Beziehung.
2. Sie gab sich in ihrer Kleidung und in ihrem Verhalten weiblicher als zuvor.
3. Sie begann sich mit einem Mann zu treffen.
4. Sie bat einen älteren Kollegen, offensichtlich eine Vaterfigur, sie als Schülerin anzunehmen, obwohl sie ganz »sicher« war, daß er dies ablehnen würde.
5. Sie war viel weniger wütend auf ihren Analytiker, und ihr ging auf, daß sie ihm näherzukommen wünschte.
6. Sie hatte einen sie erschreckenden Traum. Die Assoziationen, die sie damit verband, führten zu dem Gedanken, sie könne, auf der Couch des Analytikers liegend, in sexuelle Erregung geraten. Hier sei angemerkt, daß die Patientin sich weder in Zusammenhang mit solchen Gedanken noch zu irgendeinem anderen Zeitpunkt, an dem sie auf der Couch lag, jemals wirklich sexuell erregt fühlte.
7. Ihr wurde bewußt, daß sie Wut gegenüber ihrer Mutter, ihrer älteren Schwester (einer Rivalin zeit ihres Lebens) und gegenüber einer verheirateten Freundin empfand.

8. Ihr fiel ein, daß sie sich im Alter von fünf Jahren danach gesehnt hatte, ihrem Vater nahe zu sein.

Hier haben wir es also mit einer Situation zu tun, in der eine Intervention in Form einer Deutung die Symptome eines Patienten, seine Assoziationen, sein Traumleben und auch sein Verhalten einschneidend verändert. Gewiß, die wirksame Deutung ist bei der oben beschriebenen Gelegenheit nicht zum erstenmal gegeben worden. Ganz im Gegenteil, in der einen oder anderen Form wurde sie der Patientin viele Male zuvor nahegebracht. Dennoch, diesmal folgten ihr wesentliche Änderungen, was die seelischen Funktionen der Patientin angeht, und es scheint, daß der Fall uns dabei behilflich sein kann, die Frage, die uns zur Zeit beschäftigt, zu beantworten: »Wie verändern sich die Abwehrhaltungen im Verlauf der Psychoanalyse?«

Welches waren also die Änderungen, welche die oben beschriebene Deutung hinsichtlich der Abwehrhaltungen der Patientin herbeiführte?

Der Leser wird sich erinnern, daß sich die Patientin vor der Deutung nicht bewußt war, daß sie für ihren Analytiker Liebe empfand und ihn sexuell begehrte. Statt dessen war sie wütend auf ihn. Mit anderen Worten, sie wehrte ihre Liebesgefühle und sexuellen Wünsche mit Hilfe einer Reaktionsbildung ab, bei der Liebe durch Haß oder Wut ersetzt wurde. Auf die gleiche Weise verfuhr sie mit ihren Eifersuchts- und Wutgefühlen gegenüber Frauen, in denen sie Rivalinnen sah. Ihrer negativen Gefühle gegenüber solchen Frauen war sie sich nicht bewußt. So ging sie ein Liebesverhältnis mit einem Mädchen ein, das sie begehrte und das in ihr sexuelle Gefühle weckte.

Mit ihren Kastrations- und Rachewünschen gegenüber Männern suchte sie auf andere Weise fertig zu werden. So fühlte sie sich von ihrem Analytiker schlecht behandelt, übers Ohr gehauen und benachteiligt. Mit anderen Worten, sie projizierte ihre Wut auf ihn. Auch den Abwehrmechanismus der Identifizierung setzte sie bei ihrem unbewußten Bemühen ein, mit ihren Kastrations- und Rachewünschen gegenüber Männern ins reine zu kommen. So spielte sie in der sexuellen Bindung, die sie eingegangen war, die Rolle eines Mannes.

Die Erinnerung schließlich an die sehnsüchtigen zärtlichen Gefühle, die sie im Alter von fünf Jahren zu ihrem Vater empfunden hatte, war lange Zeit der Verdrängung anheimgefallen, die erst mit der oben beschriebenen Deutung aufgehoben wurde.

Wir können mithin sagen, daß die Patientin vor der fraglichen Deutung die Mechanismen Verdrängung, Reaktionsbildung, Projektion und Identifizierung als Abwehr gegen bestimmte Triebabkömmlinge und Überich-Forderungen einsetzte. Genau diese Abwehrhaltungen wurden von der Deutung berührt, die der Analytiker ihr gegeben hatte. Wie wurden sie nun durch diese Deutung verändert?

In erster Linie änderte sich die Struktur der Reaktionsbildungen, deren sich die Patientin bediente. Das heißt, sie gab ihr homosexuelles Liebesverhältnis auf und traf Verabredungen mit Männern. Bei mehreren Gelegenheiten äußerte sie auch Wut auf ihre weiblichen Rivalen – ihre Mutter, ihre ältere Schwester und ihre verheiratete Freundin –, während sie gegenüber ihrem Analytiker weniger Wut als vor der Deutung verspürte und sich bewußt wurde, daß sie ihm nahe zu sein wünschte. Mit anderen Worten, die Reaktionsbildung der Liebe zu Frauen, die dazu diente, ihre Wut ihnen gegenüber abzuwehren, und die der Wut auf Männer, mit der sie ihre Liebe zu ihnen abwehren wollte, beide Reaktionsbildungen wurden in ihren Auswirkungen erheblich gemildert.

Zweitens wurde die Verdrängung aufgehoben, der die Erinnerung an die ödipalen Wünsche gegenüber ihrem Vater anheimgefallen war. Wir können allerdings mit einiger Sicherheit vermuten, daß zu dieser Zeit viele andere damit in Verbindung stehende Erinnerungen verdrängt blieben. Das heißt, die Verdrängung wurde gemildert, aber nicht völlig aufgehoben.

Drittens spielte Identifizierung mit dem älteren, bewunderten Kollegen, der ihr neuer Lehrer geworden war, in den Wunsch hinein, seine Schülerin zu werden.

Viertens kam in den von ihr geäußerten Vorstellungen, sie könne auf der Couch ihres Analytikers in sexuelle Erregung geraten, Affektabspaltung zum Vorschein. Man wird sich erinnern, daß die Patientin diese Vorstellungen im Zuge von Assoziationen zu einem Angsttraum vortrug.

Fünftens schließlich spielte augenscheinlich in ihre Wut auf die verheiratete Freundin der Abwehrmechanismus der Verschiebung hinein, denn zu dem Zeitpunkt, als sie diese Wut äußerte, stand ganz außer Frage, daß sie in Wahrheit auf ihre Mutter wütend war und daß ihre Freundin nur als Ersatz für das eigentliche Ziel ihrer Wut diente.

Wir können also sagen, daß die Patientin sich nach der Deutung der folgenden Abwehrmechanismen bediente: Verdrängung, Identifizierung, Affektabspaltung und Verschiebung.

Wenn wir nun versuchen, die Änderungen in den Abwehrhaltungen der Patientin zu spezifizieren, die sich als Folge der ihr gegebenen Deutung einstellten, so kommen wir zu folgenden Schlußfolgerungen:

1. Identifizierung mit Männern dauerte an, allerdings mit wesentlichen Änderungen, die weiter unten erörtert werden sollen.

2. Kastrationswünsche wurden nach der Deutung verdrängt und nicht mehr wie zuvor auf andere projiziert.

3. Reaktionsbildung gegenüber heterosexuellen Wünschen wurde erheblich gemildert und zum Teil durch Affektabspaltung ersetzt.

4. Reaktionsbildung gegenüber dem Haß auf Mutter und Schwester wurde gleichfalls gemildert und zum Teil durch Verschiebung ersetzt.

5. Es kam zu einer partiellen Aufhebung der Verdrängung ödipaler Wünsche und Erinnerungen.

Welche allgemeinen Schlüsse können wir aus diesen geänderten Abwehrhaltungen ziehen? Kann man sagen, daß sich pathogene Abwehrmaßnahmen aufgelöst haben oder durch normale ersetzt wurden, oder kann man gar sagen, daß eher infantile Abwehrmaßnahmen durch weniger infantile ersetzt wurden? Die Beobachtungsdaten lassen keine dieser Formulierungen als gerechtfertigt erscheinen.

So war beispielsweise sowohl vor wie nach der Deutung eine als Abwehr benutzte Identifizierung mit Männern zu erkennen. Vor der Deutung hat diese Identifizierung das sexuelle Verhalten der Patientin entscheidend beeinflußt. Sie hatte eine Frau begehrt und war mit ihr eine sexuelle Beziehung eingegangen, in der sie, die Patientin, die Rolle eines Mannes gespielt hatte. Nach der Deutung kam die gleiche Identifizierung in ihrem beruflichen Verhalten zum Ausdruck. Sie bemühte sich, die Schülerin eines von ihr bewunderten

Mannes zu werden, um seine Fertigkeiten zu lernen und die handwerklichen Mittel seines Berufes einsetzen zu können, Mittel, die, es sei hinzugefügt, für sie eine phallische Bedeutung hatten. Mit anderen Worten, sowohl vor wie nach der Deutung lag bestimmten Verhaltensaspekten der Patientin die Identifizierung mit einem Mann zugrunde, eine Identifizierung, die den Zweck verfolgte, ihre weiblichen, ödipalen Wünsche abzuwehren. (Es ist zwar richtig, daß die Identifizierung auch ihre männlichen Wünsche befriedigte, doch dieser Umstand ist für den Zusammenhang unserer jetzigen Erörterung irrelevant.) Niemand kann daran zweifeln, daß ihr Verhalten sich erheblich verändert hatte. Sie war erwachsener geworden, normaler, um es genauer zu sagen. Vor der Deutung hatte sich ihre maskuline Identifizierung in einer homosexuellen Liebesaffäre zu erkennen gegeben. Danach äußerte sie sich in ihrer Beziehung zu einem älteren Mann, dem sie auf beruflichem Felde nacheifern wollte, um sich auf real nützliche, sozial erwünschte Weise zu betätigen. Doch wie steht es um den Abwehrmechanismus der Identifizierung selbst? Sie identifizierte sich weiterhin mit einem Mann. Die handwerklichen Mittel, die ihr Lehrer in seinem Beruf benötigte, waren unverkennbar phallische Symbole, und in ihrem Wunsch, mit ihnen umgehen zu können, äußerte sich zweifellos ihr unbewußte Phantasie, einen Penis zu besitzen. Kann man guten Gewissens die Meinung vertreten, die Art und Weise, wie die Patientin nach der Deutung die Identifizierung als Abwehr einsetzte, sei weniger infantil oder »normaler« als vor der Deutung, auch wenn das dazu gehörige Verhalten – die Kompromißbildung – insgesamt als erwachsener eingeschätzt werden muß?

Wenn man sich dem Abwehrmechanismus der Reaktionsbildung zuwendet, steht man vor ähnlichen Schwierigkeiten. Sicher, die Abwehr hat zweifellos an Intensität verloren. Sie ist nicht wie die Identifizierung im wesentlichen unverändert geblieben. Doch sie wurde, zumindest teilweise, durch Affektabspaltung und Verschiebung ersetzt. Kann man behaupten, diese Abwehrformen seien weniger pathogen als die Reaktionsbildung oder gar weniger infantil, weniger regressiv? Oder nehmen wir den Abwehrmechanismus der Verdrängung. Die Verdrängung wurde nach der Deutung ganz offensichtlich in einer Richtung aufgehoben. Zum erstenmal tauchten nämlich bestimmte ödipale Erinnerungen aus einer Zeit auf, als die Patientin fünf Jahre alt war. Doch in anderer Richtung verstärkte sich die Verdrängung, denn nach der Deutung verdrängte die Patientin ihre Kastrationswünsche gegenüber dem Analytiker, wogegen sie zuvor durch Projektion abgewehrt worden waren. Es ist zwar richtig, daß in diesem Fall nach der Deutung der Abwehrmechanismus der Projektion verschwand, doch an seine Stelle setzte sich Verdrängung, ein potentiell pathogener Abwehrmechanismus, welchen Maßstab man auch anlegt.

Nach meiner Ansicht führt nur ein Weg aus der Sackgasse, in die wir offensichtlich geraten sind. Über Änderungen von Abwehrhaltungen als Folge der Psychoanalyse kann man, wie ich glaube, keine allgemein gültigen Aussagen treffen, solange man sich auf jeden Abwehrmechanismus als solchen konzentriert, das heißt ohne Beachtung des Gesamtkonflikts. Man sollte sich nicht mit Abwehrmechanismen als solchen beschäftigen, sondern mit dem Konflikt, wie er sich insgesamt darstellt, denn die Abwehrmechanismen sind nur ein Teil dieses Konflikts. Um dies zu verdeutlichen, kann man die Folgen, welche sich in dem hier geschilderten Fallbeispiel aus der Deutung für die Abwehrmechanismen der Patientin ergaben, ziemlich einfach in den Worten zusammenfassen, daß die Patientin nach der Deutung besser in der Lage war als vor der Deutung, die bewußte Wahrnehmung einer Anzahl von Abkömmlingen ihrer positiven ödipalen Wünsche* zu tolerieren. Mit anderen Worten, ihre gegen diese Wünsche gerichteten Abwehren waren nach der Deutung weniger intensiv als zuvor. Die Triebregungen und ihre Abkömmlin-

---

* Die Unterscheidung zwischen »positiven« und »negativen« ödipalen Wünschen geht auf Sigmund Freud zurück. Er spricht von einem »vollständigeren« Ödipuskomplex, »der ein zweifacher ist, ein positiver und ein negativer, abhängig von der ursprünglichen Bisexualität des Kindes, d.h. der Knabe hat nicht nur eine ambivalente Einstellung zum Vater und eine zärtliche Objektwahl für die Mutter, sondern er benimmt sich auch gleichzeitig wie ein Mädchen, er zeigt die zärtliche feminine Einstellung zum Vater und die ihr entsprechende eifersüchtig-feindselige gegen die Mutter«. Die analytische Erfahrung zeige, schreibt Freud weiter, »daß bei einer Anzahl von Fällen der eine oder der andere Bestandteil (des Ödipuskomplexes) bis auf kaum merkliche Spuren schwindet, so daß sich eine Reihe ergibt, an deren einem Ende der normale, positive, an deren anderem Ende der umgekehrte, negative Ödipuskomplex steht, während die Mittelglieder die vollständige Form mit ungleicher Beteiligung der beiden Komponenten aufzeigen«. Siehe S. Freud (1923b), *Das Ich und das Es*, Gesammelte Werke, S. Fischer Verlag, Frankfurt (Main), Bd. 13, S. 261f. (Anm. d. Übers.)

ge, die in diesem Fall eine Rolle spielten, können wir wie folgt auflisten:

1. Zuneigung zu ihrem Analytiker.
2. Sehnsucht nach seiner Liebe.
3. Erinnerungen an Zuneigung zu ihrem Vater und Sehnsucht nach seiner Liebe in ihrer Kindheit.
4. Der Wunsch nach einer engen Verbindung zu einem älteren, von ihr bewunderten Mann sowie der Wunsch, seine Schülerin zu sein.
5. Der Wunsch, auf Männer anziehend zu wirken und Sexualverkehr mit ihnen zu haben.
6. Wut auf Frauen, die als Rivalinnen empfunden werden.

Um denselben Gedankengang in andere Worte zu kleiden: Nach der Deutung war die Patientin nicht mehr darauf angewiesen, gewisse Triebabkömmlinge abzuwehren, um auf diese Weise Angst und Schuldgefühle zu vermeiden. Vor der Deutung vermochte sie die besagten Triebregungen nicht zu tolerieren. Sie waren mit zuviel Angst verbunden oder lösten zu große Schuldgefühle aus. Nach der Deutung konnte die Patientin sie ertragen. Vor der Deutung reagierte sie auf diese Gefühle in einer Art und Weise, die wir als Abwehrhaltung bezeichnet haben. Das heißt, ihr Verlangen nach Liebe und sexueller Befriedigung durch einen älteren Mann (Vater, Analytiker, Lehrer) und die damit einhergehende Eifersucht auf verheiratete Frauen (Mutter, Schwester, Freundin) stellten sich im bewußten Denken und Verhalten als Wunsch dar, sich gegen solche Männer aufzulehnen, sie zu kastrieren, von ihrem Platz zu verdrängen und zu kränken, während die Patientin mit Frauen Liebesverhältnisse einging. Nach der Deutung waren ihre Reaktionen auf die gleichen Wünsche und Eifersuchtsgefühle weniger von Abwehr geprägt, und zwar in dem Sinne, daß der nach der Deutung gefundene Kompromiß zwischen Triebabkömmling und Abwehr mehr Wunschbefriedigung erlaubte. Die Änderung war nicht so vollständig, daß fortan Abwehrmaßnahmen nicht mehr notwendig waren. Ganz im Gegenteil. Nach der Deutung bildeten die Reaktionen der Patientin auf ihre positiven ödipalen Wünsche nicht weniger einen Kompromiß zwischen Abwehr und Triebabkömmling als zuvor. Die häufig als pathogen bezeichneten Abwehrmechanismen gegen ödipale Triebregungen ließen sich nach der Deutung genauso leicht ausmachen wie vor der Deutung. Wenn die neue Kompromißbildung sich auch in wichtigen Punkten von der früheren unterschied, so war sie nichtsdestoweniger eine Kompromißbildung.

Es scheint also, daß man über Änderungen der Abwehrhaltungen genauso wenig losgelöst von Konflikt und Kompromißbildung in ihrer jeweiligen Gesamtheit reden kann, wie man sich die Abwehranalyse als etwas von der Analyse anderer Konfliktelemente Losgelöstes und Abliegendes vorstellen kann. Was man sich auch bei einem tatsächlichen Fall als Beispiel aussucht, man kommt zwangsläufig zu immer der gleichen Schlußfolgerung. Es stimmt allerdings, daß sich nicht alle Änderungen im Gefolge der Abwehranalyse in so knapper, prägnanter Form darstellen lassen wie in unserem Beispiel. Viel häufiger sind die Änderungen, die sich im Verlauf der Analyse als Folge irgendeiner Deutung einstellen, geringfügiger, weniger auffallend als in dem hier geschilderten Fallbeispiel, so daß man eher den Eindruck einer allmählichen Veränderung gewinnt. Und in solchen Fällen läßt sich die Beziehung zwischen Deutung und psychischer Änderung nur schwer dokumentieren, ohne daß man die über einen Zeitraum von mehreren Wochen oder Monaten anfallenden analytischen Daten mitteilt, ein Unterfangen, das die Geduld der Leser wahrscheinlich genauso strapazieren dürfte wie die Ausdauer und Darstellungskunst des Analytikers. Doch unabhängig davon, wie leicht oder schwierig die Darstellung sich gestaltet, die Schlußfolgerung wird in jedem Fall notgedrungen gleich ausfallen: nicht dieser oder jener Abwehrmechanismus führt Änderungen herbei, sondern die Kompromißbildung. Die Abwehrhaltungen werden niemals aufgehoben oder beseitigt, auch nicht die »pathogenen« oder »infantilen«. Für die psychische Funktionstätigkeit ist Kompromißbildung nach erfolgreicher analytischer Arbeit nicht minder charakteristisch wie zuvor. Änderungen in Richtung psychische Gesundheit oder Normalität werden nicht durch Abwehrmechanismen an sich, sondern durch die Eigenart der Kompromißbildung herbeigeführt.

Wie immer in Fällen, in denen ein Endergebnis auf einer Anzahl von Variablen beruht, läßt sich nur schwer angeben, in welchem Maße jede der Variablen zu dem jeweiligen Ergebnis beiträgt oder, um es ein wenig anders zu formulieren, wie wichtig jede Variable ist. Wenn sich also ein psychischer Konflikt als Ergebnis der Analyse ändert, inwieweit hängt dies von dem Umstand ab, daß der Patient nicht mehr soviel Angst verspürt, wenn er erst einmal erkannt hat, was ihn seit seiner Kindheit ängstigt und mit Schuldgefühlen verfolgt – wenn er sich erst einmal des Inhalts seiner Schuld- und Angstgefühle bewußt ist, das heißt der besonderen Eigenart seiner Kindheitsängste? Deswegen nicht mehr soviel Angst verspürt, weil er nunmehr erwachsen ist und nicht mehr hilflos, wenn alleingelassen, genauso wenig, wie er weiterhin davon überzeugt ist, es könne wirklich zu einer Kastration kommen. Davon hängt vermutlich die Änderung zu einem großen Teil ab, wenn auch wahrscheinlich nicht völlig. Es ist durchaus zu vermuten, daß noch weitere Faktoren ins Spiel kommen. So hatte beispielsweise die Patientin in dem von uns erörterten Fall im Verlauf ihrer Analyse eine Reihe von sexuellen Beziehungen mit Männern. Vielleicht hat die Triebbefriedigung, die sie bei solchen und anderen Erlebnissen erfuhr, bei Erlebnissen, die sie vor Analysenbeginn nie gehabt hatte, wesentlich mit dazu beigetragen, die Intensität ihres auf Inzest- und Kastrationswünschen beruhenden Konflikts zu mildern. Strachey (1934) und andere Autoren haben auf die Bedeutung eines weiteren Faktors hingewiesen, nämlich auf die Entschärfung der Überich-Forderungen und -Verbote, die im Verlauf der Analyse als Folge der teilweisen Identifizierung des Patienten mit seinem Analytiker eintrete. Vielleicht ist die relative Bedeutung der einzelnen Faktoren von Fall zu Fall verschieden, vielleicht ist sie auch in allen Fällen oder zumindest in allen Fällen mit ähnlich gelagerten Konflikten annähernd gleich. Mit Sicherheit läßt sich nur eine Änderung in der Art der Kompromißbildung beobachten. Über die relative Bedeutung der einzelnen Ursachen für die Änderung können wir, jedenfalls bislang, nur spekulieren.

Die Schlüsse, die wir hinsichtlich der Frage gezogen haben, ob im Verlauf der Psychoanalyse die Abwehrhaltungen verschwinden oder sich ändern, sollten uns überdies in Erinnerung rufen, daß Abwehrhaltungen, nach allem, was wir wissen, keine besondere Kategorie psychischer Funktionen darstellen. Da wir für gewöhnlich von Abwehren im Sinne von Abwehrmechanismen sprechen, das heißt in Begriffen, die Abwehrhaltungen und -maßnahmen als besondere Kategorie psychischer Phänomene bezeichnen, bedarf unsere Feststellung, sie bildeten keine spezielle Kategorie psychischer Funktionen, einiger Erläuterung.

Abwehren sind psychische Phänomene, die sich anhand ihres Zwecks definieren lassen oder, wenn man will, anhand ihrer Funktion, die darin besteht, die Entwicklung von Angst in Verbindung mit Triebwünschen und Selbstbestrafungsneigungen zu verhindern oder zu mildern. In Parenthese sei hinzugefügt, daß das Wort »Angst« durch das Wort »Unlust« ersetzt werden sollte, denn, wie wir im folgenden Kapitel sehen werden, dienen Abwehrhaltungen auch dazu, die Entwicklung depressiver Gefühle in Verbindung mit dem Triebleben eines Menschen und mit seinen Neigungen zur Selbstbestrafung zu verhindern. Für den Augenblick jedoch können wir diese Erweiterung unseres Begriffs beiseite lassen und uns auf den Zweck beschränken, der hinter der »Abwehr« steht, nämlich Angst zu vermeiden, die sich sonst aus den Triebwünschen und/oder Tendenzen zur Selbstbestrafung ergeben. Die Mittel, die eingesetzt werden können, um dieses Ziel in dem einen oder anderen Fall zu erreichen, das heißt also die möglichen Abwehroperationen, diese Mittel erstrecken sich über die ganze Bandbreite der Ichfunktionen. So kann das Ich beispielsweise masochistische Wünsche hervorrufen, um die Angst zu vermeiden oder zu mildern, die mit sadistischen Wünschen verknüpft ist, und auch umgekehrt. Liebe, Bedauern und Mitgefühl lassen sich auf ähnliche Weise hervorkehren, wie man es häufig bei Kompromißbildungen beobachten kann. Wir erkennen der Abwehr dienende Verschiebungen – manchmal regressive, manchmal andere – von phallischen zu oralen oder analen Wünschen wie auch das Umgekehrte. Intellektuelle Tätigkeit kann ebenfalls Abwehrcharakter annehmen. Desgleichen Interesse an sozialen Bräuchen, an Mode, politischer Betätigung, Sport, Kunst, beruflichem Erfolg und so weiter. Die Abwehrfunktionen bei der Verfechtung ethischer und moralischer Normen und Gewohnheitshandlungen liegen so klar auf der Hand, daß wir sie hier nur zu erwähnen brauchen. Die bekanntesten Abwehrformen sind zwar in der wohlvertrauten Liste von Abwehrmechanismen enthalten (A. Freud, 1936; Brenner, 1974, S. 101), doch wir haben als Tatsachen hinzunehmen, daß keine derartige Liste als erschöpfend anzusehen ist. Jeder kann einsetzen, was gerade zur Hand ist und der Absicht dient, einem schreckeinflößenden oder mit Schuldgefühlen einhergehenden Wunsch entgegenzuwirken, um die Angstentwicklung möglichst einzuschränken, und jeder tut dies hin und wieder auch. Und in der Tat, dieselben Ichfunktionen, die als Vollstrecker der Triebe auftreten, dieselben, die sich unter bestimmten Umständen in den Dienst der Triebbefriedigung stellen, sie werden unter anderen Umständen und zu anderen Zeiten oder auch gleichzeitig als Abwehr eingesetzt. Es gibt keine besonderen Ichfunktionen, die wir als »Abwehr« bezeichnen könnten, die nur dem Ziel der Abwehr dienten und sonst keinem. Ichfunktionen sind sozusagen Allzweck-Funktionen. Sie vermitteln Triebbefriedigung, sie werden dazu verwandt, Triebabkömmlingen entgegenzuwirken, sie bieten sich als Mittel an, Überich-Verbote und -Forderungen zu verstärken oder zu mildern, und sie setzen uns in den Stand, uns der Umwelt im psychologischen Sinne des Wortes anzupassen.

Um es noch deutlicher zu sagen, eine Abwehr ist keine Sache, sondern eine Haltung, genauer eine seelische Haltung (siehe Brenner, 1975b). Zu fragen: »Was geschieht mit den Abwehrhaltungen in der Analyse? Verschwinden sie? Entfernen sie sich?« ist genauso, als fragte man: »Was geschieht mit dem Schoß, wenn man aufsteht?« »Ein Schoß« ist genauso wenig eine Sache wie eine Abwehr. Beide Begriffe sind nützlich, wenn man damit eine Haltung bezeichnen will, der eine zur Bezeichnung einer körperlichen, der andere zur Bezeichnung einer psychischen Haltung. Schenkel bleiben Schenkel, ob sie sich nun in der Vertikalen oder in der Horizontalen befinden. Ihre Funktion ist (oder kann es jedenfalls sein) jedoch nach ihrer Haltung unterschiedlich, und »ein Schoß« bezeichnet eine ihrer möglichen Funktionen, wenn sie sich in der Horizontalen befinden. Das gleiche gilt für die Ichfunktionen. Dienen sie dem einen Zweck, dann sind sie Vollstrecker der Triebabkömmlinge, und dienen sie einem anderen, sind sie Abwehrhaltungen gegenüber den Trieben.

Zusammenfassung

1. Obwohl der Begriff »Abwehranalyse« sich in der Literatur zu sehr festgesetzt hat, als daß überhaupt eine Möglichkeit bestände, ihn zu ändern, sollte man versuchen, ihn so zu verstehen, daß er »Analyse der Abwehraspekte von Konflikten« bedeutet. Abwehranalyse wird nicht losgelöst und unabhängig von den anderen dynamischen oder genetischen Konfliktaspekten durchgeführt und kann es auch gar nicht.

2. Im Verlauf der Analyse ändern sich die Abwehrhaltungen, doch weder verschwinden sie noch ändern sie sich in immer gleicher oder gar regelmäßiger Weise. So werden sie zum Beispiel nicht zwangsläufig weniger »pathogen« oder weniger »infantil«.

3. Abwehrhaltungen sind keine besonderen Ichfunktionen. Dieselben Ichfunktionen dienen abwechselnd oder gleichzeitig zur Triebbefriedigung, zur Abwehr, zur Erfüllung von Überich-Forderungen wie zur Anpassung. Richtiger gesagt, eine Abwehr kann nur erkannt werden anhand des Zwecks oder der Funktion, die sie beim Eindämmen (Fernhalten) eines psychischen Impulses oder einer Tendenz für den seelischen Haushalt erfüllt. Sie in erster Linie anhand der Methode zu identifizieren, die sie verwendet, um ihr Ziel zu erreichen, dieses häufig zu beobachtende Vorgehen bringt den Nachteil der Mehrdeutigkeit und möglichen Mißverständnisses mit sich, mag es auch den Vorteil haben, bequem und vertraut zu sein.

4. Überich-Analyse;
Affekte und psychischer Konflikt

Überich-Analyse wird immer dann zu einem wichtigen Bestandteil der Abwehranalyse, wenn Überich-Forderungen und -Verbote sich mit Abwehrhaltungen gegen Triebabkömmlinge verbünden. Insoweit bedarf die Überich-Analyse keiner besonderen Erörterung. Was immer man über Abwehrhaltungen im allgemeinen und über die Ängste sagen mag, die sie vermeiden sollen, es gilt gleichermaßen für Überich-Forderungen und Überich-Ängste, das heißt für Befürchtungen oder Erwartungen, die mit Bestrafung, Selbstanklagen oder beidem zu tun haben.

Verwickelter wird die psychische Situation, wenn Bedürfnisse nach Selbstbestrafung abgewehrt werden, ein Vorgang, auf den Freud (1923b) bereits vor geraumer Zeit aufmerksam gemacht hat, als er von dem Mechanismus eines unbewußten Schuldgefühls sprach. Die folgenden Fallbruchstücke sind aufschlußreich (siehe Bericht, 1969).

Im Verlauf der Analyse einer Frau, die das Alter von dreißig Jahren überschritten hatte, wurde die Mutter der Patientin mit einem bösartigen Karzinom (Metastasierung) in ein Krankenhaus eingeliefert. Ihr Zustand verschlimmerte sich zusehends, und sie starb schließlich, nachdem sie eine Woche lang im Koma gelegen hatte. Die Patientin verbrachte viele Stunden am Bett ihrer Mutter, doch ausgerechnet in dem Augenblick, als die Mutter starb, war sie nicht zur Stelle. Deswegen machte sich die Patientin in den unmittelbar auf den Tod der Mutter folgenden Analysestunden wiederholt bittere Vorwürfe. Immer wieder klagte sie sich an, ihre Mutter verlassen zu haben, was sie ja auch tatsächlich getan hatte, und machte sich für den Tod ihrer Mutter verantwortlich. »Wenn ich nur dagewesen wäre, dann hätte ich eine Krankenschwester oder einen Arzt rufen können und vielleicht ihr Leben gerettet«, was hieß, für einige Stunden oder Tage verlängert.

Sowohl die extreme – man ist versucht zu sagen: selbstlose – Aufopferung vor dem Tod ihrer Mutter wie auch ihre Selbstanklagen danach legen den Schluß oder die Mutmaßung nahe, daß die Patientin schuldig war aufgrund ihrer unbewußten Wünsche, die Mutter zu töten, Wünsche, die ihren Ursprung in der frühen Kindheit der Patientin hatten. Doch davon hatte die Patientin nicht die geringste Ahnung. Sie hatte ihre Schuldgefühle von der dazu gehörigen Quelle – ihren Wünschen, die in die Vergangenheit zurückreichten – zu einer fälschlich rationalisierten Quelle verschoben, das heißt auf ihr aktuelles Verhalten zum Zeitpunkt des Todes ihrer Mutter. Um ihre Schuldgefühle analysieren zu können, mußte die Abwehr, die sie dagegen aufgebaut hatte, beseitigt und der wirkliche Ursprung ihrer Gefühle offengelegt werden.

In diesem Fall hieß Überich-Analyse, der Patientin klarzumachen, daß sie ihre Schuldgefühle von der Vergangenheit auf die Gegenwart verschoben hatte. Erst als die Verschiebung rückgängig gemacht war, konnte die Analyse fortschreiten. Es sei jedoch angemerkt, daß die übermäßige Aufopferung der Patientin für ihre todkranke Mutter während der Wochen vor ihrem Tod zum Teil auf das gleiche Bedürfnis nach Abwehr ihrer Todeswünsche und der daraus erwachsenden Schuldgefühle zurückgeht wie ihre Selbstanklagen nach dem Tode ihrer Mutter. Dies Verhalten diente ihr unbewußt als Beweis dafür, daß sie am Tode ihrer Mutter unschuldig war. Gewiß, im Fall dieser Patientin stellte sich heraus, daß ihre Abwehrmaßnahmen, vor allem nach dem Tode der Mutter, nicht den Zweck erfüllten, den sie sollten, nämlich Schuldgefühle und Selbstkritik zu verhindern. Wie so oft, waren sie auch in diesem Fall nur zum Teil erfolgreich.

Doch nebenbei bemerkt, es kommt nicht selten vor, daß solchen Abwehrmaßnahmen mehr Erfolg beschieden ist als in dem soeben erwähnten Fall. Die Verwandten eines Sterbenden vermögen häufig einen großen Teil der Schuldgefühle, die sie angesichts seiner Krankheit und seines Todes empfinden, dadurch zu verringern und zu mildern, daß sie Hingabe, Aufmerksamkeit und selbstaufopferndes Verhalten an den Tag legen. Daß diese Tatsache gemeinhin, wenn auch nicht immer bewußt erkannt wird, läßt sich daran ablesen, daß den Verwandten eines sterbenden Menschen so häufig erklärt wird: »Unternimm nichts, was du hinterher bedauern mußt«, das heißt: »Es lohnt sich, jetzt aufmerksam und selbstaufopfernd zu sein, denn wenn du es bist, hast du weniger Schuldgefühle, wenn der Kranke gestorben ist.«

Eine weiterer häufig benutzter Mechanismus zur Milderung von Schuldgefühlen ist die Projektion. Es kommt häufig vor, daß die Verwandten eines Gestorbenen dem Krankenhaus, den Ärzten und den Schwestern, die sich um ihn gekümmert haben, verbittert und bisweilen irrational vorwerfen, sie seien für seinen Tod verantwortlich. Wer solche Anschuldigungen erhebt, wird dazu nicht selten durch das Bedürfnis getrieben, die Schuldgefühle, die sich aus seinen eigenen unbewußten Wünschen gegenüber dem Toten herleiten, dadurch zu verringern oder zu vermeiden, daß er sie auf andere projiziert.

Kehren wir zu unserem Hauptthema zurück. Das folgende Fallbruchstück kann ebenfalls die Abwehrmaßnahmen gegen Schuldgefühle veranschaulichen. Es stammt aus derselben Quelle (Bericht, 1969) wie das erste Beispiel. Der Patient, ein 30 Jahre alter verheirateter Mann, hatte die Wut auf seine Mutter vollständig, soweit man das überhaupt sagen kann, auf seine Frau verschoben, der er ständig vorwarf, sie vernachlässige ihn, und mit der er heftige Streitigkeiten austrug. Seine bewußte Einstellung der Mutter gegenüber bestand aus Mitleid mit ihrer Unfähigkeit, ihre Verpflichtungen als Ehefrau und Mutter zu erfüllen, und aus Bewunderung für ihre, wie er es nannte, Seelenstärke, mit der sie ihr Leben lang die Last einer halben Invalidität getragen habe. Er übersah keineswegs, daß sein Bruder kein Geheimnis daraus machte, daß er ihre Mutter für eine verwöhnte, egozentrische Simulantin hielt, doch dieses Wissen schien nicht den geringsten Einfluß zu haben auf die Gedanken und Gefühle des Patienten; sie wurden vielmehr getragen und noch verstärkt durch eine moralische Maxime, an der er unerschütterlich festhielt und die zum Inhalt hatte, daß eine Mutter gegen Kritik von Kindern, die sie in die Welt gesetzt hat, immun ist. »Ehre deine Mutter« schien das erste Gebot im Moralkodex dieses Mannes zu sein.

Hier stellt sich ganz klar die Frage: »Warum hatte der Patient das zwingende Bedürfnis, jegliche Feindseligkeit gegenüber seiner Mutter abzuwehren?« Eine ebenso klare Antwort fand sich erst, nachdem ein beträchtliches Stück analytischer Arbeit geleistet worden war. Denn am Ende stellte sich heraus, daß Krankheit und Behinderung der Mutter laut familiärer Überlieferung auf die Geburt des Patienten zurückgingen. Während seiner Kindheit war ihm wiederholt erklärt worden, er habe mit seiner Geburt die Mutter »beinahe umgebracht«, und der Patient hatte auf diese immer wieder vorgebrachte Geschichte mit unerträglichen Schuldgefühlen wie auch mit starker Wut reagiert. Seine als Abwehr dienende Verschiebung der Feindseligkeit von der Mutter auf seine Frau und die von ihm als moralische Verpflichtung betrachtete kindliche Ehrfurcht verfolgten beide den Zweck, nicht nur seinen Wunsch, die Mutter in Stücke zu reißen, sondern auch seine Überzeugung abzuwehren, daß er schuldig war, daß er seine Mutter bereits in Stücke gerissen hatte, mit all den schrecklichen Folgen sowohl für seine Mutter wie für ihn. Mit anderen Worten, Verschiebung und kindliche Ehrfurcht sollten seine unerträglichen Schuldgefühle abwehren.

Wie man an diesen Fallbeispielen erkennen kann, ist es zuweilen wichtig, die bewußten Schuld- oder Verpflichtungsgefühle eines Patienten zu analysieren und darin einen wesentlichen Bestandteil der analytischen Arbeit zu sehen, der unausweichlich ist, wenn man Wesen und Ursprung der pathogenen Konflikte richtig verstehen will. Im ersten Fall verhalfen nicht die bewußten, sondern die unbewußten Selbstvorwürfe der Patientin zur besseren Einsicht in ihre Konflikte. Bewußt klagte sie sich an, das Leben ihrer Mutter verkürzt zu haben, indem sie einige Minuten lang den Platz an ihrer Seite verlassen hatte, doch dieser bewußte Selbstvorwurf diente in erster Linie dazu, den eigentlichen, den unbewußten Vorwurf abzuwehren, der zum Inhalt hatte, daß sie ihrer Mutter den Tod *gewünscht hatte*. Im zweiten Fallbeispiel war weder Naivität noch Ehrfurcht vor der herkömmlichen Moral dafür verantwortlich, daß der Patient sich so fest an das Ideal kindlicher Liebe zur Mutter klammerte. Der wirkliche Grund für das hartnäckige Festhalten an seinem Ideal lag in seinem unbewußten Bedürfnis, die seit seiner Kindheit bestehenden Schuldgefühle abzuwehren, die mit der Wut auf seine Mutter und mit der Überzeugung verknüpft waren, er habe bei seiner Geburt die Mutter in Stücke gerissen. Keiner der beiden Fälle könnte man richtig verstehen, ohne zuvor die unbewußte Bedeutung und die Quelle bewußter Überich-Manifestationen – Selbstvorwürfe und Schuldgefühle in dem einen, ein ethisches Ideal in dem anderen Fall – aufzudecken.

Zur Überich-Analyse oder dem Vorgehen, das diese Bezeichnung verdient, gehört es also ganz wesentlich, sich in analytischer Weise mit der Abwehr gegen Überich-Abkömmlinge auseinanderzusetzen und auf diesem Wege dazu beizutragen, daß man selbst und auch der Patient die Konflikte, deren Bestandteil jene Abkömmlinge sind, besser versteht. Doch Probleme, die sich aus Überich-Funktionen für die Analyse ergeben, können noch weit komplizierter sein als die bisher erörterten. Dazu als Verdeutlichung das folgende Beispiel:

Ein junger Mann, Anfang dreißig, seit drei Jahren in der Analyse, brachte unter Mühen einen Bericht zu Ende, an dem er mehrere Wochen lang gearbeitet hatte. Der Bericht beschäftigte sich mit einem umstrittenen Sachverhalt; notgedrungen mußte er die frühere und gegenwärtige Geschäftspolitik der Firma, für die der Patient arbeitete, kritisch beleuchten. Überdies hatte der Patient sich vorgenommen, seinen schriftlichen Stil zu verbessern, und das hieß für ihn, seine Neigung zu umständlichen, weitschweifigen Formulierungen zu überwinden und statt dessen einfach, genau und klar zu schreiben.

Zur Analysestunde am folgenden Morgen erschien der Patient ungewaschen und unrasiert; er trug Jeans, ein abgetragenes, schmutziges Hemd und eine Windjacke. Er habe verschlafen, erklärte er, und sei erst in letzter Minute aus dem Haus gekommen. Seine Absicht war allerdings gewesen, früh aufzustehen, um rechtzeitig im Büro zu sein, den Entwurf seines Berichts zu redigieren, alle noch vorhandenen Fehler zu beseitigen, den Text von der Sekretärin noch einmal abschreiben zu lassen und seinem Vorgesetzten die endgültige Fassung am Vormittag zu übergeben. Wie die Dinge lagen, mußte er sich noch einmal nach Haus begeben, um sich zu waschen, zu rasieren und umzuzusehen. Er würde nicht einmal am Vormittag im Büro sein können, und wahrscheinlich wäre er nicht einmal in der Lage, seinen Bericht so rechtzeitig abzugeben, daß sein Vorgesetzter ihn über das Wochenende lesen könnte, wie er gewünscht hatte.

»Er soll doch zum Teufel gehen! Am Montag bekommt er ihn.«

Nachdem der Patient eine Weile darüber gesprochen hatte,

daß er Ärger mit seiner Sekretärin habe, weil sie unerfahren sei und viele Fehler mache, ging er auf einen Besuch ein, den er am Abend zuvor gemeinsam mit seinem Vater unternommen hatte. Im Verlauf dieses Besuchs hatte sein Vater zufällig darauf angespielt, es sei ja wohl nicht zu übersehen, daß der Patient mehr Kraft besitze als er, in besserer körperlicher Verfassung sei und größere körperliche Anstrengungen auf sich nehmen könne. In diesem Augenblick wurde dem Patienten deutlicher als je zuvor bewußt, daß sein Vater, der immer den Eindruck erweckt hatte, unbesiegbar stark zu sein, ein fetter alter Mann geworden war und sicherlich nicht mehr allzu lange zu leben hatte und daß er, der Patient, nun der stärkere von beiden war. Da erfaßte den Patienten eine Welle von Mitgefühl und Liebe zu seinem Vater, doch als dieser zu verstehen gab, er sei noch zum Abendessen eingeladen, lehnte der Patient es ab, ihn zu begleiten.

»Zum Teufel mit ihm! Wer braucht ihn schon?« meinte der Patient.

Dann fiel er für eine oder zwei Minuten in Schweigen und dachte dabei, wie er später berichtete: »Dieser Schweinehund, sitzt da, hört mir die ganze Zeit zu und sagt kein einziges Wort. Warum sagt er nicht etwas?« Dann schaute er zu seiner Uhr, ob es nicht Zeit sei zu gehen. Als ich mich räusperte, fragte der Patient: »Was ist los? Wollen Sie Ihren Rekord aufs Spiel setzen?« Das heißt, meinen Rekord in Schweigen aufs Spiel setzen.

Da ich bereits früher seinen Wunsch, ich möge sprechen, wie auch den Blick zur Uhr bemerkt hatte, stellte ich die Frage, ob er den Wunsch, daß ich etwas sagen sollte, verspürt hatte, als er schweigsam gewesen war, und ob sein Blick zur Uhr den Gedanken zum Ausdruck brachte: »Wenn er (das heißt der Analytiker) nichts sagt, dann soll er doch zum Teufel gehen! Ich mache Schluß!«

»Sie sind einsame Spitze«, meinte er sarkastisch.

Es sei hinzugefügt, daß der Patient mir bereits berichtet hatte, er habe am Abend zuvor, nachdem er sich von seinem Vater getrennt hatte, ein Mädchen angerufen und sei mit ihr ins Bett gegangen, ehe er sich zur Wohnung seiner festen Freundin begeben habe, um bei ihr die Nacht zu verbringen.

Eine solch verwickelte und dramatische Abfolge von Ereignissen, von der die Beziehung des Patienten zu seinem

Arbeitgeber und seinen Kollegen, zu seinem Vater, zu seiner Freundin und zu mir betroffen war, mußte ganz ohne Frage viele Determinanten haben, viel zu viele, als daß man sie in einer kurzen Falldarstellung entwirren könnte. Doch für den Zweck, den wir hier verfolgen, können wir uns auf eine der vielen Determinanten beschränken und die übrigen unbedenklich beiseite lassen.

Über längere Zeit vor der oben geschilderten Sitzung hin hatte der Patient wiederholt das Thema aufgeworfen, die Welt werde völlig auf den Kopf gestellt, bisweilen durch andere Menschen, bisweilen durch seine eigenen Handlungen. Bei einer Gelegenheit hatte er das Gefühl, alles stehe auf dem Kopf, als er nämlich wider Erwarten bei seiner Arbeit Erfolg hatte. Ein andermal überkam ihn das gleiche Gefühl, als eine bedeutende Persönlichkeit des öffentlichen Lebens ins Gefängnis geschickt wurde, und ein weiteres Mal geschah dies, als er über die Möglichkeit nachdachte, ein Kollege von mir könne versuchen, eine meiner Vorstellungen zu widerlegen. Schließlich fiel ihm eine Filmszene ein, in der ein Mann ein Mädchen umwarb, indem er ihr akrobatische Kunststücke vorführte, um seine Körperkraft zu beweisen, und dazu gehörte auch das Stehen und Gehen auf den Händen, eine körperliche Fertigkeit, die, wie der Patient hinzufügte, er niemals lernen werde. »Wenn ich Handstand mache, wird mir ganz schwindelig und flau im Magen«, meinte er.

Aufgrund meiner Deutungen, die ich ihm bei den verschiedenen Gelegenheiten gegeben hatte, war der Patient bereits ein wenig vertraut mit dem Gedanken, daß in einem Konkurrenzkampf Erfolg haben für ihn unbewußt bedeutete, über seinen Vater zu triumphieren, sowohl indem er ihn körperlich bezwang wie auch indem er die Liebe seiner Mutter gewann. Nach all den Deutungen, die ich bei vielen Gelegenheiten gegeben hatte, nach den Erinnerungen an Kindheitserlebnisse, die sie bestätigten, nach Träumen, Tagträumen usw. wußte der Patient auch, daß er zu deutlich sichtbare Erfolge bei jeglicher unmittelbar wettbewerbsartigen Tätigkeit hauptsächlich aus den folgenden zwei Gründen unbewußt vermieden hatte: erstens aus Angst vor seinem Vater, der sowohl körperlich stark wie auch beruflich sehr erfolgreich, ja hervorragend war, und zweitens aus Schuldgefühlen bei dem Gedanken, er könne seinen Vater, dem gegenüber er große Bewunderung und Liebe, aber auch Neid und Haß empfand, verletzen, töten und demütigen.

Wie läßt sich all dies von dem zugegeben beengten Gesichtspunkt der Überich-Funktionen des Patienten erklären? Zum Teil wird dies verständlich, indem wir uns vergegenwärtigen, daß der Patient Abwehrmaßnahmen gegen Überich-Einflüsse einsetzte, wie wir sie weiter oben beschrieben haben. So wollte er sich zum Beispiel mit seinem Vater versöhnen und hoffte, dies erreichen zu können, wenn er mit ihm allein zum Abendessen ausging und wenn sie den Abend gemeinsam verbrachten. Daß es ihm etwas Besonderes bedeutete, von seinem Vater auf diese Weise geliebt zu werden, diese Tatsache verleugnete er, indem er dachte: »Zum Teufel mit ihm! Wer braucht ihn? Andere Leute sind glücklich, wenn sie mit mir zusammen sind!« Damit meinte er seine Freundinnen.

Der Wunsch nach Selbstbestrafung, der zum Inhalt hatte, seine feste Freundin könne wütend auf ihn sein, wehrte er gleichfalls ab, und zwar dadurch, daß er ihr verschwieg, mit der anderen Frau ins Bett gegangen zu sein. Den Wunsch, ich möge ihn schlecht behandeln, das heißt ihn nicht beachten, indem ich mich in Schweigen hüllte, als wäre er ein Junge, ich hingegen ein Erwachsener, diesen Wunsch wehrte er dadurch ab, daß er einerseits Gleichgültigkeit spielte – »Zum Teufel mit ihm, ich gebe die Behandlung auf!« – und mich andererseits herablassend behandelte – »Sie sind einsame Spitze«.

Ein weiteres Element der Überich-Funktionen des Patienten läßt sich jedoch weder durch Strafangst noch durch Abwehr dagegen erklären. Zu diesem Ausschnitt der Überich-Haltung des Patienten gehörten vielmehr Gewissensbisse und der Wunsch nach Aussöhnung. Den genannten Bericht für seinen Vorgesetzten zu Ende zu bringen bedeutete für ihn, sich symbolisch einen unbewußten Wunsch zu erfüllen: die Welt auf den Kopf zu stellen, nämlich die Liebe seiner Mutter zu erringen und über seinen Vater zu triumphieren und ihn zu vernichten. Nachdem er sein Ziel symbolisch erreicht hatte, zeigt er ein Verhalten, in dem Reue und der Wunsch nach Verzeihung zum Ausdruck kamen. Er kleidete sich wie ein Jugendlicher, der vernachlässigt wird, kam zu spät zu seiner Analysestunde, was in ihm nicht nur das Gefühl hervorrief, zur Eile getrieben und verfolgt zu sein, sondern auch mit Sicherheit, so dachte er, dazu führte, daß ich und sein

Vorgesetzter in der Firma ihn rüffelten; er empfand Mitleid mit seinem armen alten Vater, hatte das Gefühl, ich vernachlässigte ihn, und mit seinem Sexualverhalten lief er Gefahr, seine Freundin gegen sich aufzubringen, wenn sie von seiner Untreue erfahren sollte. Mit diesem Aspekt seiner Motivationsstruktur stand auch in Einklang, daß der Patient mir gegenüber im Grunde genommen Enttäuschung zum Ausdruck brachte, als er schilderte, die Empfehlungen seines Berichts seien einige Tage später ohne jeglichen Widerspruch oder auch nur Debatte angenommen worden. Erst nachdem ich ihn darauf hingewiesen hatte, dies sei ein Beweis für seinen Konflikt in Fragen des Erfolgs, war er in der Lage, mir mitzuteilen, daß er zunächst über seinen »Sieg« frohlockt und daß sich erst später Enttäuschung eingestellt habe, eine Enttäuschung, die, so rationalisierte er, ihren Grund darin habe, daß er keine Gelegenheit erhalten hätte, mit den Gegnern seiner Empfehlungen zu debattieren.

Wie dem auch sei, es ist unverkennbar, daß er nach Erfolgserlebnissen im Konkurrenzkampf mit mir und seinem Vater unbewußt Gefühle von Reue und Mitgefühl verspürte, sich herabzusetzen suchte, danach trachtete, von seiten seiner besiegten Rivalen Bestrafung, Vergebung und Liebe zu erlangen, und eine besondere Anstrengung unternahm, von der Frau, die unbewußt seine Mutter repräsentierte, abgelehnt zu werden. Obgleich das folgende weder unbekannt noch unüblich ist (Freud, 1919e, 1924c; Alexander, 1933; Klein, 1935), erscheint es mir doch wichtig, in diesem Zusammenhang noch einmal darauf hinzuweisen, daß sich hinter einer solchen Kombination von Überich-Abkömmlingen doch etwas mehr verbirgt, als in der üblichen Formel von der Abwehr gegenüber Triebabkömmlingen zum Ausdruck kommt, einer Abwehr, die dem Zweck dient, die Entwicklung von Angst zu verhindern oder gering zu halten. Diese Formel beschreibt zunächst einmal ziemlich genau die Schwierigkeit des Patienten bei der Abfassung seines Berichts. Dies nahm viel mehr Wochen in Anspruch und erforderte erheblich mehr Anstrengung, als nötig gewesen wäre, wenn die unbewußten Verbote und Strafdrohungen, die der Abfassung des Berichts entgegenwirkten, nicht bestanden hätten. Das gleiche gilt sicherlich für die vielen früheren Versuche, beruflich oder anderweitig Erfolg zu haben, Versuche, die über Jahre hin weitgehend gescheitert waren. All diese Versuche werden verständlich, wenn man sich klarmacht, daß sie eine Folge der Abwehr gegen Triebabkömmlinge sind und der Angstvermeidung dienen. Doch als es ihm gelang, einen, wie er glaubte, guten Bericht abzufassen und dazu in einer Sprache, die so schlicht und genau war wie für sein Gefühl die Deutungen, die ich ihm gab, war es ihm nicht länger möglich, Angst und Schuldgefühle durch Abwehr seiner Wünsche zu vermeiden. Da mußte er für seine »bösen« Taten Wiedergutmachung leisten: indem er sich unglücklich fühlte, sich herabsetzte, auf die eine oder andere Weise bestraft wurde, für seine Rivalen Mitleid empfand und das Gefühl hatte, er müsse sie in Schutz nehmen, ihre Liebe suchte usw.

Eine Reaktion dieser Art – die Klein (1935) und andere Wiedergutmachung nannten – ist uns als Überich-Abkömmling durchaus vertraut. Vielleicht ist genau diese seine Bekanntheit in der klinischen Praxis für die Tatsache verantwortlich zu machen, daß nur selten der Gedanke auftaucht, er weiche von dem Standardmodell des Konflikts ab, einem Modell mit den folgenden Komponenten: Impuls, Angst, Abwehr des Impuls, Kompromißbildung. Doch es ist nicht zu verkennen, daß er von dem Modell abweicht. Reue empfinden, Buße tun und jemanden zu besänftigen suchen, der ungehalten oder wütend ist, all dies ist, mag es auch noch so unbewußt geschehen, nicht ganz das gleiche, als wenn man einen Triebabkömmling abwehrt, damit man nicht dafür getadelt oder bestraft wird, sollte er befriedigt werden. Folgen der Überich-Tätigkeiten, wie sie das oben geschilderte Fallbeispiel veranschaulicht, zählen zu jenen Manifestationen von Konflikten, welche für die Anregung (Brenner, 1975a) sprechen, daß es gleichermaßen zutreffend wie vorteilhaft ist, Konflikte in ihrer Beziehung zur Unlust zu sehen, von der Angst lediglich eine Spielart ist, und nicht, wie es seit Veröffentlichung von *Hemmung, Symptom und Angst* (Freud, 1926d) üblich ist, ausschließlich in ihrer Beziehung zur Angst.

Um zu dem Beispiel, mit dem wir uns beschäftigt haben, zurückzukehren, es scheint dynamisch sowohl zu den Fällen zu gehören, für den Freud (1916d) den Ausdruck »am Erfolg gescheitert« prägte, wie auch zu Phänomenen, die Alexander als »Bestechlichkeit des Überich« (Alexander, 1930) charakterisierte. In all diesen Fällen wird Erfolg erzielt, der unbewußt mit der Befriedigung eines verbotenen Wunsches gleichgesetzt wird, doch dies geschieht einzig und allein unter der Bedingung, daß Bestrafung und Reue der Befriedigung entweder vorausgehen oder ihr folgen.

Manche Patienten haben ihr ganzes Leben unter dem bedrohlichen Schatten eines Erfolgs oder einer Befriedigung in der Kindheit verbracht, und sie fühlen sich infolgedessen schuldig, ein Schuldgefühl, das zeit ihres Lebens eine Konfliktquelle blieb. Die Schuldgefühle dieser Patienten und die daraus folgenden Konflikte sind sozusagen ein in das Gewebe ihres Seelenlebens eingezogener Faden, der auf das Ergebnis ihrer infantilen Triebentwicklung einen entscheidenden Einfluß hatte.

Nehmen wir zum Beispiel den suizidalen Patienten aus dem ersten Kapitel. Eine Reaktion auf den Tod seines Vaters, den er im Alter von drei Jahren erlebt hatte, eine Reaktion überdies, die durch die späteren Verluste von Menschen, die ihm als Vaterersatz gedient hatten, verstärkt wurde, war die Phantasie, er, der Patient, sei schuld am Tode seines Vaters, er selbst habe ihn getötet. Die mit diesem als Sieg empfundenen Vatermord einhergehenden Schuldgefühle kamen im Leben des Patienten immer wieder auf die unterschiedlichste Weise zum Vorschein. Zum einen haben sie wahrscheinlich dazu beigetragen, daß der Patient ein starkes Verlangen nach einer engen, zärtlichen Bindung zu einem älteren Mann verspürte, ein Verlangen, daß dem Patienten völlig bewußt war und das er, jedenfalls als Erwachsener, ohne Zögern seiner in der Kindheit verspürten Sehnsucht zuschrieb, wie seine Freunde einen wirklichen Vater zu haben. Doch es kann kein Zweifel sein, daß infolge dieser Sehnsucht die Beziehungen des Patienten zu älteren Männern eine Besonderheit zeigten, die ihm freilich gänzlich unbewußt war, eine Besonderheit, der das Bedürfnis zugrunde lag, ältere Männer, die ein Autoritätsstellung innehatten, dahin zu bringen, daß sie wütend auf ihn waren und seinen beruflichen Werdegang behinderten. Ein überaus dramatisches Beispiel für diese Art von Verhalten hatte sich einige Jahre vor Beginn der Analyse des Patienten ereignet. Ausgelöst wurde es durch einen tragischen Todesfall. Einer seiner Vorgesetzten war von einem Einbrecher, der seine Wohnung nach Wertgegenständen durchsuchte, erschossen worden. Der Mörder konnte entkommen. Das Verbrechen hatte den Patienten tief getroffen, wie alle Mitarbeiter des Betriebes, in dem er damals arbeitete. Wie viele andere war er von dem Tod seines Vorgesetzten auch persönlich berührt. Einige Tage nach dem Begräbnis verließ er seinen Arbeitsplatz, ohne daß er bewußt einen Plan oder eine Absicht gehabt hätte, begab sich zu einem Kaufhaus in der Nähe und wurde dort wegen Ladendiebstahls festgenommen. Zum Glück für ihn gelang es Freunden in seinem damaligen Betrieb, ihn freizubekommen, ohne daß Anzeige gegen ihn erstattet wurde, und unter der Bedingung, daß er einen Psychiater aufsuchte, wurde die leidige Angelegenheit vertuscht. Der Patient konsultierte anschließend einen Psychiater, brach allerdings die Behandlung, die er ohne echte Beteiligung über sich ergehen ließ, bereits nach wenigen Wochen ab. Erst nach einigen Jahren, er war inzwischen seit einiger Zeit in der Analyse, wurde ihm klar, daß der Mord an seinem Vorgesetzten seine chronischen Schuldgefühle über die von ihm phantasierte Beseitigung seines Vaters (der auch eines gewaltsamen Todes gestorben war) derart verstärkt hatte, daß er sich dazu getrieben fühlte, als Dieb aufzutreten, um festgenommen und bestraft zu werden. Für gewöhnlich war sein provozierendes Verhalten weit weniger dramatisch als in dem soeben geschilderten Beispiel, doch das unbewußte Bedürfnis nach Sühne wegen der phantasierten Verantwortung für den (höchst realen) Tod seines Vaters machte bis zu Beginn der Analyse einen wesentlichen Teil seines Seelenlebens aus und wirkte sich sehr nachteilig auf seine Erfolgschancen und sein Lebensglück aus.

In anderen ähnlich gelagerten Fällen führen Tod oder langwierige Krankheit einer Schwester oder eines Bruders zu der Überzeugung, eine Tat begangen zu haben, die fortan geleugnet oder gesühnt werden muß. Es sei hinzugefügt, daß nicht all die Folgen einer solchen Reaktion pathologisch sind. So lassen sich beispielsweise Ärzte bei ihrer Berufswahl nicht selten durch das unbewußte Bedürfnis leiten, den Bruder oder die Schwester zu heilen, deren Tod oder Krankheit sie in der Kindheit erlebt haben und für die sie sich unbewußt verantwortlich fühlen. Es ist allerdings kaum anzunehmen, daß solch ein Motiv in jedem Fall der einzige Grund dafür ist, daß jemand Arzt wird, doch es kann zuweilen einer der wichtigsten Gründe sein, vielleicht sogar der entscheidende, wie etwa im Fall einer Patientin, deren Entschluß, sich auf pädiatrische Kardiologie (Herzheilkunde bei Kindern) zu spezialisieren, mit ihrer Reaktion auf die Tatsache zusammenhing, daß ihr jüngerer Bruder in seiner Kindheit wegen eines rheumatischen Fiebers mehr als ein Jahr lang das Bett hatte hüten müssen.

Hierbei handelt es sich um Fälle, die eine weitere Komplikation der Überich-Analyse veranschaulichen, nämlich um Fälle, bei denen Reue und Angst vor Strafe nicht in Beziehung stehen zu unerfüllten Wünschen und Sehnsüchten triebhaften Ursprungs, sondern vielmehr zur Erfüllung und Befriedigung solcher Wünsche. Solche Fälle werden nicht verständlich, wenn man sie einzig und allein unter dem Gesichtspunkt von Gefahr und Angst betrachtet, unter dem Gesichtspunkt von Furcht vor kommenden Ereignissen. Ein Teil der Unlust hängt nicht mit dem zusammen, was da kommen soll, sondern mit dem, was bereits geschehen ist, mit dem Verschwinden eines Elternteils, dem Verlust einer Schwester, eines Bruders usw. Aufgrund der Ambivalenz, des unvermeidlichen Merkmals inzestuöser Objektbeziehungen, wird der Unterschied zwischen diesen beiden Unlustquellen leicht verwischt. Zuneigung zu einem besiegten, verhaßten Rivalen wird leicht als Abwehr und nichts anderes angesehen, als Abwehr ähnlich der einer Reaktionsbildung, bei der Liebe und Bedauern dazu dienen, Haß und Triumph abzuwehren. Dieser Gedankengang ist ohne Zweifel in vielen Fällen stichhaltig genug, wenn man praktische Ziele verfolgt, doch er führt nicht in allen Fällen weiter. Der oben erwähnte Patient, dessen Vater eines gewaltsamen Todes starb, als der Sohn vier Jahre alt war, hatte späterhin bei vielen Gelegenheiten das starke Gefühl, daß sein Vater ihm sehr fehle. Er sehnte sich nach einem Vater, der ihm dabei behilflich wäre, männlicher zu werden, der ihn vor der Wut seiner Mutter beschützte, der Geld verdiente, so daß seine Mutter daheim bleiben könnte, statt zur Arbeit gehen zu müssen, und sich nicht mit anderen Männern träfe, und der die häufig geäußerten Ängste seiner Mutter zerstreute, sie würden noch einmal unter Hunger leiden und kein Dach über dem Kopf haben. Auch der Patient, dessen Reaktion auf das Abfassen eines Berichtes wir erörtert haben, war seinem Vater sehr zugetan und empfand während der Kindheit jedesmal Schmerz und Wut, wenn er das Gefühl hatte, sein Vater widme ihm zu wenig Aufmerksamkeit oder zeige ihm gegenüber weniger Zuneigung als den Geschwistern oder anderen Rivalen. Für diese Patienten, wie für viele andere auch, war die Trauer über den Verlust eines Elternteils, ob in Wirklichkeit oder in der Phantasie, nicht nur eine Abwehrreaktion, sondern auch eine Reaktion auf ein wirkliches Unglück.

Mehr noch, es gibt Situationen psychischen Konflikts, in denen die Angst keine sonderlich große, wenn überhaupt eine Rolle spielt, Situationen, in denen die Abwehrreaktion eines Patienten dem Zweck dient, nicht die Unlust, die mit Angst einhergeht, zu vermeiden oder zu verringern, sondern vielmehr die Unlust, die mit dem bereits Geschehenen verbunden ist.

Die bekanntesten Fälle dieser Art sind jene, in denen uns die Reaktion eines kleinen Mädchens beschäftigt, das feststellt, daß es sich von Jungen unterscheidet, weil es keinen Penis besitzt. Ein Element dieser Reaktion, ein Bestandteil ihres Penisneides, ist die Überzeugung, mit ihr sei etwas Schreckliches geschehen. Genau darin liegt übrigens der Hauptunterschied zwischen dem Kastrationskomplex bei Mädchen und dem bei Jungen. Bei den Mädchen liegt das Schwergewicht häufiger auf der Vorstellung, etwas Schlimmes – Kastration – habe sich bereits ereignet, während bei den Jungen die Aussicht oder die Gefahr der Kastration im Vordergrund steht, ein Phänomen, auf das bereits so häufig hingewiesen worden ist. Die beiden folgenden Fallbeispiele sollen die erstgenannte Reaktion verdeutlichen, nämlich die Reaktion darauf, daß »etwas Schlimmes«, das heißt Kastration, geschehen ist. Dabei sollte man sich jedoch stets vergegenwärtigen, daß nicht allein die Vorstellung von Kastration hinter dem steht, was ich angeregt habe, depressiven Affekt zu nennen (Brenner, 1974b, 1975a). Objekt- und Liebesverlust kann gleichfalls in den depressiven Affekt hineinspielen.

Das erste Fallbeispiel handelt von einer Frau Anfang dreißig, die in erster Linie deswegen in die Analyse gekommen war, weil sie sich damals todunglücklich gefühlt hatte, nicht wußte, wie sie jemals glücklich werden sollte, und bis dahin nie eine dauerhafte Beziehung zu einem Mann, die ihr Zufriedenheit und Freude bereitet hätte, eingegangen war.

Eines Tages meinte sie im Verlauf ihrer Assoziationen, sie habe sich über Jahre hin »in ihrem Körper nicht wohlgefühlt«. Die rätselhafte Bemerkung hellte sich in den Assoziationen der Patientin auf: sie datierte den Beginn ihres Unbehagens in ihr dreizehntes Lebensjahr, und als sie versuchte, dieses Gefühl zu beschreiben, wurde deutlich, daß sie seit damals mit ihrem Körper unzufrieden war. Aufgrund früherer Bemerkungen wußte ich, daß sie im Alter von zwölf Jahren zum erstenmal ihre Regel gehabt hatte. Außerdem war mir bekannt, daß sie gegenüber ihrem jüngeren Bruder, der den Namen ihres Vaters erhalten hatte, heftige Neidgefühle verspürte und daß, nach vielen Anzeichen ihres Denkens und Handelns als Erwachsene zu urteilen, der starke Wunsch sie beseelte, ein Mann zu sein. Daher schien es mir gerechtfertigt, der Patientin das Gefühl des Unbehagens gegenüber ihrem Körper mit der Menarche zu erklären. Als sie zu menstruieren begann, blieb ihr nichts anderes übrig, als sich einzugestehen, daß sie wirklich ein Mädchen war, daß sie jedenfalls kein Junge war, so sehr sie dies auch sein wollte. Die Folge war, daß sie fortan ständig unzufrieden war mit ihrem Körper, der ihr eine solche Enttäuschung bereitet hatte, als sie eine Frau und nicht ein Mann wurde. Allerdings beunruhigte es sie nicht sonderlich, daß sie sich ständig unzufrieden fühlte. Unter ihren Symptomen stand die Unzufriedenheit nicht an erster Stelle, und so war es für ihre Analyse nur von geringem praktischen Wert, ob der Analytiker dieses besondere Element ihrer Schwierigkeiten verstand und ihr deutete. Wie dem auch sei, ihre Unzufriedenheit folgte eindeutig aus ihrer unbewußten Reaktion auf Unlust in Verbindung mit etwas bereits Geschehenem und nicht mit Angst, das heißt der Vorwegnahme von Unlust. Als sie zum erstenmal ihre Regel hatte, wiederholte sich damit für sie eine frühere Enttäuschung, nämlich die Enttäuschung, die ihr in früher Kindheit widerfahren war, als sie ihren Körper mit dem ihres Bruders verglichen hatte und zu der Überzeugung gekommen war, ihr Körper sei unvollkommen, weil ihm der Penis fehle, und damit weniger wert als der ihres Rivalen. So führte ihr Minderwertigkeitsgefühl unter anderem dazu, daß sie sich in ihrem Körper niemals »wohlfühlte«, nachdem sie zu menstruieren begonnen und ihr Busen sich entwickelt hatte. Nebenbei bemerkt, der Leser dürfte erkannt haben, daß es sich bei dem bewußten Gefühl des Unbehagens um eine Kompromißbildung handelte. Darin kam einerseits ganz klar ihre Wut darüber zum Ausdruck, daß sie als Mädchen zur Welt gekommen war, doch andererseits lenkte es zugleich ihre Aufmerksamkeit von »ihr selbst« – vor allem von ihren Genitalien, die nicht nur unvollkommen, sondern auch blutig waren, das heißt hoffnungslos beschädigt – auf »ihren Körper« ab. Doch dieser Abwehrmechanismus der Verschiebung kann nur als teilweise erfolgreich bezeichnet werden, denn es blieb ein erhebliches Maß an bewußter Unlust.

Das zweite Beispiel lieferte die homosexuelle Patientin, auf die wir im Kapitel über die Abwehranalyse des längeren eingegangen sind. Zu den Determinanten ihrer Homosexualität gehörte die bereits früh in ihrem Leben verfestigte Überzeugung, daß ihr Vater sie geliebt hätte, wenn sie nur als Junge zur Welt gekommen wäre, eine Überzeugung, die noch dadurch verstärkt wurde, daß ihr Vater, als sie fünf Jahre alt war, anregte, die Familie solle einen kleinen Jungen adoptieren. Für die Patientin hatte dies in ihren ersten Lebensjahren die Bedeutung, daß ihr das Unglück zugestoßen war, keinen Penis zu besitzen. Eine ihrer Reaktionen bestand in einer starken, anhaltenden männlichen Identifizierung, mit der unter anderem die Phantasie einherging, sie sei in Wirklichkeit doch ein Junge, sie habe in Wirklichkeit doch einen Penis. Als die Analyse begann, war ihr diese Phantasie nicht mehr bewußt, doch als die Behandlung fortschritt, ging ihr auf, daß es für sie in sexuellen Beziehungen wichtig war, sowohl von ihrer Partnerin wie von sich selbst darin bestärkt zu werden, daß der Finger oder die Zunge, die sie benutzte, um ihre Partnerin zu erregen und zu befriedigen, »genauso wie« oder »genauso gut wie« oder »sogar noch besser als« ein Penis war. So nutzte die Patientin zur Vermeidung ihres starken Unlustgefühls darüber, keinen Penis zu besitzen, unter anderem die Möglichkeit, das sie seit ihrer Kindheit beherrschende Gefühl der Unvollkommenheit zu leugnen, sich vorzumachen, sie sei doch ein Mann, und sich einzubilden, sie besitze einen Penis, mehr noch, einen Überpenis (siehe Rado, 1933).

In jeder schriftlichen Darstellung wie dieser ist es unvermeidlich, Beispiele wie die zwei soeben geschilderten in stark gekürzter Form wiederzugeben. Um Wesen und Folgen des Penisneides in ihrem ganzen Ausmaß sowie zur überzeugenden Bestätigung dienendes analytisches Material darzustellen, bedürfte es mehr Raum und Fertigkeit in der Darstellung wie auch mehr Zeit zur Lektüre, als sie Autor und Leser zur Verfügung stehen. Um diese Schwierigkeit so weit wie möglich zu beheben, sind die ausgewählten Beispiele, man könnte sagen, alltägliche, beinahe banale. Das heißt, die Reaktionen sind in sich nicht ungewöhnlich, sie gehen zurück auf die alltäglich zu beobachtende Einstellung sehr junger Mädchen zu dem anatomischen Unterschied zwischen den Geschlechtern, das heißt auf den Penisneid. Der Leser wird sich erinnern, daß in einem der ersten Beispiele dieses Kapitels die Reaktion auf eine weitere alltägliche Erfahrung, nämlich auf den Objektverlust, geschildert wurde. Jeder Analytiker hat Gelegenheit, in seiner eigenen Praxis ähnliche Fälle zu beobachten; daher sollte es ihm nicht schwerfallen, sich von dem besten aller Lehrer – der eigenen Erfahrung – davon überzeugen zu lassen, daß es stichhaltige Gründe gibt, die Beziehung zwischen Angst und Konflikt neu zu überdenken. Dieses Thema wird uns für den Rest dieses Kapitels beschäftigen. Die logische Grundlage für eine solche Neubewertung mag einigen Lesern aus zwei bereits veröffentlichten Aufsätzen (Brenner, 1974b, 1975a) vertraut sein. Im folgenden werde ich jedoch nicht davon ausgehen, daß dies der Fall ist.

In seiner letzten größeren Arbeit über dieses Thema hat Freud 1926 auf den Zusammenhang zwischen psychischem Konflikt und Gefahr hingewiesen. Nach seiner Auffassung haben wir es in den ersten Lebensjahren mit einer entwicklungsmäßig bestimmten Abfolge von Gefahrensituationen zu tun: mit Objektverlust, Liebesverlust, Kastration und Verurteilung durch das Überich, das heißt Schuldgefühle und Bestrafung. Nach Freud bestimmt jede typische Gefahrensituation den Inhalt der Angst, die sie auslöst. So könnten psychische Konflikte ausgelöst werden durch Angst vor Objektverlust, durch Angst vor Liebesverlust, durch Kastrationsangst, durch Überich-Angst oder durch eine Kombination dieser vier Angstformen. In der psychoanalytischen Praxis hätte man es mit den Folgen zu tun, die sich für das Seelenleben wie für das Verhalten daraus ergeben, daß solche psychischen Konflikte sich weitgehend unbewußt als hartnäckige Störungen in der späten Kindheit und im Erwachsenenleben bemerkbar machen. Freud nahm folglich an, die

Dynamik psychischer Konflikte im Erwachsenenleben wie auch ihre Ursprünge in der frühen Kindheit speisten sich aus einer oder mehrerer der oben aufgezählten Formen von Angst.

Wiederholt ist darauf hingewiesen worden, die neue Betrachtungsweise der Beziehung zwischen Angst und psychischem Konflikt, die Freud 1926 formuliert habe und die im obigen Absatz ganz kurz dargestellt ist, habe sich als äußerst fruchtbar erwiesen. Mit ihrer Hilfe ließen sich klinische Phänomene, vor allem analytische Daten, viel klarer, viel genauer verstehen, als es zuvor möglich gewesen sei, und man behaupte nicht zuviel, wenn man erkläre, daß mit ihr die moderne psychoanalytische Technik ihren Anfang genommen habe. Sicher, die Fruchtbarkeit dieser Formulierung ist in den Jahren, die verstrichen sind, seit Freud sie zum erstenmal aufstellte, durch das Maß an Zustimmung auf seiten von Psychoanalytikern und psychoanalytisch orientierten Psychotherapeuten weithin anerkannt und bezeugt worden.

Doch die in früheren Teilen dieses Kapitels geschilderten Fallbeispiele lassen ganz klar erkennen, daß Angst oder, um es genauer zu sagen, Gefahr nicht der einzige Anlaß zur Entstehung psychischer Konflikte ist, wie es Analytiker seit Erscheinen der Abhandlung Freuds (1926d) im allgemeinen angenommen haben. Doch wie läßt sich Freuds Theorie, die sich in all den Jahren als so nützlich erwiesen hat, verbessern oder erweitern, damit sie den Fakten, wie wir sie bei unserer analytischen Arbeit beobachten, gerechter wird? Die Antwort, die ich anzubieten habe, ist ziemlich einfach. Wenn wir unseren Blickwinkel gleichsam erweitern, indem wir psychische Konflikte auch mit anderen als höchst unlustvoll erfahrenen Affekten in Beziehung setzen, statt ausschließlich in Beziehung zur Angst, dürften wir meiner Meinung nach keine Schwierigkeiten haben, für viele der Beobachtungen, die wir in der Analyse machen, bessere Erklärungen angeben zu können. Dabei können wir auch Freuds wichtigen Beitrag zu dem Thema berücksichtigen und in seiner Substanz erhalten; er bildet einen Teil unserer neuen Betrachtungsweise.

Unter Angst verstehen wir eine Reaktion auf Gefahr. Es droht etwas Schlimmes einzutreten, ein Unglück. Wie wir gesehen haben, spricht Freud davon, es gebe vier Not- oder Gefahrensignale, die in Beziehung zu psychischen Konflikten stehen. Alle vier faßt er unter den allgemeinen Begriff der traumatischen Situation zusammen, die er als eine Situation versteht, die starke Unlust auslöst. Eine traumatische Situation kann sich nach Freud ergeben aus Objektverlust (zum Beispiel dem Verlust der Mutter), Liebesverlust, realem oder phantasiertem Verlust oder Verletzung im genitalen Bereich oder Verurteilung durch das Überich; dies sind die vier typischen Notlagen der frühen Kindheit. Wann immer eine traumatische Situation, das heißt eine Situation starker Unlust, droht, entwickelt sich Angst, gleichgültig, mit welcher Gefahrenquelle wir es zu tun haben, und es werden Abwehrmaßnahmen ergriffen. Mit anderen Worten, sobald erst einmal ein bestimmtes Niveau der Ichentwicklung erreicht ist (Brenner, 1953), genügt allein die innere Vorwegnahme von Unlust in Verbindung mit einer traumatischen Situation, um Unlust auszulösen, vor allem die Unlust von Angst. Mehr noch, und dieser Punkt ist für ein besseres Verständnis psychischen Konflikts von erheblicher Bedeutung, in solchen Fällen setzt nach Freud die Unlust, die zu dem Affekt gehört, den wir Angst nennen (Brenner, 1974b), Abwehroperationen in Gang und führt zu Konflikten. Unter bestimmten Umständen, das heißt in Gefahrensituationen, ist es aufgrund der Wirkung des Lustprinzips unvermeidlich, daß man Triebabkömmlinge fernhält oder abwehrt. Die folgenden Auszüge aus *Hemmung, Symptom und Angst* (Freud, 1926d) sollen diese Feststellung erhärten.

»... wenn es (das Ich) sich gegen einen Triebvorgang im Es sträubt, so braucht es bloß ein *Unlustsignal* (= Angst) zu geben, um seine Absicht durch die Hilfe der beinahe allmächtigen Instanz des Lustprinzips zu erreichen« (S. 119).

»... so wie das Ich die Kastrationsgefahr erkannt hat, gibt es das Angstsignal und inhibiert mittels der Lust-Unlust-Instanz... den bedrohlichen Besetzungsvorgang im Es« (S. 155f.).

»... die Angstentwicklung leite die Symptombildung (auf derselben Seite wird »Symptombildung« ersetzt durch »Abwehrvorgang«) ein, ja sie sei eine notwendige Voraussetzung derselben, denn wenn das Ich nicht durch die Angstentwicklung die Lust-Unlust-Instanz wachrütteln würde, bekäme es nicht die Macht, den im Es vorbereiteten, gefahrdrohenden Vorgang aufzuhalten« (S. 176).

Wie bei den weiter oben geschilderten klinischen Fallbeispielen gezeigt, kann man bei der Analyse erwachsener Patienten beobachten und auch sowohl unmittelbar wie durch Analyse des kindlichen Seelenlebens rekonstruieren und feststellen, daß starke Unlust in Verbindung mit libidinösen und aggressiven Wünschen nicht nur in Gefahrensituationen vorkommt, das heißt, daß sie nicht nur als Angst auftritt. Dazu kommt es auch, wenn man, ob bewußt oder unbewußt, ob aufgrund von Tatsachen oder in der Phantasie, davon überzeugt ist, daß tatsächlich eingetreten ist, was man bei anderen Gelegenheiten lediglich befürchtet hat: wenn man sicher ist, daß eine wichtige Person für immer fortgegangen ist, daß man in Wahrheit nicht geliebt oder gewünscht ist, daß die Genitalorgane beschädigt oder unvollkommen sind oder daß die eigenen Missetaten ans Licht gekommen sind und daß man dafür bestraft wird (worden ist). Ob eine solche Überzeugung vorübergehend ist, wie es bei der einen Situation der Fall wäre, die Freud (1926d) als traumatisch bezeichnet hätte, oder ob sie weniger intensiv, dafür aber länger anhaltend ist – wofür Kris (1956) und andere den Begriff »Spannungstrauma« geprägt haben, um damit von dem akuten »Streßtrauma« abzuheben –, in beiden Fällen haben wir es mit mehr als nur einer Gefahr zu tun. Es handelt sich um etwas, das eher der Gegenwart und der Vergangenheit angehört als der Zukunft.

Der wichtige Punkt ist, daß die mit solchen Phantasien und Erlebnissen verbundene Unlust ein genauso starkes Motiv für Abwehr und Konflikt bildet wie die Unlust der Angst. Aus Überlegungen heraus, die der Leser an anderer Stelle (Brenner, 1974b) ausführlicher dargestellt findet, habe ich vorgeschlagen, den Begriff »depressiver Affekt« für die große Gruppe von Affekten zu verwenden, die aus Unlust und dazu der Überzeugung oder dem Bewußtsein bestehen, daß ein Unglück – »etwas Schlimmes« – geschehen ist, genau wie der Begriff »Angst« heutzutage dazu verwandt wird, die Gruppe von Affekten zu bezeichnen, die sich aus Unlust und dazu der Überzeugung oder dem Bewußtsein zusammensetzen, daß »etwas Schlimmes« geschehen wird. Wir können also sagen, daß psychische Konflikte entstehen können und tatsächlich entstehen, wenn ein hinlänglich starker, mit den Triebwünschen des Menschen eng gekoppelter Unlustaffekt vorhanden ist, mag es sich dabei um Angst oder einen depressiven Affekt handeln, das heißt, mag das Unglück bevorstehen, gegenwärtig oder vergangen sein. In diesem Sinne formuliert und auf dieser Grundlage verstanden, dürfte sich eine psychoanalytische Theorie vom psychischen Konflikt ohne Schwierigkeiten nicht nur auf jene Fälle anwenden lassen, die völlig in Einklang stehen mit der bekannten Theorie von der Rolle der Angst beim psychischen Konflikt (Freud, 1926d), sondern auch auf Fälle, die als Ausnahmen erscheinen. Es liegt auf der Hand, daß Unlust und nicht bloß Angst Konflikte auslöst.

Man sollte an dieser Stelle hinzufügen, daß ein ganz kleines Kind häufig nicht zwischen erwartetem Unglück und dem nach seiner Überzeugung bereits geschehenen Unglück unterscheiden kann. Genauso wie Wunsch und Tat, so sind für ein kleines Kind Gefahr und Wirklichkeit in vielen Fällen gleich. Wenn dem so ist, dann ist es genauso unmöglich wie unnötig, zwischen Angst und depressivem Affekt als Konfliktauslöser unterscheiden zu wollen. Um was für einen Affekt es sich auch immer handelt, praktisch wie theoretisch ist allein die Tatsache ausschlaggebend, daß er mit starker Unlust verbunden ist. Nichtsdestoweniger gibt es viele Fälle, bei denen es angemessen ist, zwischen den beiden genannten Affekten zu unterscheiden, Fälle, in denen, wie wir gesehen haben, die Überzeugung, daß ein Unglück geschehen ist, einen Konflikt ausgelöst – oder bei der Auslösung zumindest eine wichtige Rolle gespielt – hat, dessen Folgen bei dem betroffenen Patienten zu Leid und Unvermögen oder Schlimmerem geführt haben.

An anderer Stelle (Brenner, 1975a) habe ich angedeutet, daß sich bestimmte, für die Praxis bedeutsame Folgerungen ergeben, wenn man Konflikte mit starker Unlust und nicht allein mit Angst in Verbindung bringt. Eine der wichtigsten Folgerungen betrifft Patienten, in deren Symptomatologie der depressive Affekt eine große Rolle spielt. Nach der hier vorgeschlagenen Theorie ist in solchen Fällen das Vorgehen im Prinzip das gleiche wie bei der Analyse der Angst, sofern sie in der Symptomatologie eines Patienten eine ähnlich wichtige Rolle spielt: Welches ist der gedankliche Inhalt des Affekts, welches sind die Trieb- und die Abwehrkomponenten des Konflikts und der Kompromißbildung, zu der dieser Konflikt gehört, und welches sind seine Ursprünge in der frühen Kindheit sowie seine Schicksale im späteren Leben? Wenn Angst vorliegt, bedeutet der »gedankliche Inhalt« »Gefahren« oder »Gefahrensituationen«. Liegt aber ein depressiver Affekt vor, ist mit »gedanklichem Inhalt« das Unglück oder mehrere Katastrophen gemeint, von denen ein Patient glaubt, daß sie ihm bereits widerfahren seien. Genauso wenig wie es eine »inhaltlose« Angst gibt oder eine Angst ohne Verbindung zur Gefahr, genauso wenig gibt es so etwas wie einen »inhaltlosen« depressiven Affekt. Die Gedanken, Erinnerungen und Phantasien, die den Gedankeninhalt beider Affekte bilden, können ganz oder teilweise verdrängt, verschoben oder sonstwie abgewehrt sein, wie wir in dem vorliegenden wie in den früheren Kapiteln mit Hilfe erläuternder Fallbruchstücke gezeigt haben, doch sie lassen sich stets aus dem analytischen Material erschließen, bisweilen ziemlich schnell und klar erkenntlich, bisweilen ganz sicher nur unter Mühen und mit Unwägbarkeiten behaftet, doch sie sind nichtsdestotrotz vorhanden.

Aufgrund klinischer Erfahrungen wissen wir, daß eine der häufigsten wie auch eine der wichtigsten Quellen für den depressiven Affekt das Überich ist (Beres, 1966). Zum gedanklichen Inhalt des depressiven Affekts gehört häufig die Überzeugung, daß man einsam, ungeliebt oder kastriert ist, weil man es so verdient, also die Überzeugung, daß das Unglück, das einen betroffen hat, welcher Art es auch sein mag, die Strafe für böse Wünsche oder Taten ist. Für ein Kind fallen, wie wir weiter oben gesehen haben, unter seine »bösen Taten« auch solche Dinge wie Tod, Verletzung oder Niederlage verhaßter Rivalen. Hier wollen wir jedoch festhalten: genau wie Angst vor Strafe die Tendenzen zur Selbstbestrafung fördert, die den Zweck haben, Überich-Angst zu vermeiden, so kann das, was als Bestrafung erfahren wird, die Unlust des depressiven Affekts heraufbeschwören und weitere Abwehrreaktionen notwendig machen. So wissen wir beispielsweise aus klinischer Erfahrung, daß ein Kind, das sich für körperlich beschädigt hält, also etwa ein kleines Mädchen, das glaubt, ihr sei der Penis vorenthalten oder weggenommen worden, sich ihr Gefühl des Verlusts als Bestrafung für ihre eifersüchtigen, wütenden und rachsüchtigen Wünsche zurechtlegt.

Hier erhebt sich natürlich die Frage, ob die Abwehrreaktionen, die durch die Unlust des depressiven Affekts ausgelöst werden, jenen gleich sind, die durch die Unlust der Angst hervorgerufen werden, oder ob zwischen beiden wesentliche Unterschiede bestehen. Der erste Gedanke, der einem kommt, dürfte sein, daß sie gleich sein müssen, vor allem da wir bereits festgestellt haben, daß die ganze Skala der Ichfunktionen dem Zweck dienen kann und zuweilen auch tut, Triebabkömmlinge abzuwehren, um damit Angst zu vermeiden oder gering zu halten. Unter diesem Gesichtspunkt besteht tatsächlich kein Unterschied zwischen Abwehrmaßnahmen, die durch Angst, und solchen, die durch einen depressiven Affekt ausgelöst werden. Unter Umständen sind die Ichfunktionen allesamt beteiligt. Doch wir entdecken Unterschiede anderer Art. Die gesamte Gruppe der seelischen Phänomene beispielsweise, die wir unter die Stichworte Reue, Buße, Sühne oder auch Ungeschehenmachen zusammenfassen, wird für gewöhnlich eher in Verbindung mit der Überzeugung, daß ein Unglück geschehen ist, als in Verbindung mit dem Gefühl, daß ein Unglück bevorsteht, zur Abwehr eingesetzt. Wenn einem auch sofort Ausnahmen einfallen, so kann die Feststellung offensichtlich doch als allgemeine Regel gelten. Mehr noch, mit dem depressiven Affekt – der Überzeugung, daß man verlassen worden, daß man ungeliebt, verstümmelt oder unvollkommen oder daß man bestraft worden ist –, mit diesem Affekt sind häufig Wut und andere Abkömmlinge von Aggression verbunden. Nach Auffassung von Reidy (1975) läßt sich der Abwehraspekt einer solchen Reaktion auf ein mit starken Unlustgefühlen einhergehendes Unglück wahrscheinlich am besten als Identifizierung mit dem Aggressor verstehen, mit dem Aggressor, der, wer es auch sein mag, für die Seele des Kindes schuld ist am Unglück, das ihm widerfahren ist.

In welcher Mischung eine Wutreaktion in Situationen, die mit starken Unlustgefühlen einhergehen, auch für Abwehr und Befriedigung sorgt (Hartmann, Kris und Loewenstein, 1949), eins steht fest: Wut führt zu neuen Problemen, hat neue Ängste zur Folge, denen man mit Abwehrmaßnahmen gegen die aggressiven Wünsche begegnen muß, welche die Ängste ausgelöst haben. Tatsächlich ist die Beziehung zwischen Aggression und depressivem Affekt, wie sie uns in der klinischen Praxis beschäftigt, weitaus komplexer, als bislang häufig angenommen worden ist. Beide können einander verstärken, beide können neue Konflikte herbeiführen, Konflikte, denen Angst zugrunde liegt. Man kann hier hinzufügen, daß sich die Stichhaltigkeit und Nützlichkeit der von mir vorgeschlagenen erweiterten Konflikttheorie besonders deutlich an der Tatsache zeigen lassen, daß wir mit ihrer Hilfe das komplexe Wechselspiel von depressivem Affekt, Angst und Aggression viel besser verstehen können.

Weitere Bestätigung unserer Theorie kommt auch aus einer anderen Richtung, die allerdings mit der soeben erwähnten durchaus Berührungspunkte hat. Wenn man seine Auffassung vom psychischen Konflikt dahingehend erweitert, daß man ihn auf Unlust und nicht allein auf Angst bezieht, dann ist man auch nicht mehr in der mißlichen Lage, die ödipalen Konflikte des Mannes besser erklären zu können als die der Frau. Bei der Frau läßt sich weit weniger deutlich zeigen, daß Kastrationsangst ein Konfliktmotiv oder einen Anlaß zum Konflikt bilden kann. Wie von psychoanalytischen Autoren des öfteren festgestellt, entspricht es durchaus den Tatsachen, daß viele Mädchen in der ödipalen Phase starke Ängste vor genitaler Verletzung verspüren, Ängste, die ziemlich genau mit denen übereinstimmen, die Jungen in diesem Alter haben. Sie fürchten sich davor, von dem auf sie gewaltig wirkenden Penis des Vaters, den sie sexuell begehren, zerrissen oder verletzt zu werden; sie haben Angst, ihren Darminhalt zu verlieren, der für sie einen Penis symbolisiert, den sie behalten möchten; sie haben Furcht vor Verunstaltung oder Verletzung des einen oder anderen Körperteils, der in ihrer Vorstellung einen Penis symbolisiert, und genauso fürchten sie den Verlust eines anderen Besitzes, der für sie den gleichen symbolischen Wert besitzt. Auch wenn man all dies in Rechnung stellt, so ist doch nicht zu leugnen, daß die meisten, wenn nicht alle, Mädchen in der ödipalen Phase viel mehr bedrängt als nur Angst vor Verlust oder Verletzung. Hinzu kommt eine große Zahl von höchst unlustvollen Gedanken und Gefühlen, die allesamt unvermeidlich in die ödipalen Konflikte von Frauen hineinspielen, die allerdings wenig mit Angst, sondern weit mehr mit dem zu tun haben, was man für gewöhnlich als Penisneid bezeichnet. Der Begriff »Penisneid« ist freilich so eingeschränkt, daß er in die Irre führt, wie zum Beispiel Greenacre (1953) aufgezeigt hat. Von viel mehr als nur Neid ist beispielsweise die Überzeugung eines Mädchens geprägt, sie sei von einer schrecklichen Katastrophe heimgesucht worden, die nicht wiedergutzumachen sei: sie sei um den Penis betrogen worden, mit dem sie eigentlich hätte zur Welt kommen sollen, sie habe ihn durch Masturbieren verloren, sie habe ihn eingebüßt, weil sie den Wunsch gehabt habe, ihre (penislose) Mutter zu verdrängen und sich an ihren Platz zu setzen, der Verlust ihres Penis sei die Strafe für ihre Eifersuchts- und Kastrationswünsche, und so weiter. Die individuellen Varianten sind zahllos, auch wenn die Hauptthemen an Zahl nur gering sind. Die ganze Gruppe der in enger Verbindung mit Triebwünschen stehenden, mit starken Unlustgefühlen einhergehenden Reaktionen steht unter dem Vorzeichen des von uns als depressiv bezeichneten Affekts, dessen Rolle bei der Auslösung von Konflikten ohne weiteres verständlich ist. Mit anderen Worten, mittels der neuen Einsicht, die wir gewonnen haben, können wir ödipale Konflikte bei der Frau genauso mühelos erklären wie die des Mannes. Bei beiden, so können wir sagen, wird der Konflikt durch Affekte ausgelöst, die mit starken Unlustgefühlen verbunden sind und die sich aus Triebwünschen herleiten. Bei beiden dienen die Abwehrmaßnahmen dazu, Unlust zu vermeiden oder gering zu halten. Der Hauptunterschied besteht darin, daß bei Mädchen der depressive Affekt, bei Jungen hingegen die Angst im Vordergrund steht. Dieser Feststellung müssen wir nicht nur hinzufügen, daß es von dieser Regel einzelne Ausnahmen gibt, sondern auch darüber hinaus, daß in jedem Fall, unabhängig vom Geschlecht, Angst und depressiver Affekt eine Rolle spielen.

Wie wir sehen, zeichnet sich bereits jetzt ab, daß die Anwendung der neuen Theorie über den psychischen Konflikt, wie wir sie in diesem Kapitel skizziert und erörtert haben, auf die klinische Praxis und auf die Einschätzung der psychoanalytischen Daten erhebliche Vorteile mit sich bringt. Erst im Laufe der Zeit werden wir erfahren, wie groß diese Vorteile sind. Erst wenn wir genügend Erfahrungen gesammelt haben, wird es möglich sein, in systematischer Weise Schlußfolgerungen zu ziehen, die allgemein akzeptiert werden können. Bis dahin bleibt uns nur zu sagen, daß mit der neuen Theorie für die psychoanalytische Forschung eine Richtung angegeben ist, die zu erkunden sich lohnt.

Zusammenfassung

1. Überich-Analyse stellt vor eine Vielzahl technischer Probleme. Bei den bekanntesten Problemen handelt es sich um solche, die in Verbindung mit Angst vor Strafe stehen. Im wesentlichen unterscheiden sie sich nicht von den Problemen der Abwehranalyse im allgemeinen.

2. Abwehrmaßnahmen gegen Strafangst (Schuldgefühle, Überich-Angst) stellen uns vor Probleme, die weniger bekannt sind. Dazu haben wir zwei Fallbruchstücke geschildert. In einem Fall waren die bewußten Schuldgefühle des Patienten das Ergebnis einer Verschiebung, die als Abwehr unbewußter infantiler Schuldgefühle diente. Im anderen führten die unbewußten Schuldgefühle zu bewußten ethischen Normen und zu bewußten Moralurteilen, und zwar weitgehend als Folge von Verleugnung und Reaktionsbildung.

3. Ein weiterer Aspekt der Überich-Analyse bezieht sich auf Phänomene von Reue und Buße sowie auf ihre Abwehr. Wir haben ein klinisches Fallbeispiel gegeben, bei dem diese Phänomene eine Rolle spielten, desgleichen Angst vor Strafe und Abwehrmaßnahmen gegen diese Angst (siehe den Absatz zuvor), und wollten mit diesem Beispiel einige Unterschiede verdeutlichen.

4. In vielen Fällen können wir eine Verbindung zwischen Reue und Strafangst auf der einen und Erfüllung und Befriedigung von Triebwünschen der Kindheit auf der anderen Seite feststellen, das heißt Reue und Strafangst beziehen sich nicht auf das, was geschehen könnte, wenn solche Wünsche erfüllt sind, sondern vielmehr auf die Tatsache, daß sie erfüllt worden sind. Zu dieser Kategorie von Fällen gehören Menschen, die am Erfolg scheitern, ferner Menschen, deren ganzes Leben von dem Zwang überschattet ist, für das als Triumph empfundene Erreichen eines infantilen Triebzieles während der Kindheit Buße zu leisten.

5. Schließlich begegnen uns Patienten, die das Gegenteil von Triumphgefühl empfinden. Solche Menschen fühlen sich durch ein Unglück, das ihnen in der Kindheit widerfahren ist, verletzt und geschädigt, mag es sich bei dem Unglück nun um Objektverlust, Liebesverlust oder Kastration oder

um eine Mischung aus allen dreien handeln. Zu diesen Patienten gehören die »Ausnahmen« Freuds (1916d) und Frauen, in deren Psychologie Penisneid eine besondere Rolle spielt. Wir haben zwei Fallbruchstücke vorgestellt, um die These zu illustrieren, daß in Fällen von Penisneid nicht Angst den Konflikt auslöst, sondern ein eng damit in Verbindung stehender und gleichermaßen unlustvoller Affekt, der sich nicht, wie die Angst, auf eine Gefahr bezieht, sondern auf ein Unglück in der Gegenwart oder der Vergangenheit.

6. Betrachtungen über diese und verwandte Aspekte psychischen Konflikts, die nicht in Beziehung zu Überich-Funktionen gesehen werden, führen zu einer Revidierung der Konflikttheorie in folgender Richtung. Statt sich weiterhin ausschließlich auf die Rolle der Angst bei der Auslösung von Konflikten zu konzentrieren, wird ein anderer gedanklicher Ansatz vorgeschlagen: psychischer Konflikt wird durch *einen mit starker Unlust verbundenen Affekt* ausgelöst, *der in Beziehung zu Triebregungen steht*, mag es sich bei dem Affekt um Angst oder um einen Affekt handeln, den ich vorgeschlagen habe, depressiven Affekt zu nennen. Im ersten Fall steht die »traumatische Situation« unter dem Vorzeichen von Gefahr, im zweiten unter dem eines Unglücks, das gerade geschieht oder bereits geschehen ist. In beiden Fällen tritt *Unlust*, welcher Art auch immer, und nicht nur Angst, als Auslöser auf.

7. Wir haben einige theoretische und praktische Vorteile erörtert, die sich daraus ergeben, daß wir unsere Auffassung von Konflikt erweiterten und sie damit auf die genannte Weise revidierten.

5. Übertragung

Der Leser wird sich erinnern, daß Kapitel 1 mit einigen Anmerkungen darüber schloß, wie wichtig für den Umgang mit der Übertragung die Beibehaltung einer analytischen Einstellung sein kann. Ich hatte an jener Stelle hervorgehoben, daß »natürlich handeln« gegenüber einem analytischen Patienten nicht das gleiche ist, wie in einer anderen sozialen Situation, ja selbst in einer anderen therapeutischen Situation, natürlich handeln. Was bei einem Freund, einem Berater oder einem »guten Arzt« ein natürliches Verhalten wäre, kann bei einem Analytiker höchst unnatürlich und unangemessen sein. Man kann sich nicht häufig genug ins Gedächtnis rufen, daß zwischen Analytiker und Patient eine ganz besondere Beziehung besteht. Es ist ohne Frage eine therapeutische Beziehung, doch darüber hinaus ist sie unter den therapeutischen Beziehungen auch einzigartig. Die Wirksamkeit der Therapie beruht entscheidend darauf, daß der Analytiker eine analytische Einstellung beibehält, das heißt letztlich darauf, daß er nicht mehr und nicht weniger ist als Analytiker, daß er sich konsequent von der Absicht leiten läßt, seinem Patienten dabei behilflich zu sein, die Konflikte zu verstehen, die zu seinen Schwierigkeiten geführt haben, und daß er an diese seine Aufgabe mit der Erwartung herangeht, daß die Schwierigkeiten des Patienten sich erheblich verringern oder auch verschwinden, sobald er, der Patient, die Konflikte, die ihnen zugrunde liegen, erst verstanden hat. Für andere Therapieformen kann eine andere Beziehung zwischen Therapeut und Patient völlig angemessen, ja sogar wünschenswert sein. Doch in der Analyse, soll sie erfolgreich sein, zählt nur eine analytische Einstellung auf seiten des Therapeuten. Es scheint zwar den therapeutischen Prozeß zu beschleunigen, wenn man einen Schuß Ermutigung oder ein gewisses Maß an Vorhaltung und Belehrung beigemengt, natürlich rücksichtsvoll und mit guter Absicht, und zuweilen können auf diese

111

Weise auch symptomatische Besserungen erzielt werden. Doch das kann die Analyse der Gründe dafür nicht ersetzen, *warum* der Patient von seinem Analytiker Ermutigung, Belehrung oder auch andere nicht-analytische Verhaltensweisen wünscht, und auf lange Sicht muß dadurch notgedrungen in geringerem oder größerem Maße der analytische Prozeß beeinträchtigt und das Erreichen optimaler Ergebnisse verhindert werden.

All dies ist für jede Beschäftigung mit der Übertragung von entscheidender Bedeutung. Denn wenn ein Analytiker sich nicht analytisch verhält, wird dadurch besonders die Übertragungsanalyse betroffen. Umgekehrt, wenn ein Analytiker sich in der Realität – in seinem tatsächlichen Verhalten – darauf beschränkt, nichts als der Analytiker seines Patienten zu sein, dann dürfen auch die Aussichten am günstigsten sein, daß die Übertragungswünsche und -phantasien seines Patienten sowohl von diesem selbst wie vom Analytiker erkannt und verstanden werden; sie werden dann, mit einem Wort, analysierbar.

Kein erfahrener Analytiker wird der Behauptung widersprechen wollen, daß jede Erörterung der Übertragung in ihrer Beziehung zur psychoanalytischen Technik besonderes Gewicht auf die Analysierbarkeit der Übertragung legen sollte. Tatsächlich darf man sogar von vielen, wenn nicht allen Analytikern erwarten, daß sie der Auffassung beipflichten, die Analysierbarkeit der Übertragung soll stets und grundsätzlich im Mittelpunkt einer jeden derartigen Erörterung stehen. Obwohl diese Auffassung allgemein geteilt wird, lohnt es doch die Mühe, immer wieder darauf hinzuweisen, denn die Analysierbarkeit der Übertragung ist der Schlüssel zum Verständnis der vielen mit der Übertragung verbundenen Probleme, die von den verschiedenen Analytikergenerationen immer wieder erörtert und neu überdacht worden sind. Was die analytische Technik angeht, so lassen sich *alle* Probleme bezüglich der Übertragung unter die Frage nach der Analysierbarkeit von Übertragungswünschen und -phantasien zusammenfassen.

Freuds Aufmerksamkeit fand die Übertragung zum erstenmal als Äußerung des Widerstandes gegen die Psychoanalyse (Freud, 1905e). Ihm ging jedoch schnell auf, daß sie auf gar keinen Fall stets nur Widerstand ist, und um 1912 war ihm klargeworden, daß sich in jeder erfolgreichen Analyse unausweichlich Übertragung entwickelt und daß sie darüber hinaus die analytische Arbeit in mindestens zweifacher Weise fördert. Zum einen bietet sie dem Patienten Gelegenheit, seine unbewußten, infantilen Wünsche und Konflikte in *statu nascendi* zu beobachten und sie in der Gegenwart auf emotional überzeugende, eingängige Weise zu erleben (Freud, 1912b, S. 374; 1914g, S. 133). Zum anderen war Freud damals der Meinung, der Analytiker müsse zu einem bestimmten Zeitpunkt in jeder Analyse die positive Übertragung seines Patienten als Hebel einsetzen, um seinen Widerstand dagegen zu überwinden, die Rekonstruktion des Ursprungs seiner infantilen Konflikte durch den Analytiker zu akzeptieren (Freud, 1916–1917, S. 463).

Von diesen frühen Entdeckungen Freuds leiten sich etliche Konzeptionen her, die nach wie vor geläufig sind und bei Gelegenheit immer wieder erörtert und neu bewertet werden. Eine dieser Konzeptionen ist die der Übertragungsneurose sowie die Frage ihrer Entstehung. Eine weitere ist die Vorstellung einer »gutartigen positiven Übertragung«, und schließlich haben wir da noch das Konzept der negativen Übertragung sowie ihrer Beziehung zum Widerstand, wobei als Faustregel gilt, daß die Übertragung nur dann analysiert werden sollte, wenn sie Widerstandsfunktionen übernimmt (Brenner, 1969b). Erst nachdem die psychoanalytische Theorie sich verstärkt der Aufgabe zugewandt hatte, für den weitreichenden Einfluß infantiler Triebkonflikte auf Objektbeziehungen und regressive Veränderungen so basaler Ichfunktionen wie Wahrnehmung, Logik, Handeln und Realitätsprüfung in ihrer Gesamtheit Erklärungen zu suchen, erst dann ließen sich auch die oben erwähnten frühen Konzepte besser verstehen, desgleichen spätere wie erotisierte Übertragung, feindselige Übertragung, Abwehrübertragung, Agieren der Übertragung, therapeutisches (oder Arbeits-)Bündnis und selbst die wie Strachey (1934) und anderen so leidenschaftlich vertretene Auffassung, daß nur die Übertragungsdeutung eine wahrhaft »mutative« Wirkung auf den Patienten ausüben könne. Alle diese Konzepte und Empfehlungen enthalten Anregendes und Wertvolles, denn sie basieren letztlich auf gründlicher Beobachtung wesentlicher klinischer Analysedaten, und der gegenwärtige Stand der psychoanalytischen Theorie erlaubt uns, aus allen das uns wertvoll Erscheinende herauszufiltern und in einen allgemeinen konzeptionellen Erklärungszusammenhang zu stellen.

Wie Freud sich von Anbeginn an klarmachte und wie auch das von ihm gewählte Wort – Übertragung – andeutet, geht es bei dem Vorgang im wesentlichen darum, daß jeder Patient in der Analyse mit seinen dem Analytiker entgegengebrachten Gedanken, Wünsche, Gefühlen und Phantasien die aus dem Triebleben der Kindheit stammenden unbewußten Gedanken, Gefühle, Wünsche und Phantasien rekapituliert. Infantile Wünsche usw., die ursprünglich den wichtigen Menschen der Kindheit galten und die ihnen unbewußt weiterhin gelten, werden auf die Person des Analytikers übertragen – von daher der von Freud geprägte Begriff. Die entscheidenden Konflikte der frühen Kindheit – Wünsche, Ängste, Abwehrmaßnahmen, Schuldgefühle und Kompromißbildungen – tauchen in der Beziehung des Patienten zu seinem Analytiker, das heißt in der analytischen Situation, gleichsam wieder auf. Als die Übertragung erstmals ins Blickfeld rückte, hat man nicht erkannt, ja war nicht einmal erkennbar, daß alles, was ich soeben beschrieben habe, in *jeder* Beziehung zwischen Erwachsenen auftaucht, und nicht nur in der Beziehung zwischen Patient und Analytiker. Die unbewußten Triebabkömmlinge sowie Angst, depressive Affekte, Abwehrmaßnahmen und Schuldgefühle, die damit einhergehen – mit einem Wort, die aus der Kindheit herrührenden unbewußten Konflikte – machen sich in jeder Beziehung zwischen Erwachsenen bemerkbar, sie bestimmten geradezu das Wesen all solcher Beziehungen. Es entspricht keineswegs den Tatsachen, daß sich dies in der psychoanalytischen Situation mit größerer Regelmäßigkeit ereignet als in anderen Situationen. Es ereignet sich vielmehr immer und überall. Es stimmt auch nicht, daß psychische Konflikte, die ihren Ursprung in der Kindheit haben, für die Beziehung zwischen Patient und Analytiker größere Bedeutung besitzen als für andere Beziehungen. Wie Freud (1915a) bemerkte, besteht kein grundlegender psychologischer Unterschied zwischen Übertragungsliebe und »gewöhnlicher« Liebe. In beiden Fällen ist die gleiche Dynamik – der Einfluß der infantilen Konfliktfaktoren – am Werk. Eine analytische Beziehung unterscheidet sich von einer anderen nicht durch die *Dyna-*

mik der Übertragung, sondern durch ihren Platz in der Beziehung, das heißt durch die Einstellung des Analytikers zur Übertragung und durch den Gebrauch, den er von ihr macht. Die analytische Einstellung gibt der Analyse ihr Gepräge und nicht die unter dem Stichwort Übertragung zusammengefaßten Phänomene. Die letzteren sind ubiquitär. Einzigartig ist nur die analytische Einstellung. Daher ist es im Prinzip nicht sonderlich schwierig anzugeben, wie die Übertragung in der Psychoanalyse behandelt werden sollte. Man behandelt sie nämlich genauso wie jeden anderen Aspekt der psychischen Aktivitäten und des Verhaltens eines Patienten. Man bildet Mutmaßungen über die Natur des psychischen Konflikts, die der Übertragung zugrunde liegt, sowie über seinen Ursprung in der frühen Kindheit und sucht seine Mutmaßungen dem Patienten zur rechten Zeit in Form und Deutungen zu vermitteln. Das Prinzip ist höchst einfach: es gilt nämlich zu analysieren. Die Anwendung des Prinzips in der Praxis ist freilich nicht selten schwierig oder gar unmöglich; das Prinzip selbst ist dies keineswegs. Wollen wir also sehen, ob sich über die Anwendung des Prinzips etwas sagen läßt, was hilfreich sein könnte.

Zunächst einmal liegt es nach den vorausgegangenen Erörterungen auf der Hand, daß Übertragung *immer* vorhanden ist. Die psychischen Konflikte eines Patienten, Konflikte, deren Ursprung in den Triebwünschen der frühen Kindheit zu suchen ist, gehen stets in die Beziehung zu seinem Analytiker ein, und zwar aus den gleichen Gründen, aus denen sie jederzeit auch in die Beziehungen zu allen anderen Menschen eingehen, auf die er in seinem Erwachsenenleben trifft. Zur Übertragung kommt es, wie bereits gesagt, nicht nur gelegentlich oder nur bei manchen Patienten. Wir begegnen ihr vielmehr bei jedem Patienten. Es ist zwar richtig, daß einige Patienten infolge der Natur ihrer Konflikte den Anschein erwecken, als hätten sie gegenüber ihrem Analytiker keinerlei Gedanken oder Gefühle persönlicher Art, doch dieser Eindruck ist immer irreführend. Ein Patient kann solche Gedanken und Gefühle verleugnen, nicht zur Kenntnis nehmen oder abwehren. Er kann so negativ, so argwöhnisch und mit einem so starken Bedürfnis nach Rückzug oder Abkehr von seinem Analytiker reagieren, daß jede Analyse unmöglich wird. Das heißt jedoch nicht, daß in einem solchen Fall keine

Übertragung auftritt. Im Gegenteil, Gleichgültigkeit, Mangel an bewußten Emotionen, Fehlen bewußten persönlichen Interesses, Argwohn, Feindseligkeit, Abwendung und Rückzug *sind* Manifestationen von Übertragung. Derartige Übertragungsreaktionen können einen unüberwindlichen Widerstand darstellen, doch sie sind bei den Patienten, die sie zeigen, genauso Folge psychischer Konflikte infantilen Ursprungs wie jedwede unanalysierbare Übertragungsreaktionen bei anderen Patienten auch. Überdies lassen sich auch in solchen Fällen durchaus Hinweise auf das Wesen der Konflikte erkennen, die ihnen zugrunde liegen, auch wenn es nicht möglich ist, mit Hilfe der üblichen analytischen Mittel Mutmaßungen über solche Konflikte zu prüfen und zu bestätigen. Kurz, wie immer auch die Reaktion eines Patienten auf seinen Analytiker beschaffen sein mag, bei ihr spielen Wünsche, Ängste und Abwehrhaltungen, die ihren Ursprung in der Kindheit haben, eine wesentliche Rolle.

Wenn die Analyse vorangeht, kann man in der Tat beobachten, daß es keinerlei Unterschied macht, ob ein Patient vom ersten Tage seiner Analyse an ein auffallend »guter« oder ein auffallend »schlechter« Patient ist. In jedem Fall beeinflussen psychische Konflikte seine Einstellung und sein Verhalten gegenüber dem Analytiker, ob nun zum Guten oder zum Schlechten. Das folgende Fallbeispiel mag dies verdeutlichen.

Eine 29 Jahre alte verheiratete Frau erweckte zunächst den Eindruck, als sei sie eine ideale analytische Patientin. Sie kam stets pünktlich zu ihren Sitzungen, sprach frei mit nur gelegentlichen Pausen, stellte ein reiches Affektleben zur Schau, konnte Probleme der Gegenwart mit Kindheitserlebnissen in Beziehung setzen, schilderte Träume und assoziierte zu ihnen – alles in höchst erfreulicher Weise. Als die Analyse ihren Fortgang nahm, kam jedoch alsbald zum Vorschein, daß (weitgehend unbewußte) Mord- und Suizidgedanken sie in Schrecken versetzten und daß sie vor allem große Angst davor hatte, verlassen zu werden; dies war ihr seit der frühsten Zeit, an die sie sich erinnern konnte, also sicherlich vor dem dritten Lebensjahr, wiederholt widerfahren. Die letzte Verbannung ihrer Kindheit verlebte sie in einem Internat während ihres achten und neunten Schuljahres. Danach lebte sie zu Hause, bis sie drei Jahre später aus freien Stücken zum College ging. Die Patientin war bis zum zehnten Schuljahr ein aufrührerisches Mädchen gewesen, das ständig für Ärger und Unruhe gesorgt hatte. Fortwährend war sie, zu Hause wie in der Schule, in Streitigkeiten verwickelt und legte sich häufig mit ihrer Mutter und ihren Lehrern an. Allerdings war sie nie ernstlich delinquent gewesen; sie war lediglich ein ungezogenes, agressives Mädchen. Im zehnten Schuljahr begann sich ihre Beziehung zur Mutter jedoch auffällig zu verändern. Sie wurde eine gute Freundin und Kameradin ihrer Mutter. Jeden Tag setzte sie sich nach der Schule für eine halbe oder auch eine ganze Stunde mit der Mutter zusammen und unterhielt sich mit ihr über die Schule, über Freunde, Pläne, Tagesereignisse, kurz über alles, was sie gerade beschäftigte. Das dauerte drei volle Jahre lang. So hatte sich das ungezogene, rebellische Mädchen in eine freundliche, umgängliche Tochter verwandelt. Aus Angst, wieder fortgeschickt zu werden, enthielt sie sich jeder direkten Wutäußerung und war fortan damit zufrieden, ihre Mutter Freundin und Kameradin zu sein. Für die Patientin boten mithin tägliche, intime Gespräche eine Möglichkeit der Befriedigung ihres Wunsches nach Liebe und Aufmerksamkeit seitens ihrer Mutter, und sie bildeten ein wichtiges Abwehrmittel gegen Aggressionsabkömmlinge, mit denen die Gefahr von Objekt- und Liebesverlust verbunden war. Die Gespräche waren, wenn auch kein Symptom, so doch eine Kompromißbildung, die in jeder entscheidenden Hinsicht einem Symptom ähnelte, eine Kompromißbildung, die im sechzehnten Lebensjahr der Patientin ihren Anfang genommen hatte. Wie zu erwarten, tauchte sie in der Analyse als Übertragungselement wieder auf. Wie Jahre zuvor mit ihrer Mutter, so sprach sie täglich mit mir, um sich meiner Liebe und Anerkennung zu vergewissern und auch aggressive Wünsche abzuwehren, die, wie sie unbewußt befürchtete, dazu führen müßten, daß sie mich für immer verlor, indem etwa einer von uns beiden stürbe, ich sie fortschickte oder sie weglief. Erst nachdem dieser Übertragungsaspekt durchschaut war, machte sich diese zuvor »gute« analytische Patientin klar, daß sie den Wunsch hatte, die erschreckenden destruktiven Phantasien, mit denen sie sich im Verlauf des Tages hin und wieder beschäftigte, zu vergessen oder zumindest zu mildern, Phantasien, die sie bis dahin nicht deutlich genug »bemerkt« hatte, um sich an sie erinnern zu können.

Ein anderer Patient zeigte in der Analyse ein genau entgegen-gesetztes Verhalten. Von Anfang an war er ein »schlechter« Patient, und zwar in einem solchen Ausmaße, daß es über Jahre hin unwahrscheinlich schien, daß er jemals zu einem echten analytischen Fortschritt fähig sein könnte. Er stand unter dem starken Zwang, sich ständig zu vergewissern, daß er alle Dinge völlig in der Hand hatte – daß er der Chef war und nicht ich – und daß er weder Untergebener, Opfer noch Frau war. Eine solche Übertragungsreaktion ist keineswegs selten. Bei diesem Patienten war sie jedoch so ungewöhnlich intensiv, daß sie fast unzugänglich war, selbst nachdem sie ziemlich gut durchschaut war, und dies infolge der Tatsache, daß der Patient zuvor in Behandlung bei einem Psychothera-peuten gewesen war, dessen »Psychoanalysieren« bei dem Patienten zu katastrophalen Folgen geführt hatte. Bereits Monate vor Beendigung der damaligen Behandlung waren Patient und Therapeut in einer sadomasochistischen Bezie-hung verfangen, die keiner von beiden verstand und die sie nicht zu lösen vermochten. Der Patient hatte das Gefühl, er werde wegen seiner Symptome angefahren, herabgesetzt und lächerlich gemacht, und zur gleichen Zeit sah er sich in einem Zustand immer hoffnungsloser werdender Lähmung und sehnte sich verzweifelt nach Rat und Ermutigung von seiten seines Therapeuten. Eine schlimmere negative therapeutische Reaktion kann man sich im Setting einer freien Praxis, das heißt außerhalb einer psychiatrischen Anstalt, schwerlich vorstellen. Infolgedessen erforderte die Übertragung des Patienten nach Aufnahme der neuen Behandlung eine unge-wöhnlich lange Zeit der Bearbeitung, ehe sie aufgelöst werden konnte, und verlangte überdies in den ersten Monaten der Therapie ein Maß an Tolerierung »schlechten« Verhaltens, das heißt unverhüllten Trotzes und Starrsinns, und an Vor-sicht bei Deutungen, das in der Analyse von Erwachsenen gleichfalls ungewöhnlich ist. Für unsere Darstellung ist je-doch wichtig, daß das »schlechte« Verhalten dieses Patienten nicht weniger als das »gute« Verhalten der Patientin aus dem zuerst geschilderten Fall eine Übertragungsmanifestation darstellt. Beide Patienten waren vor Therapiebeginn begierig auf eine Behandlung und zur Mitarbeit bereit, doch keiner von beiden konnte nach Einsetzen der Behandlung das ge-schilderte Agieren aufgeben, ehe ihr Verhalten, das heißt seine konfliktträchtigen Determinaten, nicht analysiert werden könnten.

Bei beiden Patienten war es ziemlich früh in der Analyse in ungewöhnlich dringendem Maße notwendig, sich mit ihren Übertragungsreaktionen zu beschäftigen. Die Übertragung mußte bereits zu Anfang der Analyse durchschaut und gedeutet werden, weil sie sogleich den Mittelpunkt des analytischen Materials beider Patienten einnahm. Das Auffälligste am ersten Fall war, wie fließend die Patientin sprach, ohne dabei jemals etwas preiszugeben, was sie wirklich beunruhigte oder aufregte, etwas, von dem sie das Gefühl hatte, daß es für sie wirklich ein Problem bedeutete. Sobald dies erst einmal geklärt war, war nicht länger zu übersehen, daß es notwendig war zu verstehen, warum dies der Fall war, das heißt, es war notwendig zu analysieren. Als es schließlich analysiert war, kam, wie oben geschildert, zum Vorschein, daß es sich dabei um eine Folge oder eine Manifestation von Übertragung handelte, daß es eine Wiederholung dessen war, was die Patientin seit ihrem fünfzehnten Lebensjahr bei ihrer Mutter getan hatte. Das Auffälligste beim zweiten Patienten war sein gleich von Beginn der Analyse an kontrollierendes, starrsinniges und trotziges Verhalten. Auch dies verlangte folglich nach Aufmerksamkeit des Analytikers, und auch es erwies sich als Übertragungselement.

Bei anderen Patienten ist es nicht so dringend erforderlich, gleich von Beginn der Analyse an die Übertragung zu analysieren. Das bedeutet nun freilich nicht, daß bei solchen Patienten keine Übertragung vorliegt oder daß sie gar unwichtig wäre. Vielmehr heißt dies nur, daß für den Augenblick andere Dinge in der Analyse Vorrang haben. In jedem Fall kommt jedoch die Zeit, da die Übertragung stärker in den Vordergrund tritt und analysiert werden muß.

Wie bereits gesagt, hob Freud (1914g) hervor, ein Patient könne nur durch Übertragungsanalyse zur Einsicht gebracht werden, wie stark jene Konflikte sind, die seinen Symptomen zugrunde liegen, wie sehr sie seine Realitätswahrnehmung verzerren, das heißt die Wahrnehmung der Einstellung und des Verhaltens seines Analytikers ihm gegenüber, und welche Ausmaße diese Realitätsverzerrung annehmen kann. Keine Frage, dies ist häufig der Fall, auch wenn es wahrscheinlich weder richtig noch zweckmäßig ist, die von

Strachey (1934) vertretene extreme Position einzunehmen. Nach seiner Auffassung lassen sich in der Psychoanalyse echte Einsicht und wirkliche psychische Veränderung nur durch die Deutung dieses oder jenes Übertragungsaspekts herbeiführen.

Aufgrund meiner Erfahrung als Analytiker und Lehrer in Psychoanalyse bin ich versucht, der oben erwähnten Beobachtung Freuds eine eigene hinzufügen, die man als ihr Gegenstück bezeichnen könnte. Es scheint mir, daß viele Analytiker nur nach der Analyse von Übertragungsäußerungen ihrer Patienten voll und ganz anzuerkennen vermögen, von welcher Intensität psychische Konflikte sein können und wie wirksam es ihnen gelingt, so grundlegend wichtige Ichfunktionen wie logisches Denken, Wahrnehmung, Erinnerung und Realitätsprüfung zu beeinflussen, zu verzerren oder gar völlig auszuschalten. Die *sine qua non* des Verstehens von Übertragungsphänomenen ist die eigene Analyse, aber um den Einfluß, den psychischen Konflikt infantilen Ursprungs auf praktisch jeden Aspekt psychischer Funktionen ausüben können, in seinem vollen Ausmaß begreifen zu können, muß man sie bei vielen Patienten am Werke gesehen haben, und dafür bietet sich keine bessere Gelegenheit als die Beobachtung und Analyse der Übertragung in der psychoanalytischen Praxis. Ihr Ausbildungswert ist nicht zu überbieten.

Um zu dem Thema »gute« oder »schlechte« Patienten zurückzukehren: Die beiden oben geschilderten Fallbeispiele können auch zur Stützung und Erläuterung einer Auffassung dienen, die für die psychoanalytische Technik von fundamentaler Wichtigkeit ist, der Auffassung nämlich, daß die Fähigkeit eines Patienten zur Mitarbeit in der Psychoanalyse, seine Fähigkeit, sinnvoll zu assoziieren, frei zu assoziieren, in erster Linie von bewußter und unbewußter Angst, von Schuldgefühlen und depressiven Affekten abhängt, die eine solche Mitarbeit in ihm hervorruft. Wenn man den Sachverhalt anders formulieren will, kann man auch sagen, daß Widerstand im allgemeinen eine Funktion von Unlust ist, das heißt von Angst, Schuldgefühlen und depressiven Affekten, und daß Widerstand infolge von Übertragungswünschen und -konflikten in dieser Hinsicht keine Ausnahme darstellt. Jede Schwierigkeit, die sich aus der Beziehung zwischen Analytiker und Patient für die Analyse ergibt, geht auf diesen grundlegenden Faktor zurück, und dabei spielt es keine Rolle, welchen Namen man ihm gibt. Übertragungswiderstand ist notgedrungen eine Folge von Konflikten des Patienten, hinter denen Unlust in Verbindung mit sexuellen und aggressiven Wünschen gegenüber seinem Analytiker steht, von Konflikten, die in der analytischen Situation jene Konflikte wiederholen und widerspiegeln, die ihren Ursprung in der Kindheit des Patienten haben und ihn in erster Linie dazu veranlassen, sich in eine Analyse zu begeben.

Eine der vielen Folgerungen aus dieser Auffassung berührt des Verständnis des sogenannten therapeutischen oder Arbeitsbündnisses (Zetzel, 1956, 1966; Greenson, 1967, S. 45 bis 48, Sandler et al., 1970). Diese Begriffe sind zuzeiten durchaus zweckmäßig, wenn mit ihnen bestimmte Konsequenzen des Übertragungswiderstandes gemeint sein sollen, wie etwa die Bereitschaft oder die Fähigkeit eines Patienten, frei zu sprechen und den Deutungen seines Analytikers zuzustimmen. Sie haben jedoch den Nachteil, die Aufmerksamkeit von den Faktoren abzulenken, die entscheidend dazu beitragen, daß sich Konsequenzen wie die oben erwähnten und ähnliche andere überhaupt einstellen. Die Fähigkeit des Patienten, in der Analyse produktiv mitzuarbeiten, ist unmittelbar abhängig von Unlust und Konflikten, wie die beiden Fallbeispiele gezeigt haben. Von einem »guten« analytischen Patienten wird erwartet, daß er regelmäßig zur angesetzten Zeit in die Praxis seines Analytikers kommt, daß er auf der Couch liegen will und über alles, was ihm in den Sinn kommt, frei spricht, mag es sich um gegenwärtige Alltagsdinge, Kindheitserinnerungen oder Gedanken über seinen Analytiker handeln, um sexuelle Fragen, Träume, Phantasien oder Körperempfindungen, um Freude, Trauer, Wut, Sehnsucht oder Enttäuschung. Überdies wird von ihm erwartet, daß er zu allem assoziiert, wozu er aufgefordert wird, zum Beispiel zu Träumen, Fehlleistungen, flüchtige Empfindungen, Symptomen, und daß er jedweder Intervention oder Deutung seines Analytikers aufmerksam zuhört. All dies soll er ernsthaft bedenken, daß heißt er soll es nicht zurückweisen, achselzukkend darüber hinweggehen oder ihm keine Aufmerksamkeit widmen. Wenn eines oder all diese Dinge für den Patienten zuviel Unlust mit sich bringen, wird er nicht dazu zu bewegen sein. Gelegentlich ist ihm bewußt, daß er etwas vermeidet oder nicht tut, und bei anderer Gelegenheit ist ihm dies nicht bewußt. Nur selten sind ihm seine Motive klar, nur selten weiß er, *warum* er sich so und nicht anders verhält. Wenn, wie in den oben dargestellten Fallbeispielen, Unlust in Verbindung mit »gutem« analytischem Verhalten übermäßig stark ist, wird die Abweichung von dem angestrebten Ideal erheblich und auch dauerhaft sein. Doch in allen Fällen wird es unweigerlich Zeitpunkte geben, an denen ein Patient in seiner Analyse etwas unterläßt, was er bei anderer Gelegenheit wie selbstverständlich tut, weil er glaubt, es sei zu seinem eigenen Besten, sich so und nicht anders zu verhalten. Diese Zeitspannen können kurz oder lang sein, sie können fünf Minuten, eine Stunde, eine Woche oder viele Monate dauern. Wann immer sie mehr als mild oder mehr als kurzdauernd sind, dürfen sie die Analyse ihrer Konfliktdeterminanten erfordern, und darin unterscheiden sie sich nicht von anderen zwischenzeitlich auftretenden Symptomen.

Nicht zu empfehlen ist es, versuchen zu wollen, einen Patienten durch Ermutigung, Überredung, Mißbilligung oder Vorhaltungen dazu zu bewegen, ein solch »schlechtes« analytisches Verhalten zu unterlassen. Jedes derartige unanalytische Verhalten führt nur zu Komplikationen bei der Übertragung. Wenn ein solches Verhalten überhandnimmt, kann es die Übertragung so beeinträchtigen, daß sie unanalysierbar wird. Genau diese Möglichkeit bildet die Hauptgefahr, die mit dem Konzept des therapeutischen oder Arbeitsbündnisses verbunden ist. Das heißt, das Konzept kann zu der falschen Vorstellung führen, daß ein solches Bündnis zwischen Patient und Analytiker etwas Besonderes ist, etwas, das zu fördern in die Verantwortung des Analytikers und das aufrechtzuerhalten in die des Patienten fällt. Genau das Gegenteil ist der Fall: Es ist nichts Besonderes oder Außergewöhnliches. Jede Abweichung vom »guten« analytischen Verhalten, die der Patient zeigt, ist, wie jedes andere Symptom auch, die Folge eines psychischen Konflikts, ist ein Hinweis darauf, daß dieser Konflikt wirksam ist, und läßt zumindest die Richtung ahnen, in der dieser Konflikt liegt. Wann immer das Verhalten eines Patienten qua Patient so weit vom analytischen Ideal abweicht, daß es zweckmäßig erscheint, ihn darauf aufmerksam zu machen, sollte dies auf analytische Art- und Weise geschehen. Wenn ein Patient ein bestimmtes Thema, dies ein Beispiel, oder eine bestimmte Zeit seines Lebens, dies ein zweites Beispiel, vermeiden möchte oder es unterläßt, über bestimmte Gedanken zu berichten, dies ein drittes Beispiel, sollte er darauf aufmerksam gemacht werden, damit er darüber nachdenken und darüber sprechen kann – kurz, all dies sollte analysiert werden – und nicht, damit er es kontrollieren, verdrängen oder überwinden kann, weil es sich dabei etwa um unerwünschte Verstöße gegen das Bündnis mit seinem Analytiker handelte. Auf eine kurze Formel gebracht: Es ist gute analytische Technik, dem Patienten dabei behilflich zu sein, jeden Wunsch oder jedes Bedürfnis, ein »schlechter« analytischer Verbündeter zu sein, frei zu äußern.

Es ist unumgänglich, an dieser Stelle hinzuzufügen, daß der Rat, ein Analytiker solle Übertragungswiderständen dieser Art mit Analysieren begegnen, überhaupt noch nicht bedeutet, daß dies einfach zu handhaben oder auch nur möglich ist. Analyse ist unter anderem deshalb eine so langwierige, mühsame Aufgabe, weil es für keinen Menschen einfach ist, sich der Wünsche und Erinnerungen, die zeit seines Lebens zu unangenehm waren, als daß er sie sich hätte eingestehen können, bewußt zu werden. Schärfe des Konflikts und Ausmaß an Unlust sind, wenn nicht gleichbedeutende, so doch eng miteinander in Beziehung stehende Phänomene. Beide sind weitgehend dafür verantwortlich, ob die Analyse einfach oder schwierig zu bewerkstelligen ist. Je schärfer der Konflikt ist, der den Symptomen des Patienten zugrunde liegt, um so mehr Unlust ist damit verbunden, um so größer ist der Widerstand des Patienten gegen die Analyse, wie immer das analytische Material auch aussehen mag.

Die gleichen allgemeinen Überlegungen, die wir soeben bei der Erörterung der mit den Begriffen therapeutisches oder Arbeitsbündnis umschriebenen Phänomene angestellt haben, können auch auf andere Probleme übertragen werden, die im Verlauf der Analyse als Wandlungen der Übertragung auftreten. Nehmen wir zum Beispiel das Agieren* von Übertra-

---

* Nach meiner Ansicht, wie ich sie in diesem Buch dargestellt habe, ist der Begriff »Agieren«, auch wenn er so verwandt wird, wie Freud ihn ursprünglich verstanden wissen wollte, nicht angemessen. Im Dienste des Widerstandes stehen weder ausschließlich Handlungen noch ausschließlich Worte. Es ist nicht einmal zutref-

gung (Freud, 1914g). Was verstehen wir heutzutage darunter und wie gehen wir damit in der Analyse um?[1]

Zunächst einmal sollte man sich daran erinnern, daß in jeder Analyse durch Übertragungswünsche motiviertes Verhalten häufig zu beobachten ist. Die Berichte des Patienten über seine Handlungen außerhalb der Analysestunden und seine Assoziationen darüber sind in jeder Analyse eine wichtige Quelle von Informationen über die Übertragung wie auch eine wichtige Möglichkeit zur Bestätigung von Mutmaßungen über sie. In dieser Hinsicht sind sie häufig genauso nützlich wie Phantasien, Träume, Symptome usw. Es ist eine alltägliche analytische Erfahrung, daß Streitigkeiten eines Patienten mit seinem Arbeitgeber, seinem Lehrer oder anderen Menschen seines Alltagslebens die Folge des unbewußten Wunsches sind, mit seinem Analytiker Streit anzufangen. Desgleichen kann das von infantilen Sexualwünschen motivierte unbewußte Widerstreben, den Analytiker zu bezahlen, einen Patienten dazu veranlassen, seine Geldausgaben unbewußt so zu arrangieren, daß sich für ihn die Notwendigkeit ergibt, seinen Analytiker einige Tage später als üblich zu bezahlen. Bei einem anderen Patienten können Übertragungswünsche zu Flirts außerhalb der Analyse, zu einer neuen Liebesaffäre oder zu zeitweiliger Frigidität oder Askese führen. Beispiele wie diese sich in der Praxis jedes Analytikers so alltäglich, daß sich weitere Erläuterungen erübrigen. Da Handlungen außerhalb des analytischen Settings derart häufig durch Übertragungswünsche und -konflikte motiviert sind, daß sie zum alltäglichen analytischen Material gehören, liegt es auf der Hand, daß der einzige Grund, einige von ihnen mit einem besonderen Namen – Agieren – zu belegen, darin besteht, daß sie der Analyse abträglich sind und ihren Fort-

---

fend, daß Handlungen sich eher in den Dienst des Widerstandes stellen als Worte oder umgekehrt. Widerstand kann sich in Handlungen oder in Worten – tatsächlich in einer Kombination beider, jedenfalls in der Regel – manifestieren, genauso wie Handlungen oder Worte uns Informationen liefern können, die in der Analyse wertvoll und nützlich sind. Je nach Umständen sind Handlungen oder Worte eine nützliche Informationsquelle oder ein unüberwindbarer Widerstand. Anm. des Verfassers zur deutschen Ausgabe.

[1] Agieren war das Hauptthema des Kongresses der International Psycho-Analytical Association von 1967. Siehe A. Freud (1968), Grinberg (1968), Schwarz (1968), Moore (1968), Rouart (1968), Mitscherlich-Nielsen (1968), Garbarino (1968), Rangell (1968), Lebovici (1968), Vanggaard (1968), Greenacre (1968), Demaria (1968), Atkins (1968) und Bericht (2968); siehe auch Brenner (1969b).

schritt sogar in erheblichem Maße beeinträchtigen können. Der Gedanke dabei scheint zu sein, daß sie lediglich Übertragungsäußerungen sind, die keinen besonderen Namen brauchen, sofern sie analysierbar sind, daß sie aber Agieren darstellen, sofern sie nicht analysierbar sind.

Man erkennt daran, daß es im Lichte unserer heutigen Kenntnis über die Bedeutung des psychischen Konflikts für die Handlungsmotivation im allgemeinen im besten Falle fragwürdig, im schlimmsten jedoch irreführend ist, wenn man einigen Verhaltensweisen des Patienten im Verlauf der Analyse einen besonderen Namen gibt, einfach weil sie schwieriger zu analysieren sind als andere Verhaltensweisen. Wer dies tut, erweckt den Eindruck, als wolle er damit sagen, das als Agieren bezeichnete Verhalten unterscheide sich dynamisch so andersartig, daß man ihm am besten mit Verbot oder Abraten begegne, statt zu versuchen, es in der üblichen Weise zu analysieren. Die Tatsachen lassen genau das Gegenteil erkennen. Psychodynamisch besteht kein Unterschied zwischen Handlungen, die ohne weiteres zu analysieren und damit für die Analyse nützlich sind, und solchen, die nicht so leicht zu analysieren und folglich für die analytische Arbeit hinderlich sind, genauso wenig wie dynamisch ein Unterschied besteht zwischen einem Traum, der, wenn er berichtet, sofort analysierbar ist, und einem Traum, den man erst Monate oder Jahre später versteht. Wie bereits gesagt, wird die Möglichkeit, derartiges Material zu einer bestimmten Zeit in der Analyse zu verwenden, durch die Schärfe des Konflikts bestimmt, der das Material hervorgebracht hat. Je intensiver der Konflikt, um so größer die mögliche Unlust, die ihn ausgelöst hat, um so stärker der Widerstand des Patienten gegen die Analyse des Konflikts und seine Folgen. Bisweilen ist die Analyse unmöglich, bisweilen kommt sie nur sehr langsam, über einen Zeitraum von vielen Jahren voran, bisweilen ist sie schneller abzuschließen, doch wie immer das Ergebnis aussieht, das Verfahren und die Grundsätze, auf denen das Verfahren beruht, bleiben immer die gleichen. Überredung und Suggestion gehören nicht zur Analyse. Sie können willkommene Symptombesserungen herbeiführen, doch sie können nicht den Zwecken der Analyse dienen, wie wir sie heute verstehen. Die Handlungen eines analytischen Patienten sind eine Quelle analytischen Materials und sollten wie alles andere analysiert werden, sofern dies zweckmäßig und möglich ist.

Wenden wir uns noch zwei weiteren Punkten zu, ehe wir das Thema des Agierens verlassen. Zunächst einmal ist es ein wenig irreführend, ein Element oder eine Äußerung der Übertragung als analysierbar oder nicht analysierbar zu bezeichnen. Mit Sicherheit wird kein analytisches Material jemals vollständig analysiert. Man hegt auch niemals die Erwartung, alles über die Psychodynamik und den Ursprung der seelischen Konflikte eines Patienten zu verstehen. Selbst am Ende einer langen, erfolgreichen Analyse gibt es noch offene Fragen. Um genauer zu sein, sollte man daher die jeweilige Übertragung nicht als analysierbar oder nicht analysierbar bezeichnen, sondern vielmehr als verstehbar und analytisch zu handhaben oder analytisch nicht handhaben, wobei mit dem Wort »analytisch« gemeint ist »mit analytischen Mitteln in einer analytischen Situation«. Kurz, man tut besser daran, die Übertragung als analytisch zu handhaben oder nicht zu handhaben statt als analysierbar oder nicht analysierbar zu bezeichnen. Zweitens geht Übertragungsverhalten, das nicht zu handhaben ist, für gewöhnlich darauf zurück, daß man dem Patienten die Deutung seiner Übertragungswünsche und -konflikte unangemessen lange vorenthält, mag dieser Aufschub nun darin begründet sein, daß der Analytiker nicht in der Lage war, die Übertragung und ihre einzelnen Elemente zu verstehen, oder andere Ursachen haben. Man beachte das Wort »unangemessen«. Das Timing von Deutungen ist keine exakte Wissenschaft. Es gibt einfach nicht den einen richtigen Augenblick, an dem man einem Patienten eine Deutung geben sollte. Richtiges Timing heißt lediglich: nicht zu lange, bevor der Patient für eine Deutung bereit ist, und nicht allzu lange, nachdem der Patient zum erstenmal für sie bereit war. Wenn ein Analytiker mit analytisch nicht zu handhabenden Übertragungsäußerungen, das heißt mit sogenanntem Agieren, konfrontiert wird, dann sollte er sich neben anderen auch die Frage stellen, ob er es nicht versäumt hat, seinem Patienten zur rechten Zeit einen wichtigen Übertragungsaspekt zu deuten (Fenichel, 1945). Es sollte hinzugefügt werden, daß solcherart begründetes Agieren nur eine der Folgen darstellt, die sich einstellen können, wenn man zu lange zögert, die Übertragung eines Patienten zu deuten. Freud (1905e) hat als erster erkannt, wie wichtig es ist, Übertragungsäußerungen zu erkennen, zu verstehen und zu deuten, nachdem er erfahren mußte, daß einer seiner Patienten die Behandlung abrupt abbrach, weil er versäumt hatte, dies zu tun. Im allgemeinen führt unangemessenes Zögern bei der Übertragungsdeutung zu mehr oder weniger gravierenden Widerstand gegen die Analyse auf seiten des Patienten, und in einigen Fällen nimmt dieser Widerstand die Form jener Handlungen an, die als Agieren bezeichnet wird.

Mithin läßt sich allgemein sagen, daß es in großem Maße von der Fähigkeit eines Analytikers, konsequent eine analytische Einstellung beizubehalten, abhängig ist, ob in der Analyse eine Übertragung mit rein analytischen Mitteln zu handhaben ist (siehe Kapitel 1). Je besser ein Analytiker dies vermag, um so größer ist die Wahrscheinlichkeit, daß er mit Erfolg analytischen Gebrauch von der Übertragung zu machen weiß, das heißt von den weitgehend unbewußten konfliktträchtigen Wünschen seines Patienten, die aus der Kindheit herrühren, in der therapeutischen Situation aber seinem Analytiker gelten. Wie die Beispiele am Schluß des ersten Kapitels erkennen lassen, ist es notwendig, sich diesen Umstand stets zu vergegenwärtigen, wenn man es mit Dingen zu tun hat, die häufig als Realitätsfaktoren innerhalb der analytischen Beziehung bezeichnet werden. Man darf nicht vergessen, daß Übertragungswünsche und -konflikte im psychischen Leben eines Patienten einen genauso realen Bestandteil ausmachen wie alles andere, was ihn gerade beschäftigt. Mehr noch, man muß sich immer wieder ins Gedächtnis rufen, daß Übertragungswünsche und -konflikte, abgesehen davon, daß sie im Seelenleben jedes Patienten etwas höchst Reales sind, häufig auch die wichtigsten Determinanten für die Gedanken, Emotionen und Handlungen eines Patienten darstellen, auch wenn ihm noch so wenig bewußt sein sollte, daß dies der Fall ist. Es kann nicht um die Unterscheidung zwischen Übertragung und Realität gehen, sondern nur um die Unterscheidung zwischen dem, was bei der Determinierung der Gedanken, Emotionen und Handlungen eines Patienten einen wahrhaft wichtigen Faktor bildet, und dem, was tatsächlich weniger wichtig, wenn nicht gar unwichtig ist, wie wichtig es an der Oberfläche auch zu sein scheint, vor allem für den Patienten selbst.

So ist zum Beispiel die »wirkliche Persönlichkeit« eines

Analytikers nur insofern wichtig, als der Patient sie wahrnimmt und auf sie reagiert. Sie ist für die psychische Aktivität des Patienten ein Stimulus wie jeder andere auch. Die Reaktion des Patienten auf sie muß erst analysiert werden, ehe man überhaupt sagen kann, was für ihn real ist. Das soll keineswegs heißen, das Aussehen, Umgangsform, Sprechweise und Umgebung eines Analytikers unwichtig sind. Sie sind sogar sehr wichtig, doch ihre Wirkung wird nicht bei zwei Patienten gleich sein und ist häufig bei demselben Patienten zu unterschiedlichen Zeitpunkten während seiner Analyse ganz anders. Sicher wird man erwarten können, daß ein Analytiker, der in der einen oder anderen Richtung unkonventionell ist, und mehr noch, wenn er ungewöhnlich gedankenlos, mit harten Urteilen schnell bei der Hand oder von einschmeichelnd verführerischem Auftreten ist, mit all diesen Verhaltens- und Einstellungsmerkmalen den analytischen Prozeß bei vielen seiner Patienten mehr oder minder beeinträchtigt. Nichtsdestoweniger ist selbst in einem derart extremen und zweifellos unerwünschten Fall die Art der Beeinträchtigung bei jedem Patienten unterschiedlich, und nur wenn man sie analysieren kann, darf man hoffen, in Erfahrung zu bringen, worum es sich dabei tatsächlich handelt.

Angenommen, ein Analytiker schläft während einer Sitzung ein oder er vergißt, daß er mit einem Patienten eine Sitzung vereinbart hat. Sollte er sich bei seinem Patienten entschuldigen, ihm Erklärungen geben und die Gründe für sein Versäumnis mit ihm erörtern? Viele Analytiker würden dies bejahen (siehe zum Beispiel Greenson, 1974), und ihre Argumente klingen einleuchtend. Doch ich glaube, es ist besser, wie üblich vorzugehen und den Patienten zu ermuntern, *seine* Gedanken und Gefühle über das Geschehen zu äußern. Nur auf diese Weise kann man herausfinden, ob der Patient den Fehler seines Analytikers als Kränkung empfindet, die ihn beleidigt und wütend macht, oder ob er darin ein Zeichen von Schwäche sieht, das ihm gestattet, sich überlegen oder gar als Sieger zu fühlen, oder einen willkommenen Anlaß zur Wut usw. Ein gewissenhafter Analytiker wird einen solchen Fehler natürlich bedauern, wird sicherlich durch Selbstanalyse seine unbewußten Gründe für solches Tun ans Licht zu bringen suchen, doch er wird gut beraten sein, wenn er auch angesichts eines solchen Ereignisses eine analytische Einstellung beibehält und sich nicht in Vermutungen darüber ergeht, was dies für seinen Patienten bedeuten mag, ohne sich anzuhören, was sein Patient dazu zu sagen hat. Es ist anmaßend, in einer gesellschaftlichen oder familiären Situation unaufgefordert als Analytiker aufzutreten. Doch es ist ein technischer Fehler, in der Beziehung zu einem analytischen Patienten etwas anderes als Analytiker sein zu wollen. Welche gute Rationalisierungen man dafür auch finden mag, der Versuchung, in einer analytischen Situation mehr sein zu wollen als Analytiker, sollte man widerstehen. In jedem Fall sollte alles, was man sagt oder tut, von der Haltung und dem Bemühen bestimmt sein, über das Wesen und den Ursprung der Konflikte jedes Patienten soviel wie möglich zu verstehen, um dem Patienten auf diese Weise dabei zu helfen, sich ebenfalls in dieser Richtung zu bemühen.

Wer diesen allgemeinen Grundsatz nicht aus den Augen verliert, hat wenig Schwierigkeiten mit Fragen wie, ob man die Übertragung *nur* dann deuten soll, wenn sie Widerstand gegen Fortschritt der Analyse ist, ob jede Deutung eine Übertragungsdeutung sein soll, wie mit feindseliger oder negativer Übertragung umzugehen ist, wie man eine »erotische« Übertragung behandelt usw. In jedem Fall hängt die Antwort davon ab, inwieweit man das Wesen und den Ursprung der Konflikte des jeweiligen Patienten und ihren Einfluß auf sein gegenwärtiges Denken und Verhalten verstanden hat. Übertragung sollte weder ignoriert noch unter Ausschluß aller anderen Dinge allein berücksichtigt werden; sie sollte weder aus der analytischen Arbeit ausgespart noch an den Haaren herbeigezogen werden. In der Praxis tritt Übertragung bei der analytischen Arbeit weit gehäufter auf, als sich der Uneingeweihte vorzustellen vermag. Ihr Einfluß ist häufig sogar größer, als man zu Beginn seiner analytischen Laufbahn anzunehmen geneigt ist, auch wenn man bereits viel gelesen hat und über einige persönliche Erfahrung verfügt. Dennoch ist sie in der analytischen Situation nur ein Faktor unter vielen. Ein Analytiker steht immer vor der Aufgabe, aufgrund der vorliegenden Anhaltspunkte nach bestem Wissen und Können zu entscheiden, welche Faktoren zu einem bestimmten Zeitpunkt im Verlauf der Analyse die wichtigsten sind. Sein analytisches Vorgehen sollte sich auf diese Entscheidung gründen. Wenn die Mutmaßung (Verstehen) des Analytikers dahin geht, daß Übertragungsfaktoren von vorrangiger Bedeutung sind, sollten die Deutungen, die er seinem Patienten gibt, darum kreisen. Wenn aber seine Mutmaßung, sei sie bewußt oder unbewußt, intuitiv oder überlegt, dem Gedanken zuneigt, etwas anderes als Übertragung sei im Augenblick am wichtigsten, wird der Analytiker seine Deutungen danach richten, was immer dieses »andere« sein mag.

Wir beschließen dieses Kapitel am besten mit einigen Anmerkungen zum Thema Gegenübertragung. Wie der Leser gewiß bemerkt hat, ist das oben gegebene hypothetische Beispiel vom einschlafenden Analytiker ein Beispiel für Gegenübertragung, denn wenn ein Analytiker während einer Sitzung einschläft, darf man in der Regel vermuten, daß in seiner Seele mächtige Motive am Werk sein müssen, Beweggründe, die ganz oder teilweise unbewußt sind.

Aus den an früherer Stelle dieses Kapitels genannten Überlegungen über das Wesen der Übertragung und besonders über ihr Verhältnis zu Objektbeziehungen im allgemeinen dürfte klar ersichtlich sein, daß die Gedanken und Gefühle des Analytikers über seine Patienten genauso wie die seiner Patienten über ihn unbewußte infantile Komponenten enthalten. Dies gilt, wie bereits gesagt, für jede Objektbeziehung. Was die Übertragung angeht, so stellt sich nicht die Frage, ob solche Komponenten vorhanden sind, sondern ob sie mittels der üblichen analytischen Mittel zu handhaben sind. Für die Gegenübertragung gelten ähnliche Überlegungen, wie die folgenden Erörterungen zeigen sollen.

Der Wunsch eines Analytikers, die unbewußten Konflikte seines Patienten zu verstehen, muß seinerseits unbewußte, infantile Ursprünge haben, Ursprünge, die er in seiner eigenen Analyse kennenlernt. Nicht anders seine Reaktion auf die Konflikte seines Patienten, wie immer sie beschaffen sein mögen, und, wie jeder Analytiker weiß, sind diese Konflikte von Patient zu Patient unterschiedlich. Die Konflikte mancher Patienten liegen näher bei denen eines Analytikers – bei seinen Wünschen, Ängsten, Freuden, Katastrophen seiner eigenen Kindheit –, während andere weiter ab von jenen Ereignissen und Erinnerungen liegen. Wenn ein Analytiker dank seiner eigenen Analyse nicht allzu sehr dadurch beunruhigt wird, an seine eigenen Konflikte erinnert zu werden, dürfte er in der Lage sein, die Konflikte seiner Patienten auch dann zu verstehen und zu deuten, wenn sie seinen eigenen nahekommen, sobald er erst einmal die notwendigen Kenntnisse in analytischer Technik und ein gewisses Maß an Erfahrung in ihrer Anwendung erworben hat. Mit anderen Worten, seine Gegenübertragung wird seine Fähigkeit zur analytischen Tätigkeit nicht übermäßig beeinträchtigen. Sie wird kein Hindernis für den Fortschritt der Analyse seines Patienten sein.

Das heißt jedoch nicht, daß bei einem gut analysierten Analytiker keine Gegenübertragung vorkommt. Welche Arbeit man auch als Erwachsener leistet, welche Befriedigung man auch in einem gewählten Beruf findet, welche Beziehungen man zu Menschen, die einem begegnen und mit denen man zu tun hat, auch eingehen mag, ob nun im beruflichen oder einem anderen Bereich, all dies wird erheblich durch psychische Konflikte motiviert und determiniert, durch Konflikte, die in Verbindung mit Triebwünschen der Kindheit entstanden sind. Daher kann man zwischen Gegenübertragung, die man durchaus normal nennen darf, und solcher, die man besser als pathologisch bezeichnen sollte, nicht klar und deutlich trennen (Freud, 1910d; Heimann, 1950; Little, 1951; Money-Kyrle, 1956; Reich, 1951). Genau wie bei neurotischen Symptomen sind die Unterschiede gradueller Natur; sie bestimmen sich nach dem Grad der Beeinträchtigung oder Hemmung von Funktionen – in diesem Fall der Fähigkeit zu analysieren –, nach dem Grad der damit verbundenen Unlust, Erschöpfung oder Lustlosigkeit, Schuldgefühle, Reue, Gewissensbisse usw. Auf das Phänomen der Gegenübertragung angewandt, sind »normal« und »pathologisch« nur dann sinnvolle Begriffe, wenn sie, erstens, Abkömmlinge psychischer Konflikte bezeichnen, die der Analyse nicht ernstlich abträglich oder sogar dienlich oder von Vorteil sind, und zweitens, Abkömmlinge psychischer Konflikte, die sich ernstlich oder zumindest erheblich nachteilig auf die Analyse auswirken.

Zusammenfassung

1. Unbewußte Triebkonflikte infantilen Ursprungs bestimmen das Wesen jeder Beziehung unter Erwachsenen. Mit anderen Worten, Übertragungsfakoren sind universell und ubiquitär. Sie sind nicht auf die analytische Situation beschränkt oder dort auch nur psychodynamisch wichtiger als anderswo.

2. Die Haltung eines Analytikers gegenüber der Übertragung und der Gebrauch, den er von ihr macht, geben der Analyse das Gepräge und nicht das Vorhandensein von Übertragung und ihre dynamische Bedeutung. In der Analyse ist die Übertragung auf die übliche analytische Art und Weise zu analysieren, das heißt sie muß verstanden und gedeutet werden.

3. Übertragung ist gleichermaßen charakteristisch für den »guten« wie für den »schlechten« analytischen Patienten. Es gibt keinen Patienten, der »keine Übertragung« hätte oder bei dem die Übertragung »sich nicht entwickelt«.

4. Erst aus der Analyse der Übertragungsreaktionen seiner Patienten gewinnt der Analytiker volles Verständnis für die Intensität psychischer Konflikte in der menschlichen Seele und für ihr Vermögen zur Beeinflußung, Verzerrung und gar völligen Ausschaltung so basal wichtiger Ichfunktionen wie logisches Denken, Wahrnehmung, Erinnerung und Realitätsprüfung.

5. Übertragungswiderstand geht auf Unlust in Verbindung mit Triebwünschen des Patienten gegenüber seinem Analytiker zurück.

6. Das »Arbeits-« oder »therapeutische« Bündnis ist einer von vielen Übertragungsaspekten. Ihren Wandlungen im Analyseverlauf kommt man am besten durch Analysieren und nicht durch nicht-analytisches Vorgehen bei.

7. Weitgehend durch Übertragung motivierte Handlungen tauchen in jeder Analyse auf. Die als Agieren bezeichneten sind nicht ohne weiteres analysierbar, vor allem wenn sie ein gravierendes Hindernis (Widerstand) für die Analyse bilden. Was immer ihre Bedeutung als Widerstand ausmacht, von Übertragung motivierte Handlungen sind am besten durch die üblichen analytischen Methoden der Mutmaßung und Deutung zu handhaben.

8. Übertragungsäußerungen welcher Art können analysierbar sein oder auch nicht. »Analysierbare« und »nicht analysierbare« Übertragung heißt: Übertragungsäußerungen, die mit analytischen Mitteln in einer analytischen Situation verständlich und handhabbar werden oder nicht.

9. Die Unterscheidung zwischen »Realitätsfaktoren« und »Übertragungsfaktoren« in einer analytischen Situation ist trügerisch. Übertragung ist genauso real wie gegenwärtige Umwelteinflüsse, wie das, was man als »äußere Realität« bezeichnet, und beide sind in der Psyche eines Patienten immer vorhanden und wirksam. Für technische Zwecke der Analyse ist die Unterscheidung wichtig zwischen Situationen, in den Übertragungsfaktoren eine ausreichend große Rolle spielen, um Deutungen zu rechtfertigen, und solchen, in denen sich dies verbietet.

10. Wie die Übertragung so ist auch die Gegenübertragung ubiquitär, denn Abkömmlinge infantiler Triebkonflikte spielen in jeder erwachsenen Objektbeziehung und in jeder Berufstätigkeit des Erwachsenenlebens eine bedeutsame Rolle.

11. Wie die Übertragung so kann auch die Gegenübertragung die Analyse unterstützen oder behindern, jeweils abhängig von den Umständen.

12. Bei allen technischen Problemen, mögen sie nun aus der Übertragung oder aus der Gegenübertragung erwachsen, erinnert man sich am zweckmäßigsten des allgemeinen Grundsatzes, eine analytische Einstellung beizubehalten, das heißt Einsicht zu gewinnen in das Wesen und den Ursprung der psychischen Konflikte, die den Gedanken, Gefühlen und Verhaltensweisen eines Patienten zugrunde liegen.

6. Analyse von Träumen, Symptomen, Phantasien und ähnlichen Phänomenen

Es gab eine Zeit, in der Psychoanalyse als die Psychotherapie beschrieben, wenn nicht gar definiert wurde, die sich der Traumanalyse bediente. Freud (1905e) beispielsweise legte in einer Arbeit dar, wie wertvoll Traumanalyse für die analytische Behandlung sein kann. Sachs (persönliche Mitteilung, 1942) ging so vor, daß er die Analyse eines Traums nicht auf eine Sitzung beschränkte, sondern in der darauffolgenden weiterführte. Wenn er das Gefühl hatte, die Bedeutung eines Traumes sei nicht hinreichend klargeworden, teilte er dies seinem Patienten am Ende der Stunden mit und fügte hinzu: »Wir müssen darauf morgen noch einmal zurückkommen.« Balint (1961) ließ jeden Ausbildungskandidaten, den er in der Analyse hatte, einen seiner Träume so vollständig wie möglich analysieren, ehe er die Analyse abschloß. Nach seinen Worten kann eine solch gründliche Traumanalyse eine Woche in Anspruch nehmen. Die Übung sollte dem Kandidaten wirkliches Verständnis dafür vermitteln, wieviel ein Traum über einen Patienten – in diesem Fall über den Kandidaten – zutage fördern kann, sofern er nur vollständig analysiert wird.

Traumanalyse hat demnach in der psychoanalytischen Behandlung über lange Zeit eine besondere Stellung eingenommen. Viele Analytiker halten sie immer noch für den sichersten und schnellsten Weg, um das Wesen und den Ursprung der psychischen Konflikte eines Patienten aufzudecken, ganz in dem Sinne, wie Freud (1900a, S. 613) sich äußerte, als er zum erstenmal über das Thema schrieb. Diese besondere Stellung hatte unter anderem zur Folge, daß Traumanalyse im Verlauf der Ausbildung in ihrer Bedeutung für die psychoanalytische Technik derart hervorgehoben wurde, daß dabei die Beachtung anderer psychischer Phänomene wie Tagträume, Fehlleistungen, Sprachbilder, Witze, Reaktionen auf Bücher, Filme und Schauspiele und auch neurotische Symptome zu kurz kam. Jedes psychoanalytische Institut, dessen Lehrplan mir bekannt ist, bietet zumindest einen Kursus oder ein Seminar in Traumanalyse an. Viele veranstalten sogar zwei oder drei. Ich kenne keines, das einen Kursus in Symptomanalyse anböte. In diesem Zusammenhang ist es interessant zu wissen, daß Lewin (1952) es der Mühe für wert hielt, einen Aufsatz zu schreiben, in dem er darauf hinwies, daß phobische Symptome tatsächlich genauso wie Träume analysiert werden können. Wenn man sich vor Augen hält, daß Patienten in die Analyse kommen, um Entlastung von Symptomen dieser oder jener Art zu suchen, dann ist es kaum verständlich, warum die Symptomanalyse in den psychoanalytischen Lehrplänen so vernachlässigt wird. Tagträume usw. werden in Lehrveranstaltungen über analytische Technik kaum erwähnt. In dem einen oder anderen Seminar mag die Psychologie solcher Phänomene erörtert werden, jedoch nicht ihre Bedeutung für die klinische Analysearbeit.

Kein Analytiker wird die Nützlichkeit der Traumanalyse für die psychoanalytische Behandlung in Zweifel ziehen. Doch gerade weil ihre Wichtigkeit allgemein anerkannt und ihre Technik sowie deren Anwendung so vertraut sind, erübrigt es sich an dieser Stelle, die Bedeutung der Traumanalyse erneut hervorzuheben. Wenn in diesem Kapitel die Analyse anderer Bestandteile des Seelenlebens stärker betont wird, sollte dies als Versuch gewertet werden, das Ungleichgewicht ein wenig zu mildern, das dadurch entstanden ist, daß diese Elemente in der psychoanalytischen Literatur relativ wenig berücksichtigt werden. Mit diesen Worten soll keineswegs der Eindruck erweckt werden, daß Träume als Gegenstände der Analyse verhältnismäßig weniger wichtig sind als andere Phänomene, als Phänomene, denen hier mehr Raum gewidmet wird, als dies gewöhnlich der Fall ist.

Zu Anfang einige Bemerkungen über die Traumanalyse in der klinischen Praxis, Bemerkungen, die vielleicht zur Ergänzung der weithin bekannten und bereits viele Male erläuterten Tatsachen dienen können.

Zunächst einmal sei darauf hingewiesen, daß die Traumanalyse lange Zeit in erster Linie deshalb eine solche Wichtigkeit besaß, weil sie die Möglichkeit bot, die pathogenen Triebwünsche des Patienten und die damit verknüpften verdrängten Erinnerungen aufzudecken. Die Traumanalyse ist für

Analytiker eine der wichtigsten Zugangswege zu verdrängten Wünschen des Systems Ubw (des Unbewußten) und Grundlage für die Rekonstruktion der pathologisch bedeutsamen Kindheitserlebnisse gewesen. Nachdem die Strukturtheorie (Freud, 1923b) eingeführt und die Rolle der Angst bei psychischen Konflikten (1926d) erneut überdacht worden war, weitete sich das Gebiet der Traumanalyse und -deutung entsprechend aus. Im Mittelpunkt der Aufmerksamkeit standen fortan nicht mehr allein Triebwünsche der Kindheit. Auch all die anderen Konfliktelemente rücken nun in den Blickpunkt, Elemente wie Angst, Schuldgefühle, Abwehrhaltungen und Überich-Bestandteile wie Selbstbestrafung und Gewissensbisse. Für die meisten Analytiker ergab sich aus dieser für die Praxis wesentlichen Änderung keinerlei theoretische Folgerung. Im allgemeinen gaben sich Analytiker, wie Lewin (1952) es ausdrückte, damit zufrieden, bei der Analyse neurotischer Symptome und Charakterzüge die neue Strukturtheorie heranzuziehen, sich aber weiterhin an die topographische Theorie zu halten, wenn sie sich mit Träumen beschäftigten. Arlow und ich (1964) wiesen auf einige für die Praxis sich ergebenden Nachteile und auf logische Widersprüche hin, die sich notwendig einstellen müssen, wenn man an Träume und an die Traumdeutung mit einer solch dichotomen theoretischen Einstellung herangeht. In unserer Monographie arbeiteten wir eine revidierte Theorie der Traumpsychologie heraus; sie beruht auf früheren Ausführungen (Brenner, 1955), deren Kernaussagen darauf hinauslaufen, daß der Traum wie jeder andere Kompromiß zwischen Es, Ich und Überich eine Kompromißbildung darstellt. Ihre besonderen psychologischen Merkmale finden nicht gerade ihre beste Erklärung in der ursprünglich zu ihrem Verständnis aufgestellten Theorie (Freud, 1900a), das heißt in der Behauptung, Traumbildung beginne in Einklang mit dem Primärprozeß im System Ubw und werde erst anschließend durch das System Vbw (Vorbewußtes) in den Sekundärprozeß eingegeben, die beide als Zensor auftreten und den Traum einer Art logischer oder redaktioneller Überarbeitung unterzögen. Das Gegenteil ist richtig: der Traum ist wie alle Gedanken, Phantasien und Handlungen im Wachleben von Anfang an ein Kompromiß zwischen den drei Systemen der Psyche. Die den Traum charakterisierenden besonderen psychologischen Merkmale lassen sich ohne weiteres durch die Annahme eines bestimmten Maßes an Regression und Aufhebung der Ichfunktionen während des Schlafes erklären. Im besonderen ist das Gefühl von Realität, das die meisten Träume auszeichnet, darauf zurückzuführen, daß während des Schlafs die Realitätsprüfung aufgehoben ist. Anders als im Wachleben des Erwachsenen werden Phantasie und Einbildung im Schlaf als Tatsache hingenommen, wie das in der Kindheit so häufig der Fall ist.

Welche Vorteile bringt es, die psychoanalytische Theorie der Traumpsychologie in dieser Weise zu revidieren? Zum einen stehen Ausnahmen der alten Theorie mit der revidierten in Einklang. Das trifft zum Beispiel auf Strafträume zu, desgleichen auf Träume, in denen das Gefühl von Realität *nicht* während des ganzen Traums bestehen bleibt, wenn also der Träumer sich selbst zu bedenken gibt: »Das ist doch nur ein Traum.« Zum anderen wird dadurch im allgemeinen ein Traummerkmal deutlicher erkennbar, das sonst unter Umständen der Aufmerksamkeit entgeht. Unverständlichkeit von Träumen ist stets Folge von Abwehr und ergibt sich keineswegs aus der Tatsache, daß Träume »in den Primärprozeß übersetzt worden sind«, als ob es sich dabei um etwas Ähnliches handele wie die Übersetzung in eine fremde unvertraute Sprache. Träume können aus einer Vielzahl von Gründen für jemanden anders als den Träumer durchaus unverständlich sein, doch wenn der Träumer selbst die Wünsche nicht kennt, die er sich in seinem Traum als erfüllt vorgestellt und eingebildet hat, dann liegt das in jedem Fall an seinem Bedürfnis, die Unlust infolge von Angst, Schuldgefühlen und depressiven Affekten zu vermeiden oder gering zu halten, die seine Wünsche heraufbeschwören würden, wären sie nicht verschleiert, verzerrt oder anderweitig abgewehrt. Der Hauptwert schließlich, den ich der von Arlow und mir angeregten Neufassung der Theorie beimesse, scheint mir darin zu liegen, daß sie Träume in den ihnen angemessenen Zusammenhang der großen Vielzahl psychischer Phänomene rückt. Man kann sie nun nicht mehr als eine Art von Ausnahmefall, als Phänomene *suorum generum* ansehen, sondern muß sie vielmehr als Vorgänge betrachten, die den gleichen Gesetzen unterworfen sind wie andere psychische Phänomene und deren Erklärung sich innerhalb des gleichen begrifflich-theoretischen Bezugsrahmens findet. In dieser Hinsicht stimmt unsere Neufassung mit Freuds ursprünglicher Absicht überein, zwischen Traumpsychologie und Psychologie neurotischer Symptome sowie Psychologie von Alltagserscheinungen wie Fehlleistungen und Irrtümer und schließlich auch des Witzes eine Verbindung herzustellen.

Wenden wir uns nunmehr von diesen weitgefaßten allgemeinen Überlegungen einem erheblich eingegrenzterem Thema zu. Ein Kennzeichen der Traumanalyse ist es wert, daß wir uns eine Weile mit ihm beschäftigen. Was man für gewöhnlich als Traumtext oder seinen manifesten Inhalt bezeichnet, ist in keinem Fall der Traum selbst, sondern ist nur das, was der Träumer – in unserem Zusammenhang der Patient – uns berichtet. Wenn man ganz genau sein will, muß man einräumen, daß man den manifesten Inhalt des Traums, den ein anderer Mensch träumt, niemals erfahren kann. Man kann lediglich versuchen, ihn aus dem Bericht des Träumers zu rekonstruieren. Als erste Reaktion auf dieses Eingeständnis stellt sich unter Umständen ein Gefühl von Enttäuschung oder gar Desillusionierung ein, doch ein Augenblick des Nachdenkens genügt, um dieses Gefühl zu zerstreuen. Schließlich ist in der Analyse nicht ein »Traum« wichtig, sondern die Bedeutung, die er hat, das, was er uns über den Träumer vermitteln kann. Tatsächlich ist es sogar ein großer Vorteil, daß jeder Traumbericht in Wahrheit eine Äußerung des Träumers über seine ersten spontanen Assoziationen zu seinem Traum darstellt. Die von ihm benutzten Worte, soweit sie nicht Wiederholungen von Worten sind, die im Traum aufgetaucht sind, der Klang seiner Stimme, seine Affekte bei der Schilderung des Traumes – kurz, die Gesamtheit des »manifesten Inhalts« –, all dies ist doppelt wertvoll, weil es nämlich nicht nur Erinnerungen des Träumers an ein bewußtes Erlebnis während des Schlafs wiedergibt, sondern gleichermaßen auch Assoziationen zu diesem Erlebnis. Es ist von Nutzen, sich diese Tatsache immer wieder zu vergegenwärtigen, denn sonst kann man in Versuchung geraten, einen Patienten dazu bringen zu wollen, eine möglichst klare und vollständige Schilderung von seinem Traum zu geben, als wenn dies die vordringlichste Aufgabe wäre, bevor man den Patienten auffordert, zu seinem Traum zu assoziieren. Fragen zu einem Traum wie »Wollen Sie das bitte noch einmal erzählen?« oder »Wie spielte sich das nun genau ab?« führen für gewöhnlich nicht weiter. Da ist kein »Text«, den es zu entschlüsseln und mit Hilfe von Assoziationen des Patienten zu überprüfen gilt. Mit dem Bericht des Patienten haben wir mehr als einen »Text«, nämlich seine ersten Assoziationen zu dem Traum, und die sind in vielen Fällen für die Traumanalyse genauso wertvoll wie seine späteren, ja bisweilen sogar noch viel wichtiger. Auf jeden Fall sollte man sie bei seinen Bemühungen um Klärung »des Traums« nicht geringschätzen. Sie sollten unbedingt zu den Assoziationen gerechnet werden, von denen man sich Aufklärung darüber erhofft, wie die Wünsche und Konflikte zu verstehen sind, die in dem Traum zum Ausdruck kommen.

Um ein Beispiel zu geben: eine junge Frau erklärte in der analytischen Behandlung: »In der letzten Nacht hatte ich einen Traum, doch ich bin mir nicht sicher, ob ich ihn erzählen soll. Er ist irgendwie ein bißchen unklar. Ich glaube, es ging darum, daß meine Mutter meinen Bruder heiratete, oder so ähnlich. Jedenfalls irgend etwas Merkwürdiges und Lächerliches in dieser Richtung.« Sie meinte dann weiter: »Sie haben sicher gedacht, ein solcher Traum würde mich aufregen, keine Spur, jedenfalls kann ich mich nicht daran erinnern. Wissen Sie, ich hatte den Eindruck, es war nur das Übliche.«

Die Patientin konnte zwar über ihren Traum nicht mehr berichten, doch wenn man ihre Schilderung als Assoziationen zu ihrem nächtlichen Erlebnis betrachtet und wenn man ein wenig über den analytischen Kontext des Traumes weiß, kann man sich schon getrauen, ihn ein Stück weit zu analysieren. Der Traum steht in folgendem Zusammenhang: Die Patientin war wütend auf mich, weil die Behandlung kurz zuvor unterbrochen worden war, und sie hatte auf diese Unterbrechung genauso reagiert wie in ihrer Kindheit, wenn ihr Vater sich auf eine seiner kurzen Geschäftsreisen begeben hatte, das heißt, sie sah darin einen weiteren Beweis dafür, daß er sie nicht so liebte, wie sie wünschte, daß sie ihn nicht für sich allein haben konnte und daß er ihre Mutter und ihren Bruder mehr liebte als sie. Mit ihren Eifersuchts- und Wutgefühlen ging sie in der Weise um, daß sie sehr umgänglich, sehr folgsam, sehr freundlich war und daß sie vor allem sich selbst und ihren Vater davon zu überzeugen suchte, er sei der beste, klügste und hervorragendste Vater, den die Welt je gesehen hätte. Mir einen Traum erzählen hieß für sie, mit einen großen Gefallen zu tun, mir Gelegenheit zu geben, mich in ihren Augen herauszustreichen und eine glänzende Figur zu machen. Wie sie ihrem Vater geschmeichelt hatte, um ihn auf diese Weise zu bewegen, ihr etwas Neues zu erzählen, so suchte sie ihrer Wut auf mich dadurch zu begegnen, daß mir einen Traum erzählte, obwohl sie sich überhaupt nicht sicher war, »ob ich ihn erzählen soll«, so daß ich mich damit großtun könnte, indem ich ihr erklärte, welche Bedeutung er für sie hatte. Und welch besseres Geschenk hätte sie anbieten können als einen Inzesttraum? Welcher Analytiker könnte einem Patienten widerstehen, der ihm *solch* einen schönen Traum anbietet? Schließlich glauben die Analytiker, jede Patientin möchte ihren Vater heiraten. Das ist für sie Alltagskram oder, wie sie es formulierte, »das Übliche«. Sie wissen nicht einmal, wie merkwürdig und lächerlich sie nach Meinung aller sind! Doch wie hätte sie es wagen können, so mit mir zu sprechen? Das wäre viel zu aufregend.

Man kann also annehmen, daß die Patientin während des Schlafs wütend und eifersüchtig gewesen war. Sie wollte mich ganz für sich allein haben und hätte am liebsten gesehen, ich hätte keinen anderen Patienten und keine Familie, sondern nur sie. Gleichzeitig war sie wütend auf mich, verspürte den Wunsch, mich anzugreifen und zu demütigen, so wie sie das Gefühl hatte, dadurch gedemütigt zu werden, daß ich sie nicht so liebte, wie sie es gern hätte. All dies war eine Wiederholung, war eine Übertragung von Gefühlen, die sie in der Kindheit für ihren Vater empfunden hatte. Weder ihr Wunsch, mich ganz für sich zu besitzen, noch ihr Wunsch, sich an mir zu rächen, durften im Schlaf unverhüllt in ihr Bewußtsein aufsteigen, denn beide Wünsche hätten zuviel Angst ausgelöst. Der erstgenannte Wunsch war völlig verdrängt. Das läßt sich aus dem erschließen, was die Patientin von ihrem Traum behalten hatte. Wenn ein einsames, eifersüchtiges kleines Mädchen erklärt: »Mama und Johnny sollten heiraten«, dann heißt dies, wie man weiß, in Wirklichkeit, die beiden sollten fortgehen und nie mehr zurückkehren, damit sie und ihr Vater heiraten und für immer beisammen bleiben können. Ihr Wunsch nach Rache konnte sich, nach ihrem Traumbericht zu urteilen, im Schlaf ein wenig besser durchsetzen, doch er kam erst deutlicher in ihren ersten Assoziationen ans Licht, das heißt, als sie ihren Traum in der Analyse zum erstenmal erzählte. Er äußerte sich in Wendungen wie »Ich bin mir nicht sicher, ob ich ihn erzählen soll«, »irgend etwas Merkwürdiges und Lächerliches« und »das Übliche«. Anzumerken wäre noch, daß ihre Ambivalenz ebenfalls Eingang in den Traumbericht fand, denn er war eine Reaktionsbildung gegen ihre Wut und zugleich ein verdünnter, abgeschwächter Ausdruck von Liebe.

Da sie häufig vorkommen, ist es ziemlich leicht, Beispiele anzuführen, die erkennen lassen, daß es zweckmäßig ist, sich stets die Tatsache vor Augen zu halten, daß der Traumbericht eines Patienten seine ersten Assoziationen auf den Traum darstellt. So erfuhr ich beispielsweise, während ich die vorliegenden Seiten noch einmal überarbeitete, rein zufällig folgendes*: Ein Patient erklärte zu Anfang eines Traumberichts: »Heute habe ich nur einige Traumfetzen« (»snatches of dreams«). Anschließend berichtete er über Träume in der Nacht zuvor, in denen fortwährend Gedanken an weibliche Genitalien – »snatches« im amerikanischen Slang – auftauchten.

Berichte von Träumen in der analytischen Literatur ähneln wahrscheinlich deshalb so selten den Schilderungen von Patienten in der eigenen Praxis, weil dabei nicht deutlich genug zum Ausdruck kommt, daß es hilfreich sein kann, den Traumbericht eines Patienten zu analysieren. Allzu häufig hat man den Eindruck, daß dem Traum das Fleisch fehlt, daß dem Leser nur seine blanken Knochen angeboten werden. So würde man beispielsweise über den oben *in extenso* erörterten Traum aller Wahrscheinlichkeit nach eine der beiden folgenden Versionen lesen können. Entweder hieße es »Die Patientin träumte, ihre Mutter und ihr Bruder wären verheiratet« oder »Die Patientin erzählte den folgenden Traum: ›Meine Mutter und mein Bruder waren verheiratet.‹« Beide Formen der Traumwiedergabe sind zwar völlig korrekt, doch ihnen fehlt weitgehend das, was der Patient tatsächlich gesagt hat und was für die Traumdeutung wichtig, ja geradezu ausschlaggebend ist. Beide Lesarten beschränken sich darauf, das wiederzugeben, von dem man annimmt, der Patient habe es im Schlaf erlebt, statt das hervorzuheben, was er bei der

---

* Mitteilung von Dr. W. Overholser.

Schilderung des Traums gesagt hat. Wer dies tut, wer sich auf die Frage konzentriert, welches bewußte Erlebnis der Träumer im Schlaf gehabt habe, läuft Gefahr, gerade das zu übersehen, was klinisch noch weit bedeutsamer sein kann, das heißt, er übersieht unter Umständen beim Traumbericht, den der Patient ihm in der analytischen Sitzung gibt, die Hinweise auf die Traumbedeutung, die in der Schilderung des Patienten selbst enthalten sein können. Denn dieser Bericht ist das Material der Traumanalyse und nicht die Rekonstruktion des Analytikers, das heißt seine Gedanken darüber, was der Träumer geträumt haben mag.

Mit diesen Überlegungen hängt die folgende eng zusammen. Fallberichte in der Literatur enthalten häufig Berichte von Träumen, deren Bedeutung dann ohne Angabe irgendeiner Assoziation des Patienten erläutert wird. Der Vorwurf, dies laufe letztlich auf wilde Analyse hinaus, ist zwar nicht immer ganz berechtigt, doch läßt sich nicht leugnen, daß solche Berichte zwei Tatsachen aussparen: erstens, daß, wie bereits gesagt, der Bericht des Patienten über einen Traum seine ersten Assoziationen dazu darstellt, und zweitens, daß man mit zunehmendem Wissen über einen Träumer wahrscheinlich um so leichter in der Lage ist, auch ohne viele weitere Assoziationen die Bedeutung seiner Träume zu verstehen. Freud (1900a) gab auf den Seiten 132 bis 136 einige Beispiele für diesen Sachverhalt. Wenn man über das psychische Umfeld, in dem ein Traum auftaucht, sehr viel weiß, wie das in der Analyse häufig der Fall ist, kann man ein gut Teil der Bedeutung eines Traums verstehen, wenn der Patient ihn erzählt. Sicherer in seiner Einschätzung ist man allerdings, nachdem man die auf den Traumbericht folgenden Assoziationen des Patienten gehört hat. Sie tragen häufig viel zum besseren Verständnis bei. Doch wenn ein Patient bereits seit einiger Zeit in der Analyse ist, kann es unter Umständen auch ohne solche Assoziationen für viele Dinge eine Reihe überzeugender Anhaltspunkte geben.

Ehe wir uns anderen Themen zuwenden, sollte vielleicht noch ein weiterer Punkt der Traumanalyse erwähnt werden. In der analytischen Literatur findet man zahlreiche Hinweise über die Kommunikationsfunktion des Traums. Um den Wert dieses Gedankens abschätzen zu können, muß man sich in Erinnerung rufen, daß der Patient, sobald er sich in der

Analyse befindet, jeden Gedanken, jedes Erlebnis zur Kommunikation mit seinem Analytiker heranzieht. Durch die gesamte Analyse hindurch muß zur Motivation jedes Patienten zumindest der Wunsch gehören, etwas zu erzählen, wie auch der Wunsch, nichts zu erzählen. Die Frage ist stets: »Einen wie großen Bestandteil der Motivation bildet jeder dieser Wünsche zu einem bestimmten Augenblick?« Jeder Traum, an den der Patient sich während der Analyse erinnert, ist eine Kommunikation mit einem Analytiker. Zu jeden Traum gehört als Bestandteil seines latenten Inhalts der Wunsch, etwas mitzuteilen. Umgekehrt gehört zu jedem vergessenen Traum als Bestandteil seines latenten Inhalt der Wunsch, etwas nicht mitzuteilen, und wir wissen aus der Traumforschung der letzten beiden Jahrzehnte, daß in der Regel auf jeden Traum, an den der Träumer sich nach jeder Nacht erinnert, viele andere kommen, die er vergißt. Wie in dem oben geschilderten Fallbruchstück ist bisweilen der Wunsch eines Patienten, einen Traum zu erzählen oder auch nicht zu erzählen, von großer psychologischer Bedeutung. Wenn beispielsweise ein Patient bewußt große Unruhe über das Bedürfnis verspürt, einen Traum zu erzählen, wenn er sich besondere Mühe gibt, einen Traum nicht zu vergessen, wenn er mit sich selbst im Streit darüber liegt, ob er jeden Traum schriftlich festhalten soll, damit er »zumindest etwas zum Analysieren hat«, dann liegt auf der Hand, daß er zwischen dem Wunsch zu erzählen und dem Wunsch, nicht zu erzählen, hin und hergerissen ist, welchem Zweck Erzählen oder nicht Erzählen in der psychischen Ökonomie auch dienen mag. In einem solchen Fall besteht die Aufgabe eines Analytikers ganz klar darin, sowohl den Wunsch zu erzählen wie auch den, es nicht zu tun, zu analysieren. Bei diesem Patienten ist es zu diesem Zeitpunkt im Verlauf seiner Analyse am wichtigsten, zu jedem Traum, über den er berichtet (oder auch nicht), die Motive, die ihn dazu bringen, zu analysieren.

So war für die Patientin aus dem oben gegebenen Fallbruchstück das Erzählen eines Traums Ausdruck für sie wichtiger Übertragungswünsche, von Wünschen, die in diesem Fall auch im manifesten Trauminhalt vertreten waren. In Wahrheit jedoch bildete das Erzählen des Traums den klarsten Ausdruck der am leichtesten zugänglichen, affektiv bedeutsamen Abkömmlinge ihrer ödipalen Wünsche, das heißt der Erinnerungen daran, daß sie ihren Vater gebeten hatte, ihr »etwas zu erklären«. Um zu den stärker verdrängten ödipalen Abkömmlingen vorstoßen zu können, mußte der analytische Weg notgedrungen in die Aufgabe münden, die Gründe zu verstehen und zu deuten, die sich hinter ihrem Gefühl und ihrem Verhalten verbargen, mir jeden Traum, den sie hatte, zu erzählen, das heißt hinter ihrem Verhalten, das darin bestand, Träume als Mittel zur Kommunikation zu verwenden. Das gleiche gilt in allen Fällen, in dem »Erzählen« oder »nicht Erzählen«, in wie offener oder verhüllter Form auch immer, im Mittelpunkt der Gedanken des Patienten über einen Traum stehen oder jedenfalls eine besondere Stellung einnehmen. Wenn »Erzählen« im Vordergrund seiner Assoziationen steht, dann sollte dies der vordringlichste Gegenstand der Analyse sein. Wenn dies nicht der Fall ist, dann kann man beruhigt annehmen, daß die »kommunikative Funktion« eines Traumes keinerlei wichtige Bedeutung hat und nicht nach besonderer analytischer Aufmerksamkeit verlangt, wenngleich sie ohne Frage immer vorhanden ist. In der Analyse ist es offensichtlich genauso wenig zweckdienlich, etwas übermäßig hervorzuheben, dem nur geringe dynamische Bedeutung zukommt, wie es unklug ist, etwas zu vernachlässigen, das große Bedeutung besitzt.

Soviel zum Thema der Traumanalyse im Rahmen des klinischen Settings. Wenden wir uns nun einem anderen Thema zu, dem Thema der Symptomanalyse.

Ein Traum ist, mit wenigen Ausnahmen, ein Einzelereignis innerhalb der Analyse. Es wird berichtet, analysiert und dann von neuem Material überlagert. Der einzelne Traum ist etwas Vorübergehendes und kein dauerhaftes oder gar wiederholt auftretendes Ereignis und sollte in der Analyse am besten als vergängliches Phänomen behandelt werden. Es gibt Ausnahmen, ein oder zwei Träume in einer Analyse, bei denen sich herausstellt, daß in ihnen die wichtigen Konflikte so offen zutage treten, daß der Analytiker oder der Patient immer wieder auf sie zurückkommen, doch, wie gesagt, dies sind Ausnahmen und keineswegs die Regel. Ein Symptom hingegen ist ein ständig vorhandener oder wiederholter Hinweis auf einen psychischen Konflikt und durchaus kein vorübergehendes Phänomen. Und wenn ein beunruhigender Traum

Nacht für Nacht wiederkehrt, wie beispielsweise bei Patienten mit traumatischen Kriegsneurosen, sollte er eigentlich aufgrund dieses hartnäckigen Fortbestehens als Symptom eingeordnet werden.

Die Dauerhaftigkeit von Symptomen bietet für ihre Analyse gewisse Vorteile. Sie bieten sich immer wieder als Untersuchungsobjekte an, und dies häufig über einen langen Zeitraum. Den psychischen Kontext, in dem sie auftauchen, wie auch den Kontext, der mit ihrem Abklingen oder Verschwinden verbunden ist, kann man bei Bedarf viele Male in Augenschein nehmen. Was man dabei erfährt, ist häufig förderlich für die Bildung einer Mutmaßung über das Wesen und den Ursprung der dem Symptom zugrunde liegenden Konflikte, wie das nachfolgende Fallbruchstück veranschaulichen kann.

Eine Frau Anfang fünfzig hatte in ihrer Jugend und im Erwachsenenalter viele Konversionssymptome gezeigt. Darüber hinaus mißtraute sie Ärzten und hatte einen Widerwillen gegen sie. Keiner von ihnen taugte etwas, keiner konnte sie heilen, und ihre Medikamente machten alles nur noch schlimmer. Doch einige Male hatte sie sich eine ernstliche körperliche Krankheit zugezogen – ein gebrochener Arm, eine akute Gallenblasenentzündung, starke Vaginalblutung –, und dann war sie jedesmal wie ausgewechselt. Sie war dann eine rücksichtsvolle, verständige, kooperative Patientin. Ihre Konversionssymptome wie auch ihre Abneigung gegen Ärzte verschwanden. Es muß hinzugefügt werden, daß ihr Vater gestorben war, als sie erst zwei Jahre alt gewesen war, und daß ihre Kindheit überschattet war von Eifersucht auf ihre Vettern väterlicherseits, deren Väter damals noch lebten, sowie von Eifersucht auf Jungen und Männer ganz allgemein.

Aufgrund all dieser Dinge kann man vermuten, daß ihre hysterischen Symptome zumindest teilweise Kompromisse darstellten zwischen ihrem Wunsch, die Umwelt zu zwingen, ihr den verlorenen Vater dadurch zu ersetzen, daß sie ihr besondere Liebe und Rücksicht entgegenbrachte, und ihrem Bedürfnis, sich dafür zu bestrafen, daß sie solche Wünsche hegte. Doch wenn sie körperlich krank war, hatte sie keinerlei Gewissensbisse. Dann brauchte sie keine Angst mehr zu haben. Sie hatte das Gefühl, durch ihre Krankheit bestraft worden zu sein, und konnte jetzt die besondere Fürsorge, die sie zu anderen Zeiten mit so großen Schuldgefühlen erfüllte, unbekümmert fordern und genießen.

Manche Formen der Psychotherapie richten ihr Augenmerk ausschließlich auf Symptome. Welche Namen man ihnen auch geben mag – Konditionierung, Verhaltensmodifikation, Sextherapie –, ihnen ist allen gemeinsam, daß sie die Psychodynamik und die Lebensgeschichte der psychischen Konflikte, von denen die Symptome lediglich Folgen sind, bewußt außer acht lassen. Sie konzentrieren sich nur auf die Symptome und suchen sie zu heilen, ohne die Ursachen zu beseitigen. Analyse hingegen sucht die Ursachen der Symptombildung zu beseitigen, und zwar dadurch, daß sie den Patienten in die Lage versetzt, mit seinen Konflikten, die in erster Linie zu seinen Symptomen geführt haben, besser umzugehen, und dies wiederum hat zur Folge, daß nach den positiven Änderungen im Seelenleben des Patienten auch seine Symptome sich auflösen. Für einen Analytiker sind das Wesen und der Ursprung der Konflikte eines Patienten von vorrangigem Interesse und nicht dies oder jenes Symptom, das heißt diese oder jene Kompromißbildung.

An der Richtigkeit dieser Auffassung kann kein Zweifel sein. In der Analyse hat man sich auf die Gesamtheit der Konflikte eines Patienten zu konzentrieren und nicht nur auf das eine oder andere Symptom. Gleichzeitig sollte man sich klarmachen, daß ein Symptom wie jede andere Kompromißbildung zu einem besseren Verständnis des Konfliktes, dessen Ergebnis es ist, führen kann, sofern es sich analysieren läßt. In dieser Hinsicht unterscheidet es sich nicht von einem Traum. Wie Träume sind Symptome in der Analyse deshalb von großem Wert, weil sie gleichsam Wege sind, auf denen man zu einem besseren Verständnis der Konflikte eines Patienten gelangen kann.

Fordert der Analytiker daher einen Patienten auf, zu seinen Symptomen zu assoziieren, wie er ihn zu Assoziationen zu einem Traum veranlaßt? So ist es, und wie Lewin (1952) hervorhob, gibt es auch keinen Grund, warum der Analytiker sich anders verhalten sollte, das heißt, grundsätzlich keinen Grund. Wie bei einem Traum kann es natürlich auch bei einem Symptom gute Gründe geben, von diesem Grundsatz dann und wann abzuweichen, doch im allgemeinen fordert man einen Patienten auf, zu seinen Symptomen zu assoziieren, das heißt so offen und frei wie möglich darüber zu sprechen. Es gibt keinen besseren Weg, um zur Bedeutung eines Symptoms zu gelangen, um die miteinander in Konflikt liegenden Kräfte in der Seele eines Patienten, die das Symptom als untereinander ausgehandelten Kompromiß hervorgerufen haben, einigermaßen verständlich und durchschaubar zu machen.

Natürlich kann man nicht erwarten, auf diese Weise schnell oder mühelos zu einer tiefgehenden Einsicht in die Dynamik oder die Genese eines seit langem bestehenden Symptoms oder des hinter ihm stehenden Konflikts zu gelangen. Doch es ist überraschend, wieviel man hin und wieder schon recht bald über ein Symptom mutmaßen kann. Das ist aller Wahrscheinlichkeit nach aus mehr als einem Grunde möglich. Zumindest ein wichtiger Grund besteht darin, daß viele Symptome die konfliktträchtigen Wünsche der Kindheit in ziemlich unverhüllter und kindlicher Weise zum Ausdruck bringen. In dieser Hinsicht sind sie wie naive oder kindliche Träume. Wir alle wissen, wie durchsichtig und aufschlußreich solche Phantasien zuweilen sind. Wenn beispielsweise ein kleiner Junge erklärt, er möchte am liebsten, sein Vater sei tot, damit er seine goldene Uhr haben könne, dürfen wir beruhigt annehmen, daß Inzest-, Vatermord- und Kastrationswünsche die Phantasie des Kindes hervorgebracht haben. Man beachte nebenbei, daß wir uns nicht mit der Frage beschäftigen, ob das Kind die bewußte Kenntnis dieser Wünsche ertragen kann, ob für den Fall, daß der Junge sich in der Analyse befindet, ihm einer dieser Wünsche zu dem Zeitpunkt seiner Äußerung gedeutet werden kann. Wir sprechen hier nur von unserer Mutmaßung oder unserer Kenntnis über diese Wünsche. Um zu der Analogie zwischen Symptomen und Phantasien zurückzukehren, die Wünsche, die ihnen möglicherweise zugrunde liegen, lassen sich auch, jedenfalls bis zu einem gewissen Maße, erschließen, wenn beispielsweise ein erwachsener Patient gesteht, er habe nie eine Uhr für längere Zeit behalten können; als sein Vater ihm zur bestandenen Abschlußprüfung an der High school eine schöne Uhr geschenkt habe, sei sie kurze Zeit darauf zu Bruch gegangen; als er das College mit Erfolg beendet habe, habe sein Vater ihm eine noch schönere Uhr geschenkt, die er nach einigen Wochen verloren habe; und nach einigen Jahren habe er von seinem

Vater eine dritte Uhr als Weihnachtsgeschenk bekommen, die er aber ebenfalls verloren habe, und seitdem kaufe er sich nur noch ganz billige Armbanduhren, die er ein Jahr oder so trage, bis sie abgenutzt seien, um sich anschließend eine neue zu kaufen. Ähneln die Inzest-, Vatermord- und Kastrationswünsche, die offensichtlich in das symptomatische Verhalten dieses Patienten hineinspielen, nicht denen des Kindes, wie sie in seiner Phantasie zum Ausdruck kommen? Tatsächlich erfahren wir aus dem symptomatischen Verhalten des erwachsenen Patienten sogar noch mehr als aus der Phantasie des Kindes, nämlich dies, daß er wegen seiner ödipalen Wünsche Schuldgefühle hat und sich dafür zu bestrafen sucht. Und, so dürfen wir hinzufügen, kein Traum wäre wahrscheinlich zu Beginn der Analyse aufschlußreicher für die Konflikte eines Patienten als dieser Bericht über ein um Uhren kreisendes symptomatisches Verhalten.

Um zu einem früher erörterten Thema zurückzukehren: es erweist sich als zweckmäßig, den Gesichtspunkt im Auge zu behalten, daß man nicht an die Analyse eines Symptoms herangehen und dabei erwarten kann, es innerhalb einer Stunde vollständig zu »analysieren«. Bei jedem Versuch, die Symptome eines Patienten zu analysieren, erfährt man soviel, wie es eben geht, und weiß gleichzeitig, daß man niemals alles das erfährt, was man zu einem bestimmten Zeitpunkt gern wüßte. Als weiteres Beispiel für diesen Sachverhalt möchte ich den Fall einer jungen Frau anführen, die einmal in einer Sitzung zu Anfang ihrer Analyse erwähnte, sie habe sich einige Wochen zuvor, anläßlich des Besuchs in einer Bank, äußerst unbehaglich gefühlt. Sie war von einer Freundin, die in der Bank arbeitete, zum Mittagessen eingeladen worden. Ihre Freundin nahm sie mit in die Kantine. Es war ein Raum ohne Fenster, der unter dem Niveau der Straße lag und nur eine einzige Tür hatte. Die Patientin verspürte Angst und mußte sich unter einem Vorwand entfernen. Ich machte sie darauf aufmerksam, daß sie an dieses Ereignis gedacht hatte, nachdem sie mir kurz zuvor von ihrer toten Schwester erzählt hatte, die vor der Geburt der Patientin als kleines Mädchen gestorben war. Das Bild der Schwester, erzählte die Patientin, habe ihre ganze Kindheit hindurch auf ihrer Frisierkommode gestanden. Sie hatte immer das Gefühl, ihre Eltern verglichen sie mit ihrer Schwester und dabei habe sie schlecht abgeschnitten. Sie habe sich häufig deswegen schlecht benommen, weil ihre Schwester immer so gut gewesen sei. »Ich haßte sie, als ich älter wurde. Ich glaube, ich war glücklich darüber, daß sie tot war. Ja sicher, wenn sie nicht gestorben wäre, wäre ich nie zur Welt gekommen. Als ich klein war, hatte ich hin und wieder den Wunsch, wäre ich doch statt ihrer gestorben.«

Auf meine Intervention meinte die Patientin, sie könne sich nicht vorstellen, warum ein Kellerraum sie an ihre tote Schwester erinnert habe, wo sie doch nicht unter der Erde bestattet, sondern in der Grabkammer eines über der Erde errichteten Mausoleums beigesetzt worden sei. »Allerdings«, fügte sie hinzu, »als wir in den Eßraum (in der Bank) traten, bemerkte ich, daß er unmittelbar neben dem Tresor (im Engl. »vault«, was »Grabkammer« und »Tresor« bedeutet. Anm. d. Übers.) lag.« Sie erklärte weiter, sie gerate in Tunnels oder in Fahrstühlen häufig in Angst, vor allem wenn in einem Tunnel der Verkehr zum Erliegen komme, so daß man nicht ins Freie gelangen könne, oder wenn die Fahrstuhltür sich nicht sofort öffne.

Nach diesem kleinen Stück Symptomanalyse liegt auf der Hand, daß die Klaustrophobie der Patientin zumindest teilweise auf einen Konflikt der Patientin über ihre eifersüchtigen und mörderischen Wünsche gegenüber ihrer Schwester und ihren Eltern zurückging. Man darf vermuten, daß eine Kombination von Vorstellungen wie »Ich hasse sie«, »Ich wünschte, ich wäre an ihrer Stelle«, »Sie werden mich dafür hassen, daß ich sie hasse« und »Warum gehen sie fort? Warum kommen sie nicht zurück und bleiben bei mir?« hinter der Angstphantasie stand, wie ihre Schwester bestattet, von den Eltern, die ihre Rückkehr herbeisehnten, betrauert und geliebt zu werden, und daß sie sich all dies lieber wünschte, als einsam zu sein und die Rückkehr ihrer Eltern herbeizusehen, wie dies während ihrer Kindheit so häufig geschehen war. Es ist freilich nicht zu leugnen, daß dies weit davon entfernt ist, eine vollständige Analyse des Symptoms zu sein. So werden beispielsweise weder die Phantasien aufgehellt, denen sich die Patientin in ihrer Kindheit darüber hingegeben hatte, warum die Schwester gestorben war, noch kommen ihre ödipalen Wünsche – ihre Schwester war fünf Jahre alt, als sie starb –, ihr Penisneid und ihre Phantasien über die anale Geburt ans Licht. Diese Analyse ist dennoch ein nützlicher, wenn auch nur ein einziger Schritt zu einem besseren Verständnis hin und zu einem klareren Einblick in das Wesen der Konflikte der Patientin sowie ihres Ursprungs in der Kindheit.

Ein Symptom verschwindet häufig im Verlauf der Analyse. Wann immer es dazu kommt, kann man sicher sein, daß es sich dabei um eine Verschiebung des Gleichgewichts zwischen Es-, Ich- und Überich-Abkömmlingen handelt, die hinter dem Konflikt stehen, der seinerseits das Symptom als Kompromiß hervorbringt. Zwischen diesen psychischen Elementen kann es aus vielen unterschiedlichen Gründen (Brenner, 1966, 1973b) – infolge einer »Übertragungsheilung«, einer »Flucht in die Gesundheit«, einer Änderung in der Lebenssituation des Patienten – zu einer Verschiebung des Gleichgewichts kommen. Hier möchte ich mich mit jener Verschiebung beschäftigen, die sich als Ergebnis des Fortschritts in der Analyse eines Konflikts einstellt. Wesentliche analytische Fortschritte führen zwangsläufig zu Änderungen der verschiedenen Kompromißbildungen, die als Bestandteile zu den Konflikten jedes Patienten gehören, führen mithin zu Änderungen seiner neurotischen Symptome, seiner Hemmungen, seiner Fähigkeit zur Triebbefriedigung und vieler seiner Charakterzüge. Wenn im Gefolge analytischer Fortschritte ein Symptom verschwindet, kann man genau diesen Vorgang als weiteren Hinweis auf die Wünsche und Konflikte werten, die für das Symptom in erster Linie verantwortlich waren.

Beispielsweise hatte eine Frau in den Dreißigerjahren Angst davor, in einem Flugzeug zu fliegen. Besonders unangenehm war ihr der Gedanke, daß sie lediglich Passagier wäre, sollte es während des Fluges zu einem Zwischenfall kommen. Dann hätte sie überhaupt keine Möglichkeit, an das Armaturenbrett heranzukommen, um zu versuchen, die Situation zu retten. Nicht daß sie ein Flugzeug fliegen konnte, darin hatte sie nicht die geringste Erfahrung. Doch das Gefühl, nicht an die Steuerung herankommen zu können, war für sie mit höchster Angst verbunden, sofern sie es überhaupt fertigbrachte, einige Zeit bei der Vorstellung zu verweilen. Ihre weiteren Assoziationen förderten zutage, daß sie einmal keinerlei Angst verspürt hatte, als sie in einer kleinen Privatmaschine geflogen war. Dies erklärte sie sich damit, daß im Cockpit des kleinen Flugzeuges, wo sie gesessen hatte, für sie zumindest die Möglichkeit bestanden hätte, falls nötig »etwas zu tun«.

Den Mittelpunkt der schweren Konflikte dieser Patientin bildete die Tatsache, daß sie einen vier Jahre jüngeren Bruder hatte, daß er ein Junge war, sie hingegen »nur ein Mädchen«. Teils brennend eifersüchtig, teils hoffnungslos entmutigt, wurde sie angesichts ihres Zustandes, den sie unbewußt für minderwertig und für einen Beweis ihrer Kastration ansah, auch von ständigen Schuldgefühlen geplagt. Wer weiß, wie das Cockpit eines Flugzeugs mit seinen Instrumententafeln aussieht, kann sich leicht vorstellen, daß dort zu sitzen, mit dem Steuerknüppel – übrigens »Freudenknüppel« (»joy stick«), also Penis, in der Umgangssprache der Piloten – zwischen den Beinen, für die Patientin eine unbewußte Befriedigung ihres Peniswunsches bedeutete. Ihr bewußter Gedanke, nicht an die Flugzeuginstrumente herankommen zu können, wird verständlich, wenn man ihn als Abkömmling oder Repräsentant zweier unbewußter Vorstellungen begreift, zwischen denen eine enge Verbindung besteht. Zum einen der Vorstellung, daß es herrlich sein müsse, ein Mann zu sein und einen Penis zu besitzen. Dann brauchte sie sich nicht mehr zu sorgen, die Gefahr sei vorbei, es könne etwas Schreckliches geschehen. Der zweite unbewußte Gedanke war der Wunsch, ihren Bruder zu töten und zu kastrieren und das gleiche auch ihrem Vater anzutun, und dieser Wunsch versetzte sie in starke Angst. Der Sachverhalt wird durchsichtiger, wenn man das Symptom der Patientin wie folgt interpretiert. In einem Flugzeug zu fliegen hieß für die Patientin symbolisch, ein Mann mit einem Penis zu sein. »Lediglich Passagier« zu sein symbolisierte für sie, »nur ein Mädchen« und damit minderwertig und kastriert zu sein. Die Angst, die sie verspürte, entsprach den Gefahren – Bestrafung und Vergeltung in Form genitaler Verletzung – in Zusammenhang mit ihrer Eifersucht, mit ihren Mord- und Kastrationswünschen, und diese Wünsche wurden immer dann geweckt, wenn sie Passagier sein sollte, während ein Mann mit einem dicken Knüppel zwischen den Beinen die Maschine flog. Zu dem Zeitpunkt, als die Patientin zum erstenmal von ihrer Angst vorm Fliegen berichtete, war sie sich ihrer Eifersucht auf den Bruder kaum bewußt, weit weniger jedenfalls als ihrer Wut auf ihn und ihres Wunsches, seinen Penis zu besitzen. Sie war sich allerdings einiger Gedanken bewußt, die damit in Verbindung standen, beispielsweise ihrer Verbitterung darüber, daß wir in einer Männerwelt leben, in der Frauen nur Bürger zweiter Klasse sind; doch sie war sich dabei nicht der Verbitterung bewußt, die sie gegenüber ihrem Bruder verspürte. Wenn überhaupt, so verhielt sie sich ihm gegenüber eher fürsorglicher und beschützender, als ihm lieb zu sein schien. Mit fortschreitender Analyse rückten die verschiedenen Elemente ihres Penisneides deutlich in ihr Bewußtsein; die depressiven Affekte, die Eifersucht auf Bruder und Vater, die Wut auf sie und auf ihre Mutter, Schuldgefühle und Angst vor Verlassenwerden, vor genitaler Verletzung und Liebesverlust. Da war von ihrer Flugangst nicht mehr die Rede, und als sie einige Monate später wieder einmal mit dem Flugzeug flog, ließ sie keinerlei Bemerkung fallen, sie habe dabei Angst empfunden. Das Symptom verschwand, als der Konflikt sich wandelte. Die Tatsache, daß es verschwand, ist eine weitere Bestätigung dafür, daß es tatsächlich zu dem Konflikt gehörte, dem es angelastet worden war.

Dieser kurze Fallbericht verdeutlicht nebenbei auch einen Aspekt neurotischer Symptome, der in gewisser Weise selbstverständlich ist, aber dennoch nicht häufig genug betont werden kann. Wenn ein Analytiker einen Patienten als einen »Fall von Phobie« betrachtet, in dem genannten Beispiel von »Flugangst«, erweist er weder sich noch seinem Patienten einen guten Dienst. Das ist eine unvollständige und folglich nicht zutreffende Feststellung, und da sie dem Symptom des Patienten nicht gerecht wird, behindert sie unter Umständen sogar die analytische Arbeit. Schauen wir uns den Fall der oben erwähnten Patientin an. Eine vollständige zutreffende Aussage über ihr Symptom lautete: Die Patientin wurde immer dann von Angst erfüllt, wenn sie in einem Flugzeug fliegen sollte, ohne daß sie etwas zwischen den Beinen spürte, während ein junger Mann, zu dem sie keinerlei Kontakt hätte, als Leiter des gesamten Unternehmens vorn im Cockpit säße, einen dicken Knüppel zwischen seinen Beinen. Wenn sie hingegen neben dem Piloten säße und ebenfalls etwas zwischen den Beinen hätte, würde sie nicht die geringste Angst verspüren.

Wird das Symptom der Patientin so oder ähnlich beschrieben, also in einer Art und Weise, die ihm gerecht wird, dann mag man nach der Beschreibung durchaus die Meinung vertreten, die Patientin litte folglich doch unter »Flugangst«, müßte dann aber hinzufügen, daß es sich dabei um eine Flugangst ganz besonderer Art handelt. Das ist sicher richtig, genauso richtig wie die Behauptung, jedes Symptom eines Patienten sei »von ganz besonderer Art«, wie ja auch jeder Traum eines Patienten einzigartig ist. Verallgemeinerungen sind notwendig und im richtigen Zusammenhang auch zweckdienlich, doch ihre Gültigkeit hat Grenzen. Wenn es darum geht, die Symptome eines Patienten zu analysieren, möchte man vor allem ihre individuellen, ihre einzigartigen Merkmale näher kennenlernen. Allgemeine Aussagen über Symptome sind so lange sinnvoll, als sie die Aufmerksamkeit auf Ähnlichkeiten bei Symptomen lenken sollen, die man bei verschiedenen Patienten entdeckt hat. Das Beachten solcher Ähnlichkeiten kann dem Analytiker nützliche Hinweise auf einige Konfliktelemente bei einem Patienten liefern. Doch man sollte sich gleichzeitig auch vor Augen halten, daß ähnliche Kompromißbildungen nicht immer auf ähnliche Wünsche und Ängste hindeuten, genauso wie man sich stets vergegenwärtigen sollte, daß ähnliche Wünsche und Ängste höchst unterschiedliche Kompromißbildungen nach sich ziehen können. Mit anderen Worten, solche Hinweise sollte man mit Vorsicht behandeln. Sie sollten in einem gegebenen Fall nicht unkritisch als stichhaltig hingenommen werden, nur weil man gehört oder gelesen hat, daß sie sich in anderen an der Oberfläche ähnlich gelagerten Fällen als zutreffend erwiesen haben.

Die Mahnung, sich daran zu erinnern, daß unterschiedlichen Symptomen ähnliche Wünsche und Ängste zugrunde liegen können, führt uns zu einem weiteren Punkt, an den man bei seiner klinischen Arbeit stets denken sollte. Auch er ist wohlbekannt, verdient aber, wie der zuvor genannte, erneute Wiederholung. Wenn infantile Triebwünsche, Neigungen zu Selbstbestrafung und Selbstzerstörung oder eine Mischung von beiden psychische Konflikte größeren Ausmaßes heraufbeschwören, sind die sich daraus ergebenden Kompromißbildungen niemals auf ein oder mehrere neurotische Symptome beschränkt. Immer sind auch charakterologische Konsequenzen zu beobachten, manche ganz offensichtlich pathologisch wie die sogenannten neurotischen Charakterstörungen, manche im Bereich des Normalen liegend, während wieder andere kaum mit Sicherheit als normal oder pathologisch zu etikettieren sind. Mit anderen Worten, die Symptome eines Patienten sind niemals voneinander isoliert auftretende Phänomene. Ihre psychodynamischen Grundlagen und ihr Ursprung stehen in jedem Fall in enger Beziehung zu denen anderer wichtiger Kompromißbildungen bei demselben Patienten. Wir haben uns daran gewöhnt, zwischen Charakter- und Symptomneurosen zu unterscheiden, doch es kann durchaus sein, daß diese Unterscheidung weniger wichtig ist, als man häufig angenommen hat. In den zurückliegenden Jahren ging es bei der Diagnose in erster Linie um die Frage, ob ein Patient unter Konversionssymptomen, unter Angst und Phobien oder unter Zwangsgedanken und -handlungen litt, wohingegen charakterologische Probleme erst dann ins Blickfeld gerieten, wenn die Analyse bereits aufgenommen war, wenn die Probleme im Verlauf der Behandlung auftauchten. In jüngerer Zeit liegt das diagnostische Schwergewicht bei den Erstinterviews vorwiegend auf Charakterproblemen, so daß nicht selten die Symptome des Patienten erst mit fortschreitender Analyse ins Blickfeld kommen. Um die Sache noch zu verkomplizieren, richten sich die Klagen von Patienten – nicht worunter sie leiden, sondern worüber sie klagen – im allgemeinen nach der jeweiligen Mode, das heißt jüngere Erwachsene klagen unter Umständen über Entfremdungsgefühle, über Zweck- oder Ziellosigkeit und Desinteresse an Leben – alles modische Erscheinungen –, und erst nach geraumer Zeit wird deutlich, daß ein Patient mit solchen Klagen stereotype Wendungen benutzt, um die Symptome und Charakterprobleme, unter denen er wirklich leidet, vor sich und vor allem vor seinem Analytiker zu verbergen. Mit anderen Worten, Klagen à la mode dienen unter Umständen dem Zweck, sich zu bestätigen, daß man nicht so krank und so verschieden von seinen Mitmenschen ist, wie man im Grunde befürchtet.

Der entscheidende Punkt ist jedoch, daß Symptome im Leben des Patienten keine Phänomene darstellen, die isoliert sind, gleichsam ein Eigenleben führen. Sie sind vielmehr Bestandteile eines organisch gewachsenen Ganzen, der Totalität seines Seelenlebens. Zu welchen Kompromißbildungen die psychischen Konflikte eines Individuums auch führen mögen, diejenigen, die wir als Symptome bezeichnen, sind genauso wie alle anderen Bestandteile der jeweiligen Persönlichkeit. Tatsächlich unterscheiden sie sich von normalen Kompromißbildungen eher dem Grad als der Art nach (Brenner, 1972, Kapitel 8 und 9). Übrigens könnte man hinzufügen, es liegt nach dieser Erörterung auf der Hand, daß ein Symptom niemals »eine Abwehr« ist. Bei jeder Kompromißbildung spielen Abwehrmaßnahmen eine Rolle, aber per Definition niemals mehr als eine Rolle. Homosexualität ist so wenig »Abwehr« gegen Schizophrenie, wie Zwangssymptome Depressionen abwehren. Solche Formeln sind viel zu simpel, als daß sie den Tatsachen gerecht werden könnten.

Doch um zu unserem Hauptthema zurückzukehren, man sollte sich stets daran erinnern, daß sich in einem Symptom oder auch in einer Charakterstörung die Art und Weise äußert, wie ein Patient denkt, fühlt und sich verhält, wenn er abgelehnt wird, wenn er geliebt wird, wenn er einsam ist, wenn er sich in einer Menge aufhält, wenn er Erfolg hat oder versagt, wenn er sexuell erregt ist, wenn er gehemmt, erschreckt oder wütend ist, wenn er sich frustriert oder befriedigt fühlt, was immer auch gerade der Fall sein mag. Wie jedes andere psychische Phänomen fügt sich auch ein Symptom in das Leben des Patienten ein. Wie lange Zeit es auch schon bestehen, wie häufig es auch aufgetreten sein mag; wenn es im Bewußtsein des Patienten aufsteigt oder erscheint, dann jedesmal als Folge dessen, was der Patient in gerade diesem Augenblick denkt und erlebt, so wie jeder Traum, welches immer auch sein infantiler latenter Inhalt sein mag, in Beziehung steht zu den Ereignissen des Augenblicks im Leben des Träumers, und in gewissem Maße auch Folge dieser Ereignisse ist. Es trifft nicht genau den Tatbestand, wenn wir, wie es häufig geschieht, ein neurotisches Symptom als etwas betrachten, das sie vom organisierten, integrierten und normalen Teil im Ich eines Patienten abgesondert hat.

Betrachten wir zum Beispiel den Fall eines Patienten, der über immer wieder auftretende Rücken-, Kopf- oder Magenschmerzen klagt. »Seine Symptome zu analysieren« bedeutet weit mehr, als ihn danach zu fragen, was ihm dazu einfällt. Solche Assoziationen »zu seinen Symptomen« sollten nicht vernachlässigt oder übersehen werden. Alles, was der Patient sagt, verdient Beachtung. Die Worte, die er benutzt, um ein Symptom zu beschreiben, sind schließlich seine ersten Assoziationen dazu und sind häufig aus diesem Grund von besonderer Bedeutung, genau wie die Schilderung eines Traums (siehe oben). Doch hier sei besonders betont, wie wichtig es ist, bei der Symptomanalyse soviel wie möglich in Erfahrung zu bringen über den psychologischen Kontext im Leben des Patienten, in dem ein Symptom auftritt oder, wie es häufig der Fall ist, wiederauftritt. Sehr nützlich ist es, womöglich etwas über ein peinigendes Erlebnis zu erfahren, das dem Patienten gestern, heute oder am Wochenende widerfahren ist. Was der Patient getan, gedacht oder gefühlt hat, als er den mit diesem Erlebnis verbundenen Schmerz verspürt hat, welche Gedanken ihn bewegten, als er den Schmerz verspürte usw., all dies liefert sehr häufig aufschlußreiche Hinweise auf die unbewußten Konflikte, zu denen das Symptom – in diesem Fall das Peinigende, Schmerzhafte – als Bestandteil gehört.

Das soll nicht heißen, daß die Patienten über ihre Symptome ausgefragt werden sollten, genauso wenig wie über ihre Träume oder andere Dinge. Ideal sind offensichtlich spontane Äußerungen. Doch wenn ein Patient fortwährend Einzelheiten der soeben erwähnten Art ausspart oder über seine Symptome nur in allgemeinen Wendungen spricht wie »In einem überfüllten Bus fühle ich mich immer schwach und ohnmächtig« oder »Nur das Abheben des Flugzeugs macht mich nervös«, dann kann man ziemlich sicher sein, daß der Patient aus einem bestimmten, gewöhnlich unbewußten Grund Einzelheiten umgeht. Darauf sollte man ihn aufmerksam machen und es wie jeden anderen gravierenden Widerstand zu analysieren versuchen.

Wenn der Widerstand des Patienten nicht zu stark, wenn er in der Lage ist, über einen symptomatischen Vorfall frei zu sprechen, kann man die Beziehung zwischen seinem Symptom und den anderen Aspekten seines Lebens, die psychodynamisch miteinander verbundene Kompromißbildungen darstellen, am deutlichsten erkennen. So machte sich beispielsweise bei der unter Flugangst leidenden Patientin, deren Fall ich oben beschrieben habe, das Symptom bei einer Gelegenheit erneut bemerkbar, nachdem sie über viele Monate hin davon frei gewesen war. Die naheliegende Frage war also: »Was war dem Rückfall vorausgegangen, was hatte ihn ausgelöst?« Als sie über das Ereignis sprach, fiel ihr ein, daß

sie in dem Augenblick, da Angst in ihr aufstieg, ein, wie sie
sich ausdrückte, »flaues Gefühl im Magen hatte, ein Gefühl,
als ob ich mich ekelte«. Sie konnte sich nicht daran erinnern,
wann sie das letzte Mal Magenschmerzen gehabt hatte. Sie
schwieg einige Augenblicke lang und fuhr dann, offensichtlich widerstrebend, mit Sprechen fort. Das letzte Mal, erinnerte sie sich jetzt, war gewesen, als sie ihren Freund auf
dessen Verlangen hin durch Fellatio befriedigt hatte. Sie hatte
dabei nicht das geringste Vergnügen empfunden. Vielmehr
fühlte sie sich gedemätigt und mißbraucht. Es hatte ihr
Magenschmerzen bereitet. An Bord des Flugzeuges, erklärte
sie weiter, habe sie nichts essen können, sondern die Mahlzeit
unberührt wieder abräumen lassen. Zum Glück hatte sie vor
dem Abflug ein gutes Mittagessen zu sich genommen. Sie war
mit einer Kollegin zu einem bestimmten Verkaufsstand gegangen und hatte zwei große Bockwürste verzehrt, die für sie
eine Art Spezialität darstellten. Als sie noch ein Mädchen war,
hatte sie solche Würste mit besonderem Vergnügen verspeist,
doch als erwachsene Frau aß sie sie nur hin und wieder.
An dieser Stelle muß hinzugefügt werden, daß der fragliche
Flug zu einer Geschäftsreise gehörte. Sie war kurz zuvor in
eine berufliche Position versetzt worden, die mit größerer
Verantwortlichkeit ausgestattet war, und flog aufgrund dieser
Beförderung zu einer Konferenz. Ferner sei hinzugefügt, daß
für sie befördert werden bedeutete, daß ihr Chef, ein älterer
Mann, sie ihren Kollegen, von denen viele Männer waren,
vorzog, was für sie, wenn zunächst auch nur unbewußt,
gleichbedeutend war damit, daß ihr Vater sie ihrem Bruder
vorzog, der in ihrer Kindheit ihr Hauptkonkurrent und das
wichtigste Objekt ihrer Eifersucht gewesen war.
Dieser kurze Fallbericht wird den Leser, so hoffe ich jedenfalls, von einem Sachverhalt überzeugen, für den das analytische Material überreichlich Anhaltspunkte liefert, von einem Sachverhalt, der sich folgendermaßen umschreiben läßt:
Für die Patientin symbolisierte der Flug zu der Konferenz,
nachdem sie kurz zuvor befördert worden war, unbewußt die
Befriedigung angsterregender, mit Schuldgefühlen verbundener Wünsche. Es heißt für sie, daß sie über ihren Bruder
gesiegt hatte, indem sie ihm den Penis abgebissen hatte, den
nunmehr sie besaß, und daß sie fortan der bevorzugte Bruder,
der Junge in der Familie war. Für dieses Verbrechen hatte sie

freilich zu bezahlen, und sie bezahlte mit Angst, Ekel, Hunger und Abscheu vor sich selbst, daß sie ein solcher »Weichling«* war, der in Angst und Schrecken geriet, wenn er im Flugzeug flog. Doch im Zusammenhang dieser Erörterung ist es vor allem wichtig, sich klarzumachen, daß dieselben Kindheitswünsche – ein Junge und der Liebling ihres Vaters zu sein –, die zu ihrem Symptom geführt hatten, auch für die anderen Aspekte ihres Lebens als erwachsene Frau von gleicher Bedeutung waren. So beeinflußten sie beispielsweise ihre Berufswahl, und sie trugen viel zu dem Vergnügen bei, das sie aus ihrer Arbeit zog, wie auch zu ihren Hemmungen und unglücklichen Gefühlen, die ihr aus dem Beruf erwuchsen. In einem ganz realen Sinne gehörte das Symptom der Patientin bei der soeben beschriebenen Gelegenheit zu ihrer Reaktion auf die berufliche Beförderung. Genauso wenig ist zu leugnen, daß man das Symptom nicht verstehen kann, ohne seine Beziehung zu den unbewußten Konflikten der Patientin und zu ihrem Ursprung in den Triebwünschen und Ängsten in der Kindheit zu sehen. Auf diesen Umstand haben Analytiker, beginnend mit Freud, in der Tat bei ihren Bemühungen, die Psychologie neurotischer Symptome aufzuhellen, immer wieder mit besonderem Nachdruck hingewiesen. Es erweist sich stets als hilfreich, wenn man während der klinischen Arbeit daran denkt, daß jedesmal dann, wenn ein Symptom wiederauftaucht, der Grund darin zu suchen ist, daß etwas Gegenwärtiges die dem Symptom zugrunde liegenden Triebkonflikte aktiviert hat. Dieses »etwas« mag, wie im vorliegenden Fall, eine Änderung der Lebenssituation des Patienten sein. Es kann auch ein sexuelles Erlebnis sein, ferner etwas, das in der Analyse geschieht, vor allem etwas bei der Übertragung, usw. Welches auch der Grund sein mag, auf jeden Fall ist etwas Vergangenes als neurotisches Symptom in der Gegenwart wirksam geworden, so wie es auf so vielfältige Weise ständig und wiederholt in der Gegenwart wirksam ist. Man sollte sich dabei vergegenwärtigen, daß ein Symptom eine der vielen Weisen ist, in denen sich Vergangenes bemerkbar macht. Es unterscheidet sich in gewisser Hinsicht von den

---

* Im Amerikanischen »sissy«, »Schwesterchen«, abgeleitet von »sister«. Die Bedeutung des Wortes an dieser Stelle wird durch das deutsche »Weichling« nur unvollständig wiedergegeben. Die Patientin hielt sich für »weichlich« und »feige«, weil sie eine Frau war. (Anm. d. Übers.)

anderen Erscheinungsweisen, ist jedoch von den anderen niemals völlig abgelöst, und es ist von praktischer Bedeutung, daß seine Verbindung zu anderen Lebensaspekten des Patienten entscheidende Aufschlüsse darüber geben kann, wie die Konflikte, die allen diesen Aspekten zugrunde liegen, zu verstehen, von welcher Art sie sind.

Soviel zu Symptomen und ihrer Bedeutung für die analytische Technik. Ein weiteres Merkmal des Seelenlebens erweist sich als ebenso wertvoll, wenn es gilt, etwas über das Wesen und den Ursprung der psychischen Konflikte eines Patienten in Erfahrung zu bringen. Wir können es unter die Stichworte Tagträume, bewußte Phantasien oder Träumereien zusammenfassen. Dazu gehören, genaugenommen, sowohl persönliche Phantasien, das heißt solche, die einem einzelnen Patienten eigen sind, wie auch vorgefertigte oder gemeinschaftlich erfahrene wie Filme, Schauspiele, Fernsehen, Romane, Gedichte, Mythen und religiöse Glaubensvorstellungen. Wie bei den Symptomen, so ist es auch hier erstaunlich, wie wenige Arbeiten wir in der Literatur finden, die sich mit der Analyse dieser bewußten Phantasien in einem klinischen Setting beschäftigen. Nicht daß sie in ihrer Bedeutung für das Seelenleben verkannt oder unterschätzt worden wären. Über Religion, Mythologie und Literatur beispielsweise sind viele Bücher und Aufsätze erschienen, und die Bedeutung von Tagträumen ist schon ganz zu Anfang der Entwicklung psychoanalytischer Theorie und Praxis erkannt worden (Freud, 1908a). Dennoch ist die Rolle, die sie für die psychoanalytische Technik spielen, wichtig genug, daß es gerechtfertigt erscheint, ihnen mehr Aufmerksamkeit und Beachtung zu widmen, als sie im allgemeinen erfahren haben. Das Thema sollte in Kursen und Seminaren über psychoanalytische Technik ausführlich behandelt werden, vielleicht sogar mit besonderer Berücksichtigung masturbatorischer und verwandter sexueller Phantasien.

Grundsätzlich geht man an ein Element des wachen Phantasielebens mit derselben Methode heran wie an ein Symptom oder einen Traum, das heißt, man versucht, soviel wie möglich über seine Determinanten und Verknüpfungen im Seelenleben des Patienten in Erfahrung zu bringen, und zwar mit Hilfe seiner Assoziationen dazu und unter Beachtung des Kontexts, in dem sie auftauchen. Wichtig ist, eine Phantasie nicht für bare Münze zu nehmen, beispielsweise nicht einfach als eine in sich zusammenhängende Geschichte. Das gilt besonders dann, wenn man es mit einem Schauspiel oder einem Erzählwerk zu tun hat. Denn weder die Intention des Autors noch die Reaktion des Analytikers selbst sind von entscheidender Bedeutung. Vielmehr sollten die Assoziationen des Patienten im Mittelpunkt der analytischen Arbeit stehen. Das gleiche gilt für jede andere von vielen Menschen geteilte oder gemeinschaftliche Phantasie, wie etwa für einen Mythos oder eine religiöse Glaubensvorstellung. Die gleiche Phantasie kann für verschiedene Menschen unterschiedliche Bedeutungen haben. Für manche Leute scheint sogar im Mittelpunkt des Dramas »König Ödipus« von Sophokles das Thema der Feindschaft zwischen Mutter und Sohn zu stehen (Levin, 1957), während für andere das zentrale Thema der Sohnesmord zu sein scheint (Rascovsky und Rascovsky, 1968).

Eine kurze Abschweifung kann in diesem Zusammenhang angebracht sein. Kein Kunstwerk welcher Art auch immer hat in sich oder an sich irgendeine Bedeutung. Von »der Bedeutung« eines Kunstwerks zu sprechen ist nur dann sinnvoll, wenn man damit seine ganze, das heißt bewußte und unbewußte, Bedeutung für bestimmte Individuen meint. Bei einigen Geschichten, Mythen und religiösen Legenden ist die Beziehung zu allgemein vorhandenen Triebwünschen und -konflikten unverkennbar und unzweideutig. »Die Brüder Karamasow« handelt von Vatermord, desgleichen »Hans und die Zauberbohne« und »König Ödipus« von Sophokles. Welche Kindheitswünsche und -konflikte in der Psyche eines männlichen Patienten auch mit einer dieser drei Geschichten verbunden sein mögen, um Vatermord kreisende Wünsche und Konflikte gehören unweigerlich dazu. Sicher, bei jedem Patienten sind Konflikte, die mit Vatermord zu tun haben, einmalig in ihrer Art. Sie können nur mit Hilfe seiner Assoziationen und der Kenntnisse, die seine Assoziationen über Einzelheiten seiner frühen Erlebnisse vermitteln, ans Licht gefördert werden. Doch was man dabei in Erfahrung bringt, hat zwangsläufig in der einen oder anderen Form mit Vatermord zu tun. Die meisten Geschichten und Mythen sind jedoch mehrdeutig. Sie üben vielfache Wirkungen aus und können für verschiedene Leute höchst unterschiedliche

Dinge »bedeuten«. Je verwickelter die Handlung und je weniger eindeutig sie ist, um so wahrscheinlicher verhält es sich so wie angedeutet. Daher sind Versuche, zum »Verständnis« eines Romans oder eines Textes mit romanhaftem Charakter psychoanalytisches Wissen heranzuziehen, in den meisten Fällen wenig überzeugend, weil sie von falschen Voraussetzungen ausgehen. Sie enthalten nicht nur eine einzige »Bedeutung«, die auf jedermann zuträfe, sondern viele Bedeutungen, von denen jede von einigen Menschen, aber keine von allen als stichhaltig angesehen wird.

Außerdem kann es geschehen, daß bei Menschen, die in einer bestimmten seelischen Verfassung sind, eine vorgefaßte Meinung alles andere verdunkelt. Jeder Patient erlebt Zeiten, in denen seine Psyche von einer Sache, was immer dies auch sein mag, in Anspruch genommen wird. Wenn dies der Fall ist, kreisen seine Assoziationen zu einem Kunstwerk, wie zu allem anderen auch, vorwiegend um den einen oder anderen Aspekt des Themas, das ihn im Augenblick vollauf beschäftigt.

Folglich ist man auf die Assoziationen eines Patienten angewiesen, wenn man zu einer zutreffenden Mutmaßung über die Bedeutung gelangen will, die eine Erzählung oder ein Mythos für ihn haben. Wenn eine Erzählung oder ein Mythos für neunundneunzig Menschen etwas Bestimmtes bedeuten, ist das noch keine Garantie dafür, daß auch der hundertste diese Bedeutung darin erkennt. Der Grund dafür liegt zum Teil in dem mehrdeutigen Charakter der meisten dieser Kunstwerke, zum Teil in dem mächtigen Einfluß, den intensive Konflikte, auch wenn sie unbewußt sind, auf Denken und Wahrnehmung ausüben.

Was die Analyse der persönlich gefärbten Tagträume eines Patienten angeht, so reicht kein klinisches Beispiel in seiner Aussagekraft an das heran, was Freud in seiner Arbeit »Über Deckerinnerungen« (1899a) anführt. Über viele Jahre hin war diese Arbeit unzugänglich, weil Freud nach der ersten Veröffentlichung aus Gründen der Diskretion eine weitere Publizierung unterband. Seit Herausgabe der *Standard Edition* seiner Werke (und natürlich seit Erscheinen der *Gesammelten Werke* in 18 Bänden, ab 1960 im S. Fischer Verlag, Frankfurt am Main, zuvor von 1940 bis 1952 in Imago Publishing Co., London; Anm. d. Übers.) ist sie wieder ohne weiteres zugänglich, und es lohnt die Mühe, sie gründlich zu studieren. Es sei hier erwähnt, daß Freud als Erinnerung bezeichnet, was er analysierte, und nicht als Phantasie, doch es scheint nicht weniger gerechtfertigt, darin die Phantasie eines Jugendlichen über seine Kindheit zu sehen, das heißt über ein Geschehen, von dem er überzeugt war, es habe sich wirklich ereignet.

Im Verlauf einer Analysestunde tauchen nicht selten Phantasien auf. So hatte beispielsweise ein junger Mann, als er gerade über die monatliche Analyserechnung sprach, die er kurz zuvor erhalten hatte, die Vorstellung, er habe seine Faust durch die Füllung der Tür zu meinem Sprechzimmer gestoßen. Bei dem Gedanken an ein Loch in der Türfüllung brach er in Lachen aus. »Was würden Sie ihren anderen Patienten erklären?« fuhr er fort. »Sie könnten überhaupt keine Patienten empfangen, ehe die Tür nicht repariert wäre. So kam mir der Gedanke, ich würde Sie dann bezahlen, und zwar nicht nur für die Tür, sondern für die ganze Zeit, in der Sie keine Patienten empfangen könnten, also so lange, wie die Tür nicht repariert wäre.«

Damit kam der Patient in seinen Assoziationen zu der Eifersucht, die er gegenüber meinen anderen Patienten empfand, zu einem Thema, über das er zuvor nur selten gesprochen hatte, und selbst bei diesen wenigen Gelegenheiten war er gefühlsmäßig nicht davon überzeugt gewesen, daß er auf die anderen Patienten eifersüchtig war. Tatsächlich hatten ihn die bevorstehenden Sommerferien unbewußt daran erinnert, wie oft seine Eltern während seiner Kindheit nicht zu Hause gewesen waren und ihn dann der Obhut eines Kindermädchens überlassen hatten. Wie ich hatte die Frau sich um ihn nicht aus Liebe, sondern um des Geldes willen gekümmert, und ähnlich wie ich hatte sie ihre Aufmerksamkeit auf die verschiedenen Kinder verteilt, die ihr anvertraut waren. Der Gedanke, er könne auf sein Kindermädchen jemals wütend gewesen sein, fiel ihm schwer, denn die Frau war der Mensch gewesen, den er als Kind am meisten geliebt hatte. Die schlimmsten Alpträume, die er als kleiner Junge gehabt hatte, handelten von ihrem Tod. Zu diesem Zeitpunkt konnte dem Patienten nur das Wiederaufleben seiner soeben beschriebenen Kindheitsgefühle und -wünsche sinnvollerweise gedeutet werden. Außerdem lag es nahe, eine unbewußte sadistische

Koitus-Phantasie zu mutmaßen, die symbolisch in der Vorstellung zum Ausdruck kam, ein Loch in meine Tür zu schlagen. Diese Vermutung fand eine Stütze in anderen Fakten, so in Sexualphantasien seiner Adoleszenz und in einer Vielzahl von Eigentümlichkeiten seiner Sexualbeziehungen zu Frauen im Erwachsenenalter. Die Analyse der Phantasie lieferte überdies Anhaltspunkte für eine genetische Hypothese, daß nämlich sein Wunsch, sich gegenüber Frauen sexuell grausam zu verhalten, zum Teil durch seinen Wunsch motiviert war, sich sowohl an seiner Mutter wie an seinem Kindermädchen dafür zu rächen, daß sie ihn so oft verlassen hatten, vor allem aber dafür, daß sie ihn, wie ihm sein Gefühl sagte, vernachlässigt hatten, nachdem sein jüngerer Bruder zur Welt gekommen war.

Auch ein Versprechen während der Analysestunde, die Verwendung einer auffälligen Redewendung oder Metapher oder ein Witz, den der Patient erzählt, können, sofern sie sich analysieren lassen, das heißt sofern der Patient zu ihnen assoziiert, eine nützliche Informationsquelle sein, die Aufschluß über das Wesen und den Ursprung der Konflikte des Patienten geben. Hier muß jedoch hinzugefügt werden, daß Vorsicht geboten ist. Grundsätzlich ist es nützlich und sinnvoll, wenn der Patient zu Witzen, Metaphern, Fehlleistungen, bewußten Phantasien, Träumen und Symptomen assoziiert, doch in der Praxis sollte man sich davor hüten, den Eindruck zu erwecken, als drängte man den Patienten, zu allem zu assoziieren, was im Verlauf einer Stunde auftaucht. In solchen Fällen ist die Gefahr zu groß, daß man den spontanen Fluß der Assoziationen des Patienten hindert und ihm seine eigenen Vorstellungen darüber aufdrängt, was er denken und worüber er sprechen soll.

Es entspricht, glaube ich, guter analytischer Technik, den Patienten zu einem ziemlich frühen Zeitpunkt in seiner Analyse mit der Tatsache vertraut zu machen, daß es von Nutzen ist, all diese psychischen Phänomene zu analysieren. Ich möchte hinzufügen, daß dies nicht einmal mit vielen Worten geschehen muß. Man kann dem Patienten die Sache klarmachen, indem man ihn einfach bei passender Gelegenheit nach seinen Assoziationen fragt. Gewöhnlich assoziieren Patienten dann auch zu den fraglichen Phänomenen, die mit dem analytischen Material zum Vorschein kommen. Wenn sie dies durchweg nicht tun oder auffällig selten, ist stets ein besonderer Grund dafür vorhanden, und der liegt gewöhnlich entweder in einer Abwehr, in einem bestimmten Übertragungsgeschehen oder in einer Mischung aus beidem. In einem solchen Fall ist es angezeigt, den Patienten darauf aufmerksam zu machen, daß er es vermeidet, über irgend etwas zu sprechen, was immer dies auch sein mag, und man sollte sich hüten, ihn, wenn auch noch so rücksichtsvoll, anzuhalten, sein Verhalten zu ändern, um es analytisch zu sagen. Bei seiner Entscheidung über das weitere Vorgehen in einem solchen Fall sollte man sich, wie in jedem ähnlichen Fall auch, vom Wesen der analytischen Aufgabe, wie sie sich insgesamt stellt, leiten lassen, also von der Aufgabe, die Natur und den Ursprung der Konflikte des Patienten so weitgehend wie möglich zu verstehen. Wovon immer man glaubt, es diene diesem Zweck am besten, das sollte man auch tun. Jede persönliche Vorliebe, mag sie Träumen oder irgendeinem anderen Element des analytischen Materials gelten, beeinflußt unweigerlich die Übertragung. Nach meiner Auffassung ist es auf lange Sicht zweckmäßiger, die schädlichen Auswirkungen einer solchen Vorliebe zu vermeiden, als irgendeinen Traum, eine symptomatische Äußerung usw. zu analysieren.

Zusammenfassung

1. Wenn man die Theorie der Traumpsychologie in der von Arlow und mir (1964) vorgeschlagenen Richtung revidiert, ergeben sich daraus für die Praxis wesentliche Vorteile.

2. Was man gewöhnlich für den manifesten Trauminhalt ansieht, ist in Wahrheit etwas anderes, nämlich ein Bericht, der die ersten Assoziationen des Patienten zu seinem Traum darstellt. Aus der Berücksichtigung dieser Tatsache ergeben sich für die analytische Arbeit praktische Vorteile.

3. Häufig kann man lediglich aus dem Bericht eines seit einiger Zeit in Analyse befindlichen Patienten über einen Traum auch ohne weitere Assoziationen viele Rückschlüsse auf die jeweilige Bedeutung ziehen.

4. Was immer ein Patient während der Analyse träumt, hat mit seinem Wunsch nach Kommunikation mit seinem Analytiker zu tun. Das gilt auch für alles andere, was der Patient in der Analyse erzählt oder für sich behält. Der Wunsch zu kommunizieren oder für sich zu behalten hat von Traum zu Traum ein anderes Gewicht. Er kann von vorrangiger oder großer Bedeutung sein oder auch nicht.

5. Es hat eine lange Tradition, die Bedeutung von Träumen für die psychoanalytische Therapie besonders hervorzuheben, doch dabei wurde die Frage zu wenig berücksichtigt, welche Stellung innerhalb der Analyse andere psychische Phänomene wie Tagträume, Fehlleistungen, Metaphern, Witze, Reaktionen auf Kunstwerke oder auch neurotische Symptomen einnehmen sollten. Wie die Träume sind auch diese Phänomene allesamt Kompromißbildungen. Unter geeigneten Umständen können sie alle erheblich dazu beitragen, daß man das Wesen und den Ursprung psychischer Konflikte besser versteht.

6. Beispiele wurden dafür angegeben, wie wertvoll die Analyse von Symptomen in der Psychoanalyse sein kann. Der Leser wurde darauf aufmerksam gemacht, welche Bedeutung der Dauer und/oder dem wiederholten Auftreten von Symptomen für die analytische Arbeit zukommt. Anhand von Fallbeispielen wurde erörtert, was das Verschwinden und/oder das Wiedererscheinen von Symptomen bedeuten kann.

7. Wie ein Traum, so ist auch ein Symptom in jedem Fall einzigartig. Symptome, die auf dem ersten Blick ähnlich aussehen, können das Ergebnis unterschiedlicher Konflikte sein; ähnliche Konflikte können Symptome hervorrufen, die auf dem ersten Blick unterschiedlich sind.

8. Bei der Analyse eines Symptoms ist es stets zweckmäßig und häufig sogar von entscheidender Wichtigkeit, den psychischen Zusammenhang, in dem es erscheint, besondere Aufmerksamkeit zu widmen.

9. Der Bericht eines Patienten über ein Symptom enthält die ersten Assoziationen auf dieses Symptom.

10. Ein Symptom ist niemals nur Abwehr. Es ist vielmehr ein Kompromiß, bei dem Abwehrmechanismen eine Rolle spielen.

11. Symptome sind keine isoliert auftretenden Phänomene.

Sie sind Teil eines organischen Ganzen, Teil der Gesamtheit des Seelenlebens eines Patienten. Die Beziehung zwischen einem Symptom und anderen, normalen wie pathologischen, Aspekten im Leben eines Patienten kann Aufschlüsse geben, die die Konflikte, die ihnen allen zugrunde liegen, besser verstehen lassen.

12. Kein Kunstwerk, welcher Art auch immer, hat in und aus sich eine Bedeutung. Es ist nur dann sinnvoll, von »der Bedeutung« eines Kunstwerks zu sprechen, wenn man das Wort dazu verwendet, die bewußte oder unbewußte Bedeutung, die es für einen oder mehrere Menschen hat, zu kennzeichnen. Es gibt nicht nur eine einzige »Bedeutung«, die für alle Menschen gültig wäre. Vielmehr gibt es viele »Bedeutungen«, von denen jede für einige, keine aber für alle Menschen gültig wäre.

13. Ein Fallbeispiel sollte den Wert der Analyse eines Tagtraums deutlich machen. Außerdem wurde der Leser auf ein ungewöhnlich aufschlußreiches Beispiel aus der Literatur hingewiesen (Freud, 1899).

7. Analyseziele, Fallauswahl, praktische Arrangements und andere Themen

Wie die Überschrift andeutet, soll dieses Kapitel der Erörterung einer etwas gemischten Themengruppe gewidmet sein. Die ersten drei – Analyseziele, Fallauswahl und Beendigung der Therapie – bilden in gewisser Hinsicht ein einziges Thema, denn sie hängen alle in bedeutendem Maße von der Möglichkeit ab, mit den Mitteln der Analyse die psychischen Konflikte eines Patienten aufzulösen. Die vier letzten hingegen lassen untereinander keine besondere Beziehung erkennen, so wenig wie mit den ersten drei Themen, mit Ausnahme des Umstandes, daß sie allesamt mit Aspekten der psychoanalytischen Technik zu tun haben.

Einige Themen dieses Kapitels sind teils in der Literatur, teils in mündlichen Vorträgen oder in beiden des ausführlichen behandelt worden. Anderen Themen ist relativ wenig Aufmerksamkeit zuteil geworden. So kann man beispielsweise eine Menge über die Beendigung der Psychoanalyse lesen. Über die Auswahl von Analysefällen hingegen findet man weniger Literatur, dafür wird über sie in Seminaren von psychoanalytischen Instituten, in Sitzungen von eigens dazu einberufenen Ausschüssen und in zahllosen Fallkonferenzen viel gesprochen und diskutiert. Über praktische Arrangements wiederum hört man nicht viel, mit einer Ausnahme: Wenn der Analytiker seine ersten Fälle behandelt, also zu Beginn seiner Laufbahn, neigt fast jeder dazu, einen Teil seiner Ängste darüber, daß er nunmehr selbst analytisch tätig werden soll, auf die Frage zu konzentrieren, was er dem neuen Patienten über praktische Arrangements sagen und wie er es ihm sagen soll. Und haben schon praktische Arrangements nur wenig Aufmerksamkeit auf sich gezogen, dann die Analyseziele womöglich noch weniger, jedenfalls was die systematische oder allgemeine Darstellung angeht. Die Frage begrenzter Ziele in einem bestimmten Fall wird häufig zur Diskussion gestellt, jedoch nur selten die Frage nach den

Analysezielen für Patienten im allgemeinen. (Einen ausgezeichneten Überblick über das Thema gibt Wallerstein, 1965; siehe auch Ticho, 1972).

Über den Themenkomplex, der in der Vergangenheit von anderen sehr häufig und höchst gründlich behandelt worden ist, läßt sich, so steht zu erwarten, nur sehr wenig Neues sagen. Was einem bleibt, sind Einzelheiten, die man noch hinzufügen kann, ist die Anregung, die vertrauten Tatsachen in einem neuen Licht zu betrachten. So liegt es auf der Hand, daß Themen, die weniger häufig erörtert worden sind, ausführlicher besprochen werden, einfach weil sich über sie mehr sagen läßt, was den meisten Lesern noch nicht so wohlbekannt ist.

Als erstes Thema möchten wir die Analyseziele behandeln. Was sind sie oder, besser, wie sind sie zu definieren?

Sollte die Definition im Sinne von Therapie formuliert werden, also mit dem Schwergewicht auf der Symptomheilung und der Leidensmilderung? Sollte die Betonung auf dem analytischen Prozeß und folglich eher auf Selbsterkenntnis oder vielleicht gar auf der sich ausbildenden Fähigkeit des Analysanden liegen, sich nach Beendigung seiner »Analyse« selbst zu analysieren? Oder sollte die Definition mehr ethisch orientiert sein, eine Definition, die emotionales Wachstum und die Fähigkeit in den Vordergrund stellt, sein menschliches Potential in umfassendster Weise zu verwirklichen? Oder sollte es vielleicht eine hedonistische Definition sein, nach der das Hauptziel darin bestände, die Fähigkeit sowohl zur »vollen« Triebbefriedigung wie zur lustvollen und der Mühe lohnenden Sublimierung zu erlangen? Niemand wird bezweifeln wollen, daß in vielen Fällen jedes dieser Ziele bei einer erfolgreichen Analyse erreicht wird, doch die Frage ist, welches Ziel ist das legitime und welches ist lediglich ein willkommenes Nebenprodukt.

Wer diese Frage zu beantworten sucht, sollte dabei die folgenden Überlegungen nicht vergessen. Alle soeben vorgeschlagenen Definitionen der Analyseziele beziehen sich implizit auf die eine oder andere Form psychischer Schwierigkeiten: auf Symptome und Leidenszustände, auf die Mißachtung eigener Wünsche und Ängste, auf zu wenig Selbstvertrauen und Eigenständigkeit, auf eine Beeinträchtigung der psychischen Entwicklung, die psychische Unreife zur Folge hat, und auf Triebhemmungen. Psychische Konflikte, die in Verbindung mit infantilen Triebwünschen auftreten, können für eine oder alle der hier angedeuteten Schwierigkeiten verantwortlich sein. Solche Konflikte können zu jenen Kompromißbildungen führen, die wir als neurotische Symptome erkennen, sie können psychische Leiden nach sich ziehen, desgleichen die völlige Weigerung, seine Wünsche und Ängste zuzugeben, nicht einmal sich selbst. Aus solchen Konflikten kann das Unvermögen erwachsen, seine Fähigkeiten voll zu entfalten, sie können unangebrachte Objekt- und Sexualbeziehungen, Sublimierungsmängel und die Unfähigkeit zum vollen Lebensgenuß zur Folge haben. Insofern jede dieser Schwierigkeiten auf psychische Konflikte zurückgeht, kann es als legitimes Ziel der Psychoanalyse angesehen werden, sie zum Verschwinden zu bringen oder zu mildern. Es hängt in erster Linie von den individuellen Umständen des jeweiligen Falles ab, welches Ziel das wichtigere und welches das eher beiläufige ist. Für den einen Patienten können die Schwierigkeiten, die seine psychischen Konflikte heraufbeschworen haben, vorwiegend auf eine bestimmte Art beschränkt sein, während sie bei einem anderen von unterschiedlicher Art sein können. Daher werden sich die analytischen Ziele von Fall zu Fall entsprechend den Folgen des jeweiligen Konflikts unterscheiden. Doch gleichzeitig dürfte auch klar sein, daß auf alle zutrifft, was wir allgemein als Analyseziel formulieren. Denn in jedem Fall besteht das Ziel der Analyse darin, die psychischen Konflikte eines Patienten insoweit zu ändern, daß ihre schädlichen Auswirkungen beseitigt oder zumindest gemildert werden. Die Folgen einer solchen Veränderung werden sich zu erkennen geben als symptomatische und charakterologische Wandlungen, als verstärktes »Wachstums«-Potential, als bessere Objektbeziehungen, als mehr Vergnügen am Leben, als weniger Elend usw. Diese Beziehung zwischen symptomatischen und charakterologischen Schwierigkeiten auf der einen und Veränderungen von Konflikten, die ihren Ursprung in infantilen Triebregungen haben, auf der anderen Seite ist in der Tat der beste Beweis dafür, daß zwischen beiden ein ursächlicher Zusammenhang besteht.

Das Ziel der Analyse ist es mithin, die psychischen Konflikte eines Patienten so zu ändern, daß dabei eine wohltuende Wirkung herauskommt. Wie die wohltuende Wirkung im einzelnen aussieht, hängt in erster Linie davon ab, welche symptomatischen und anderweitig schädlichen Folgen die psychischen Konflikte des Patienten nach sich gezogen haben. Bei unserer Erörterung der Symptomanalyse sind wir bereits daran erinnert worden, daß ein schwerer Konflikt niemals nur eine einzige eng umschriebene Wirkung auf die psychischen Funktionen ausübt. Ein Symptom ist niemals ein für sich allein stehendes Phänomen. Gravierende Konflikte haben stets weitreichende und vielfältige Auswirkungen auf die psychischen Funktionen und übrigens auch auf die psychische Entwicklung, denn solche Konflikte setzen in der frühen Kindheit ein, zu einer Zeit also, in der die psychische Entwicklung noch in vollem Gange ist. Daher ist es auch nicht weiter verwunderlich, daß die Auswirkungen, die Konflikte auf das Seelenleben und das Verhalten eines Patienten haben, notgedrungen zahlreich und mannigfaltig sind.

Daraus ergibt sich zwangsläufig, daß auch die wohltuenden Wirkungen der Analyse, sofern es ihr gelingt, die Konflikte zu ändern, weitreichend und vielfältig sein müssen. Wenn beispielsweise ein Patient aufgrund von infantilen Konkurrenz-, Kastrations- und Mordwünschen gegenüber seinem Bruder in schwere Konflikte geraten ist, wird er im Verlauf der Analyse durch sie immer weniger in Angst versetzt, immer weniger mit Schuldgefühlen belastet und allmählich dazu in der Lage sein, das bewußte Wahrnehmen dieser Wünsche zu tolerieren. Mit anderen Worten, die Analyse führt zu einer Änderung seines Konflikts, und wenn sie dies tut, sind Besserungen nicht nur in einem, sondern in mehreren psychischen Funktionsbereichen zu beobachten. Auch wenn der Patient vielleicht nur über sexuelle Schwierigkeiten mit Frauen geklagt hat, sind die Änderungen zum Besseren hin nicht nur auf das Symptom beschränkt, das ihn zum Analytiker geführt hat. Besserungen sind auch in allen Funktionsbereichen zu beobachten, die von diesem besonderen Konflikt betroffen sein mögen, und dies wiederum hat zur Folge, daß der Patient beispielsweise besser imstande ist, wissenschaftliche Leistungen zu erbringen, oder daß er größere sportliche Leistungen vollbringen kann, daß unter Umständen seine Fähigkeit zum ästhetischen Genuß sich steigert, daß seine Stimmung ausgeglichener wird, daß er ein somatisches Symptom verliert, das ihm zu schaffen machte, usw.

Einige dieser Änderungen mögen zu erwarten oder voraussagbar sein, doch andere können sich sowohl für den Analytiker wie für den Patienten überraschend einstellen oder sich sogar über Wochen oder Monate hin nicht als Änderungen bemerkbar machen, und dennoch sind sie allesamt das Ergebnis von Konfliktänderungen, die sich mit Hilfe der Psychoanalyse herbeiführen lassen. Etwas Ähnliches geschieht, wenn man den Stamm eines Weinstocks durchtrennt, der über Jahre hin mit dem Baum, an dem er sich hinaufrankt, so verwachsen ist, daß beide Blätter kaum noch zu unterscheiden sind. Erst wenn die Blätter des Weinstocks verdorren und sich braun färben, kann man erkennen, an wie vielen Zweigen des Wirtsbaumes er sich hinaufgerankt hat und bis zu welch unerwarteten Stellen er gelangt ist.

Einzuwenden wäre, daß Konfliktanalyse nicht immer dazu führt, daß die psychischen Funktionen Raum gewinnen, um sich besser zu entfalten. Erklärungen wie »Ich habe meinem Patienten diese Deutung gegeben, doch sie hat nichts bewirkt« hört man nicht selten, wenn der Fall eines Patienten besprochen wird, dessen analytische Fortschritte kaum als zufriedenstellend bezeichnet werden können. Warum hat die dem Patienten mittels der Deutung nahegebrachte Erkenntnis des Analytikers nicht zu dem erwarteten und erwünschten Resultat geführt?

Auf diese Frage läßt sich keine allgemein gültige Antwort geben. Klammern wir die Möglichkeit aus, daß die Erkenntnis oder die Deutung des Analytikers in einem solchen Falle unrichtig, unvollständig oder sonstwie unvollkommen war, denn dann bedarf es keiner weiteren Erklärung, warum der Patient keinerlei Fortschritte macht. Ich möchte hier vielmehr wiederholen, was ich in Kapitel 2 über die Änderungen geschrieben habe, die man bei seiner analytischen Arbeit mit Recht erwarten kann. Freud hat als erster (1914g) erkannt, daß man sinnvollerweise nicht erwarten kann, daß eine einzelne Deutung, wie vollständig und zutreffend sie auch sein mag, bei einem ernsten Konflikt etwas Entscheidendes auszurichten vermag. Wenn ein psychisches Geschehen soviel Schrecken und Elend mit sich bringen kann, daß weite Funktionsbereiche der Psyche eines Menschen davon beeinträchtigt werden und ihn daran hindern, sich den angenehmen Seiten des Lebens zuzuwenden, kann seine Wirkung nicht so schnell und leicht abgebaut und beseitigt werden. Unter den günstigsten Umständen kann man einen längeren Zeitraum steten Wandels beobachten, der durch das Kommen und Gehen von Besserungen und Rückschlägen gekennzeichnet ist. Gelegentlich tritt eine dramatische Wendung zum Besseren ein, doch wie wir bereits weiter oben dargestellt haben, geht solchen Änderungen stets eine längere Vorbereitungszeit voraus, und wir können an dieser Stelle hinzufügen, daß sie nur selten ohne Anzeichen für Rückfälle in den *status quo ante* über längere Zeit andauern.

Daher sollte man daran denken, daß Unzufriedenheit mit dem analytischen Fortschritt eines Patienten und Zweifel an der Wirksamkeit der eigenen Deutungen damit zusammenhängen können, daß man sich nicht hinreichend klarmacht: Fortschritt in der Analyse kann immer nur langsam vonstatten gehen, immer wieder aussetzend und unvermeidlich von Rückschlägen unterbrochen. Wie eines der Fallbeispiele aus Kapitel 6 erkennen läßt, können sogar Rückschläge analytisch nützlich sein, und das gleiche gilt auch für Zeiten offensichtlicher Stagnation. Bei allem, was man an dem Patienten beobachten kann, ist die ständige Frage des Analytikers nach dem »Warum?« angebracht. Wenn ein Patient Fortschritte macht, sollte man als Analytiker zu verstehen suchen, auf welche Weise seine Konflikte sich so geändert haben, daß Fortschritte in Gang kamen, und man sollte auch, wenn möglich, zu verstehen suchen, welche analytischen und anderen Einflüsse die Änderungen eingeleitet haben. Auf die gleiche Weise sollte man vorgehen, wenn der Patient keinerlei Fortschritte macht oder wenn er Rückschläge erleidet. In jedem Falle ist es ideal, wenn es einem gelingt, eine möglichst zuverlässige Mutmaßung anzustellen, das heißt zu verstehen, was da vor sich geht und warum. Häufig gelingt das ziemlich gut, und wenn dies der Fall ist, braucht sogar ein Rückschlag kein Anlaß zur Besorgnis zu sein. Dann ist bloß etwas aufgetaucht, was es zu analysieren gilt, weiteres analytisches Material, mehr Korn für die Mühle. Wenn man etwas nicht so gut verstehen kann, muß man seine Mutmaßungen oder Vorstellungen über die entscheidenden Konflikte des Patienten revidieren oder erweitern, um den neuen Fakten gerecht zu werden und eine befriedigende Erklärung für sie anzubieten.

So kann das offensichtliche Ausbleiben analytischer Fortschritte bei einem Patienten, seine offensichtliche Unempfänglichkeit für Deutungen, auf einen oder mehrere Gründe einer ganzen Reihe von Gründen zurückgehen. Wie jeder andere Aspekt seines Sprechens und Verhaltens ist auch dies ein geeignetes Objekt gründlicher analytischer Nachprüfung, die dem Ziel dient, Zusammenhänge zu verstehen.

Doch wie steht es um das letztgültige Ziel der Analyse als einer Therapie? Wann ist eine Analyse beendet? Bescheidener gesagt, wann sollte sie beendet werden? Oder um es mit noch anderen Worten zu formulieren: Wieviel sollte man erwarten, um die psychischen Konflikte eines Patienten zum Besseren hin ändern zu können?

Auch hier muß man redlicherweise zugeben, daß man unmöglich eine zufriedenstellende allgemeine Antwort geben kann. Jeder Fall zeigt seine besonderen Merkmale, die jeweils individuelle Überlegungen verlangen. Offensichtlich sind Erfahrungen mit anderen Fällen wichtig, wie auch Erfahrungen von Kollegen, mit denen man, sei es auf formeller, sei es auf informeller Grundlage, seine Fälle erörtert. Nur soviel ist sicher: Die Entscheidung ist stets eine Frage wertender Beurteilung, bei der es gilt, das Für und Wider abzuwägen. Symptome verlieren sich häufig, wenn die analytische Arbeit erfolgreich war, desgleichen Charakterprobleme und andere. Doch psychische Konflikte, die das Ergebnis infantiler Triebwünsche sind, verschwinden niemals, und sie können es auch gar nicht. Wie ich wiederholt betont habe (siehe Brenner, 1972, Kapitel 9), sind sie als Bestandteil des normalen Lebens genauso wichtig wie als Bestandteil dessen, was wir bei den psychischen Funktionen als pathologisch bezeichnen. Wenn wir überhaupt etwas über die Menschenseele wissen, dann dies, daß psychische Konflikte nur geändert werden können, sei es durch Psychoanalyse, sei es durch andere Einflüsse. Sie können niemals »gelöst« oder zum Verschwinden gebracht werden.

Folglich ist das Ziel der Analyse in jedem Fall begrenzt. Es kann nur sein, das größte Maß an vorteilhafter, wohltuender Änderung psychischer Konflikte zu erzielen, was sich mit analytischen Mitteln in einem bestimmten Fall erreichen läßt. Sobald man das Gefühl hat, einen analytischen Patienten ziemlich gut zu verstehen, das heißt, sobald die Mutmaßungen über dessen psychische Konflikte Gestalt anzunehmen beginnen, versucht man abzuschätzen, wieviel man sinnvollerweise erwarten kann, um jene Konflikte in der Analyse zu ändern. Die ersten Einschätzungen sind für gewöhnlich vorläufig. Jede bedarf der Revision, wenn die analytische Arbeit fortschreitet. Doch man ist geradezu gezwungen, eine Einschätzung vorzunehmen, ob nun bewußt oder unbewußt. Tatsächlich ist eine solche Einschätzung für die Bewertung eines Falles sehr wichtig, um entscheiden zu können, ob sich eine Analyse überhaupt empfiehlt. Auf dieses Thema werden wir gleich zu sprechen kommen.

Das Thema der Analyseziele sollten wir jedoch nicht verlassen, ohne zuvor darauf hingewiesen zu haben, daß wir aufgrund analytischer Erfahrungen wissen, daß der Grad an Änderung psychischer Konflikte, den eine erfolgreiche Psychoanalyse bewirken kann, so weitreichend ist, daß er für das Leben des Patienten eine immense praktische Bedeutung hat. Er kann den Unterschied ausmachen zwischen lähmender Behinderung und Lebenstüchtigkeit, zwischen Elend und Glück, zwischen Leben und Tod. Wie wichtig es auch ist, sich klarzumachen, daß die Analyse nichts Unmögliches leisten kann, das heißt psychische Konflikte von Grund aus beseitigen oder auslöschen, genauso wichtig ist es, sich zu vergegenwärtigen, wie wertvoll das ist, was die Analyse erreichen kann. Ihre Grenzen anzuerkennen heißt noch lange nicht, daß das, was sie leisten kann, nur von geringem Wert ist. Im Gegenteil, es ist von so großem Wert, daß es sich lohnt, all die Zeit, Mühe und Kosten aufzuwenden, welche die Analyse erfordert, sofern eine gute Möglichkeit besteht, das ihr mögliche Ziele zu erreichen.

Das bringt uns zu den Problemen, die mit der Auswahl von Fällen für die Psychoanalyse verbunden sind. Wie läßt sich entscheiden, ob sich im Fall eines bestimmten Patienten eine Psychoanalyse empfiehlt oder nicht?

Um diese Frage beantworten zu können, muß man viele unterschiedliche Faktoren berücksichtigen (siehe Waldhorn, 1960; Tyson und Sandler, 1971). Es liegt auf der Hand, daß Faktoren wie Wohnort, Zeit, Geld und andere äußere Umstände darüber entscheiden können, ob man einem Patienten rät, eine Psychoanalyse zu beginnen. Diese Faktoren und viele weitere aus einem Bündel von Faktoren können einem die Entscheidung in einem bestimmten Fall erleichtern, ob der Patient nach Lage der Dinge aus einer Psychoanalyse Nutzen ziehen wird oder nicht (Waldhorn, 1960). Jeder Analytiker hat nicht nur die Möglichkeit, sich mit der Literatur über die Fallauswahl zu beschäftigen, er nimmt darüber hinaus notgedrungen immer wieder an Diskussionen teil, die der Frage gelten, ob ein bestimmter Patient für die Psychoanalyse geeignet ist oder nicht. In vielen Fällen bleibt ihm nichts anderes übrig, als selbst einen Entschluß zu fassen, er muß in vielen Fällen anderen durch Ratschläge die Entscheidung erleichtern oder sich durch andere beraten lassen. Ein Buch wie dieses kann nach meiner Meinung die Liste von Faktoren nicht wesentlich erweitern, die Analytiker für gewöhnlich bei ihrer Entscheidung berücksichtigen, wenn sie einen Fall für die Psychoanalyse auswählen, statt eine andere Therapieform zu empfehlen. Ich halte es jedoch für zweckmäßig, darauf hinzuweisen, daß viele der üblicherweise berücksichtigten Faktoren sich unter das allgemeine Stichwort »psychischer Konflikt« zusammenfassen lassen, da sie tatsächlich Elemente oder Folgen von Konflikten sind.

Überträgt man das, was oben über die Analyseziele gesagt worden ist, auf die Aufgabe einzuschätzen, ob ein Patient für die Psychoanalyse geeignet ist, dann wird deutlich, daß man mit jeder derartigen Einschätzung sich auch immer darüber klarzuwerden versucht, ob die Möglichkeit besteht, die Konflikte des jeweiligen Patienten mit Hilfe der Psychoanalyse zu verstehen und im Sinne einer Besserung zu ändern. Mit anderen Worten, man sucht im voraus die Analyseziele im Falle des künftigen Patienten festzulegen und auf der Grundlage dieser Zielfestlegung zu entscheiden, ob sich der Aufwand einer Psychoanalyse lohnt. Weder Zielfestlegung noch Entscheidung bei der Fallauswahl sind in jedem Fall völlig abgesichert und unanfechtbar. Im besten Falle bleibt ein Rest von Zweifel, in den meisten sogar ein erhebliches Maß. Man kann nur immer wieder betonen, daß eine Entscheidung wahrscheinlich um so stichhaltiger ist, je mehr man sich bei der Aufgabe, einen Fall einzuschätzen, an das analytische Wissen um die Bedeutung von Konflikten für das Seelenleben gehalten hat, das heißt an das Wissen um die Beziehung von Konflikten zu allen Aspekten des bewußten Denkens und Verhaltens eines Patienten. Was immer man über einen

Patienten weiß oder an ihm beobachtet, mag es normal oder pathologisch, vergangen oder gegenwärtig, Denken oder Verhalten sein – mit einem Wort, was immer es auch sein mag–, es ist eine Kompromißbildung und als solche ein Schlüssel zum Verständnis der psychischen Konflikte des Patienten. Innerhalb der Grenzen der jeweiligen Situation wird man alle Hinweise, die man hat, dazu verwenden, soviel wie möglich vom Wesen der Konflikte oder von ihrem Schweregrad zu erfassen, das heißt von dem Maß an Beeinträchtigung oder Behinderung, unter der ein Patient leidet, und wenn möglich auch etwas über den Ursprung der Konflikte in Erfahrung zu bringen. In einem gegebenen Fall wird man sich unter Umständen mit Schlußfolgerungen begnügen müssen wie beispielsweise, daß bei einer Patientin besonders starke Konflikte im Zusammenhang mit Aggressionen vorliegen, wie ihre sadomasochistischen Phantasien, ihr Bedürfnis, stets freundlich und gut zu sein, sowie die Wahl des Berufs einer Armenanwältin bezeugen. Oder wie in einem anderen Fall, daß die sexuellen und anderen Probleme einer Patientin mit Männern wahrscheinlich mit der Tatsache zu tun haben, daß ihre Eltern sich scheiden ließen, als sie vier Jahre alt war, und daß ihr Stiefvater ihre Mutter und sie verließ, als die Patientin achtzehn war. Oder auch, daß im Abwehrverhalten eines Patienten Verleugnung eine besondere Rolle spielt, und dergleichen mehr. Der entscheidende Punkt ist einfach der, daß Beschwerden, Symptome, auffälliges Verhalten, Charaktermerkmale, Kleidungsstil, Lebensgeschichte und was immer sonst – daß all diese Dinge als Hinweise verstanden werden sollten, welche die Grundlage bilden für eine vorläufige Mutmaßung oder Erkenntnis über den einen oder anderen Aspekt der psychischen Konflikte des Patienten. Letztlich bemüht man sich darum, all die Dinge, die einem auffallen, zusammenzufügen, so daß sie ein verständliches Bild ergeben.

Wenn man an die Aufgabe der Einschätzung und Beurteilung von Fällen in der hier beschriebenen Weise herangeht, erscheinen Fragen wie die nach der prognostischen Bedeutung des einen oder anderen Symptoms, nach der relativen Wichtigkeit dieses oder jenes Charakterzuges, die Frage, ob ein Patient unter einer »Symptomneurose« oder einer »Charakterneurose« leidet, in einem anderen Licht und lassen sich sinnvoller beantworten. All diese Fragen ordnen sich der hier aufgeworfenen allgemeineren Frage nach den Konflikten des Patienten unter, denn all die psychischen Phänomene, auf die sie sich beziehen – Symptome, Charaktermerkmale usw. – sind Komponenten oder die Folgen von Konflikten. Selbst die Frage nach »einem intakten Ich«, der Voraussetzung, die erfüllt sein muß, will man eine Psychoanalyse empfehlen, läßt sich mit Hilfe der hier angestellten Überlegungen besser formulieren und entsprechend besser beantworten. Niemandes Ich ist »intakt« in dem Sinne, daß es durch Konflikte nicht beeinflußt oder darin nicht verwickelt würde. Im Gegenteil, normale Kompromißbildungen sind genauso Konfliktbestandteil und genauso innig mit Konflikten verwachsen wie pathologische. Überdies sind viele Aspekte der Ichfunktionen normalerweise ziemlich infantil (Brenner, 1968a), jedenfalls weit mehr, als die analytische Literatur dies im allgemeinen wahrhaben will. »Intaktheit« der Ichfunktionen ist nie mehr als etwas Relatives, und in Wahrheit verhält es sich so, daß Patienten, deren Ich als intakt bezeichnet wird, zu jenen zählen, die verhältnismäßig wenige und dazu milde Symptome zeigen, während bei Patienten, von denen es heißt, sie hätten kein intaktes Ich, zahlreiche und schwerwiegende Symptome zu beobachten sind. Angenommen, alles andere ist vergleichbar, dann wird man bei einem Patienten, dessen psychische Konflikte zu vielen ihn erheblich beeinträchtigenden Kompromißbildungen geführt haben, natürlich eine schlechtere Prognose erwarten als bei einem anderen Patienten, dessen Kompromißbildungen weniger hinderlich und abträglich für sein Leben sind.

Man kann nicht häufig genug wiederholen, daß Vorsicht und Zurückhaltung geboten sind, wenn man sich Klarheit darüber verschaffen will, ob bei einem Patienten eine Psychoanalyse angebracht ist. Eine solche Einschätzung ist auf der Grundlage von fast immer nur unzulänglichen Informationen schwierig zu treffen. Auch unter Berücksichtigung all der notwendigen Vorbehalte bin ich jedoch der Meinung, daß viele der entscheidenden Tatsachen am verständlichsten sind, wenn man ihre Beziehung zu den psychischen Konflikten des Patienten im Auge behält, daß man diese Fakten als Hinweise auf das Wesen, den Ursprung und die Intensität jener Konflikte ansehen und sich stets die Frage vorlegen und darauf zumindest eine Antwort suchen sollte: »Wieviel kann man sinnvollerweise erwarten, um die Konflikte dieses bestimmten Patienten zu verstehen und im Sinne einer Besserung zu verändern?«

Die gleiche Frage hilft einem Analytiker auch am besten weiter, wenn er vor der Entscheidung steht, eine Analyse zu beenden. Wenn die Analyse im ganzen erfolgreich verlaufen ist, ist er viel besser als bei oder vor Beginn der Behandlung in der Lage, eine verläßliche Antwort auf die Frage zu geben, wann es an der Zeit ist, über die Beendigung nachzudenken. Der Zeitpunkt kommt unweigerlich, wenn der Analytiker den Eindruck gewonnen hat, daß die Konflikte seines Patienten sich in dem Maße zum Besseren geändert haben, wie dies aller Wahrscheinlichkeit nach durch Psychoanalyse überhaupt möglich ist. Ob der Patient zur gleichen Zeit zum gleichen Schluß kommt oder nicht, es obliegt dem Analytiker, zu einer eigenen Entscheidung zu kommen und sie seinem Patienten auch als solche zu unterbreiten. Wenn beide zu einer Einigung kommen, um so besser.

Es gibt keine stereotype Wendung oder Formel – oder jedenfalls sollte es keine geben –, die ein Analytiker verwenden könnte, wenn er seinem Patienten erklären will, nach seiner Meinung sei er nun so weit, die Analyse beenden zu können. Die besonderen Umstände der Übertragung schreiben fast immer den Weg vor, der am geeignetsten ist, um dem Patienten seine Entscheidung zu vermitteln. Ähnliche Überlegungen sind zu berücksichtigen, wenn es gilt, den besten Zeitpunkt für die Beendigung der Analyse festzusetzen, doch in diesem Zusammenhang sei angemerkt, daß Analytiker im allgemeinen darin übereinstimmen, der Zeitpunkt solle weit genug in der Zukunft liegen, um dem Analytiker wie dem Patienten ausreichend Gelegenheit zu geben, die Reaktionen des Patienten auf die bevorstehende Beendigung der Analyse zu analysieren.

Viele Autoren haben darauf hingewiesen, daß Patienten auf die Beendigung häufig genauso wie auf den Verlust eines wichtigen Beziehungsobjekts reagieren, daß heißt mit einer Trauerreaktion, wie es für gewöhnlich genannt wird. Das ist jedoch keineswegs immer der Fall, wie Arlow und ich (Arlow und Brenner, 1966) nachgewiesen haben. Wie immer auch die Reaktion ausfallen mag – und bei den meisten Patienten ist es eine gemischte – sie sollte so gründlich wie möglich analysiert werden. Mit einiger Sicherheit werden in dem analytischen Material Übertragungswünsche und ihre Folgen einen großen Raum einnehmen.

Es erübrigt sich, zum Thema der Analysebeendigung hier noch mehr hinzuzufügen, doch vielleicht sind hier noch einige Worte über eine Vorgehensweise angebracht, die man zuweilen als »erzwungene Beendigung« bezeichnet, das heißt einen Termin zur Beendigung der Analyse zu setzen, um auf diese Weise eine Periode analytischer Stagnation zu überwinden und den Patienten wohl oder übel zur Analyse zu zwingen. Freud (1918b) verfuhr so mit einem seiner Patienten, dem Wolfsmann. In diesem Fall schien das Vorgehen sich ausgezeichnet bewährt zu haben, auch wenn man einräumen muß, daß der Lebensweg, den der Patient anschließend einschlug (Brunswick, 1928), schwerlich als zufriedenstellend zu bezeichnen ist. Wie dem auch sei, Freud (1918b) äußerte sich zurückhaltend über dieses Vorgehen, auch wenn er als erster berichtete, es eingesetzt zu haben, und andere Analytiker scheinen ebenfalls nicht allzu häufig Erfolg damit gehabt zu haben. Heutzutage haben wir, scheint es, bessere Möglichkeiten, mit einer Periode der Stagnation fertig zu werden, als einen unwiderruflichen Termin zur Beendigung der Analyse anzusetzen. Wenn die Analyse der Faktoren, an denen es liegt, daß analytischer Fortschritt ausbleibt, nicht zu einer Änderung der Konflikte des Patienten führt, muß man sich zumindest fragen, ob nicht soviel Fortschritt erzielt worden ist, wie es bei einem bestimmten Patienten überhaupt möglich ist. Wenn dies der Fall ist, dürfte es für gewöhnlich am besten sein, eine Beendigung oder, wenn man diese Bezeichnung vorzieht, eine Unterbrechung der Analyse in der üblichen Weise vorzuschlagen.

Als nächstes sollen in diesem Kapitel Themen behandelt werden, die unter die Überschrift praktische Arrangements fallen. Sie gehören unvermeidlich zu jeder psychoanalytischen Situation (Arlow und Brenner, 1966) und sind insofern jedem Analytiker vertraut. Mit den meisten macht er seine Patienten bei Analysebeginn bekannt, und für gewöhnlich werden sie im Laufe der Behandlung auch nicht geändert: die Couch, der Sitzplatz des Analytikers außerhalb des Gesichtsfeldes seines Patienten, die zeitliche Festlegung der Analysestunde, die Honorarfestsetzung, die Art der Honorarbezahlung usw. Diese Dinge werden weitgehend routinemäßig behandelt, und sie haben bei Analytikern relativ wenig Interesse und Erörterung hervorgerufen, wahrscheinlich sogar weniger, als sie aufgrund ihrer tatsächlichen Bedeutung verdienten.

Beginnen wir mit der Frage nach dem geradezu universellen Arrangement: Kann man einen Patienten analysieren, der sich nicht auf die Couch legt, und zwar so, daß er seinen Analytiker nicht sehen kann? Muß der Patient »die Couch benutzen«, damit man wirklich von einer Analyse reden kann? Die Vorteile des konventionellen Arrangements sowohl für den Patienten wie für den Analytiker sind so gewichtig, daß es beinahe allgemein zum Arrangement der Wahl geworden ist. Die Frage ist nur, ob es auch eine unbedingte Notwendigkeit ist oder ob es in einigen Fällen geändert oder sogar ganz fallengelassen werden kann. Die Frage läßt sich am besten mit Hilfe von einigen Fallbeispielen beantworten.

Betrachten wir zunächst den Fall einer Patientin, die es gleich zu Beginn zur Bedingung einer Behandlung machte, daß sie nicht aufgefordert würde, sich auf die Couch zu legen. Auf die Frage, welche Gedanken ihr dazu einfielen, meinte sie, man habe ihr erzählt, es gehöre zur Analyse dazu, daß jeder Patient sich in seinen Analytiker verlieben müsse. Und dies, fuhr sie fort, werde sie nicht tun. Ich erklärte ihr, sie scheine das Gefühl zu haben, sich auf die Couch zu legen sei das gleiche wie, sich in mich zu verlieben, und fügte hinzu: »Ich vermute, Sie denken, wenn Sie einwilligen sich hinzulegen, wäre es das gleiche, als wenn Sie einwilligten, sich zu verlieben.« Es bedurfte keines weiteren Wortes, die Patientin begab sich zur Couch und legte sich hin, wie jeder andere Patient auch.

Sollte man nicht Erwägung ziehen, ob nicht als Analyse anzusehen ist, was sich während der wenigen Minuten abspielte, als die Patientin mir gegenüber in einem Sessel saß? Ihre Assoziationen zu dem, was sie sagte und tat – nämlich abzulehnen, sich hinzulegen, und darum zu bitten, ihr dies zu ersparen –, waren durchaus bedeutsam und sinnvoll, ich stellte eine Mutmaßung an – eine höchst unvollständige und vorläufige –, die sich auf das Wesen ihres Konflikts sowie auf die Aspekte bezog, die ihr Denken und Verhalten motivierten, ich vermittelte der Patientin meine Mutmaßung in Form einer Deutung, und als Folge davon trat eine begrüßenswerte Änderung ein. Es fällt mir sehr schwer, dem Vorgang, der sich abspielte, als wir uns gegenüber saßen, die Bezeichnung »Analyse« abzusprechen.

Doch wenden wir uns einem anderen Fallbeispiel zu. Der in Kapitel 5 erwähnte Patient, den ich dort als Beispiel für einen »schlechten« Patienten angeführt hatte, saß mir für eine Reihe von Jahren in einem Sessel gegenüber. Wie der Leser sich erinnern wird, hatte er eine geradezu katastrophale Erfahrung mit der »Analyse« hinter sich, und zwar mit einem früheren Therapeuten, der seine Ausbildung in den dreißiger Jahren in Europa genossen hatte und sich als wirklich klassischer Analytiker darstellte. Ein Beweis für die vermeintliche Sachkenntnis dieses »Analytikers« bestand darin, daß er darauf beharrte, der Patient solle sich auf die Couch legen. Daß der Patient es in diesem Falle so lange Zeit vorzog, mir gegenüber zu sitzen, obwohl ich einiges von den unbewußten Gründen für sein Verhalten verstand und ihm in Deutungen vermittelte, diese Tatsache ist ein genauso guter Anhaltspunkt wie jedes winzige Maß an Fortschritt, das bei dem Versuch erzielt wurde, die psychischen Konflikte zu ändern, die seinem extremen Widerstand gegen die Analyse zugrunde lagen. *Praktisch* gesehen, war jedoch ein analytischer Fortschritt unmöglich, solange der Patient aufrecht saß. Wäre er nicht in der Lage gewesen, sich auf die Couch zu legen, hätte ich zugeben müssen, daß er in der ganzen Zeit keinerlei Fortschritte machte, die es gerechtfertig hätten, seine Behandlung als Analyse zu bezeichnen. Kein Zweifel, daran ist nicht zu rütteln, denn bei einem solchen Patienten ist die Unfähigkeit, sich auf die Couch zu legen, eine der Folgen genau der Konflikte, die jedes nennenswerte Maß an analytischem Fortschritt unmöglich machen, doch das ändert nichts an der Bedeutung, welche die Couch für die analytische Praxis besitzt. Analyse ist nicht möglich, wenn ein Patient es ablehnt, sich auf die Couch zu legen, jedenfalls was die heutige analytische Praxis angeht.

Man kann die Schwierigkeit auch nicht dadurch umgehen, indem man erklärt: »Ich dränge meine Patienten überhaupt nicht, sich auf die Couch zu legen. Sie können es tun oder auch nicht, ganz wie es ihnen beliebt. Wenn sie sich nicht auf die Couch legen, ist das keineswegs ein Zeichen von Widerstand gegen die Analyse, denn ob wir uns gegenüber sitzen oder ob sie auf der Couch liegen, die Analyse wird davon nicht berührt.« Tatsache ist, daß es nicht zu leugnende Nachteile mit sich bringt, wenn Therapeut und Patient sich gegenübersitzen, und daß es entschieden von Vorteil ist, wenn der Patient auf der Couch liegt (siehe unten). Es gibt keinen einsehbaren praktischen Grund, einen Patienten nicht dazu anzuhalten, sich hinzulegen, damit er sich der Vorteile bedienen kann, die ihm auf diese Weise zufallen. Was die Geschichte der Psychoanalyse anbetrifft, so ist zwar richtig, daß die Couch ein Überbleibsel aus einer Zeit ist, da Freud eine voranalytische, nämlich die hypnotische Behandlungstechnik einsetzte. Doch deswegen ist die Couch noch kein Atavismus, der sich überlebt hat; sie ist auch heute noch anachronistisch, sondern vielmehr ein nützlicher Bestandteil der analytischen Situation. Es ist daher aus technischer Sicht nicht ratsam, wenn man versäumt, einen analytischen Patienten darüber aufzuklären, daß es zu seinem Nutzen ist, wenn er sich auf die Couch legt. Im besten Falle fragt sich der Patient, welche Gründe sein Analytiker wohl haben mag, daß er es zuläßt, wenn der Patient sich immer wieder ihm gegenüber in einem Sessel niederläßt, und damit werden Fragen aufgerührt, die eine Übertragung unnötigerweise belasten und die ihrerseits analysiert werden müssen. Im schlimmsten Falle verdecken sie die unbewußten Motive, die den Patienten dazu veranlassen, die Couch zu meiden, und führen dazu, daß die Beweggründe und die Konflikte, von denen sie ausgehen, unzugänglich für die Analyse werden.

Für einen Patienten, der einer Analyse bedarf, ist es von Vorteil, wenn er die Couch benutzt und seinen Analytiker nicht anschauen kann. Wenn er sich auf die Couch legt, fällt es ihm wesentlich leichter, offen und möglichst wenig behindert durch äußere Eindrücke auszusprechen, was immer ihm durch den Sinn geht. Wenn ein Patient seinen Analytiker anschauen kann, wird er zwangsläufig durch dessen Gesten, durch seine Haltung, seine Bewegungen und seinen Gesichtsausdruck beeinflußt, jedenfalls bis zu einem gewissen Grade, und wenn dies geschieht, wird er von seinen Gedanken und Gefühlen abgelenkt, deren er sich sonst bewußt würde. Wenn ein Patient in der Lage ist, seinen Analytiker beobachten zu können, so bedeutet das also in gewisser Weise, äußere Bilder und Geräusche in sein Behandlungszimmer eindringen zu lassen. Jeder Analytiker wird danach trachten, daß sein Behandlungszimmer einigermaßen ruhig und angenehm beleuchtet ist, damit seine Patienten nicht unnötig abgelenkt werden. Doch auch dieser Vergleich ist nicht ganz überzeugend. Er stimmt, wie gesagt, nur bis zu einem gewissen Sinne, denn in Wahrheit verhält es sich so, daß alles, was der Analytiker seinem Patienten durch irgendeine Geste zu vermitteln scheint, viel bedeutsamer ist und folglich seinen Gedanken und Gefühle viel mehr beeinflußt und ablenkt, als dies irgendein äußerer Sinneseindruck vermöchte. Die Übertragung infantiler Wünsche und Konflikte auf die Person des Analytikers ist Gewähr für die Richtigkeit dieser Behauptung. Aus diesem Grunde hat es daher für einen analytischen Patienten reale praktische Vorteile, wenn er die Couch benutzt. Wenn er dies nicht tut, obwohl sein Analytiker ihm dazu rät, ist seine Unfähigkeit dazu oder seine Ablehnung im Grunde ein Symptom seiner psychischen Konflikte. Wie jedes andere Symptom auch ist es ein aufschlußreicher Hinweis auf das Wesen jener Konflikte, und wie jedes andere Symptom sollte es in der üblichen Weise analysiert werden. Solange es nicht zufriedenstellend analysiert ist, wird der Patient wie selbstverständlich dabei bleiben, sich seinem Analytiker gegenüber zu setzen, so daß man durchaus recht damit hat zu behaupten, daß unter solchen Umständen eine Analyse durchgeführt wird, obwohl Patient und Analytiker sich gegenüber sitzen. Sollte sich herausstellen, daß es unmöglich ist, das Symptom zu analysieren, müßte man sagen, daß der Patient nicht analysierbar ist. Behandelbar vielleicht, aber nicht analysierbar. Mit anderen Worten, man kann zwar bis zu einem gewissen Grade analysieren, wenn sich Patient und Analytiker gegenüber sitzen, doch man kann die Analyse auf diese Weise nur bis zu einem gewissen Punkt fortführen. In diesem Sinne kann man also einen Patienten, der einem gegenübersitzt, nicht analysieren.

Die Situation gleicht also ziemlich genau der eines unter Platzangst leidenden Patienten, der in der ersten Zeit von einem Verwandten begleitet werden muß, wenn er die Praxis seines Analytikers aufsucht. Man verbietet ihm weder, einen

Begleiter mitzubringen, noch irgnoriert man die Tatsache, daß der Patient darauf angewiesen ist. Man betrachtet dies vielmehr als ein Symptom, das man versucht zu analysieren. Wenn die Analyse Erfolg hat, verschwindet das Symptom, und wenn das Symptom auf unbegrenzte Zeit bestehenbleibt, weiß man, daß der Patient nicht »analysiert« worden ist – daß seine Analyse keinerlei zufriedenstellende Fortschritte gemacht hat –, unabhängig davon, ob man der Meinung ist, man habe das Wesen und den Ursprung der Konflikte des Patienten weitgehend verstanden. Die Analyse ist fehlgeschlagen. Der Patient ist nicht analysiert worden. Genauso wenig kann der Patient analysiert werden, der es niemals über sich bringt, »die Couch zu benutzen«.

Übrigens sei daran erinnert, daß es eine ganze Gruppe von Analysen gibt, bei denen die Couch *nicht* benutzt wird, nämlich die Kinderanalysen. Die Analytiker stimmen im allgemeinen darin überein, daß es weder richtig noch zweckmäßig ist, eine Couch zu benutzen, wenn man es mit einem Kind zu tun hat, das eine gewisse Altersstufe noch nicht überschritten hat. In einem solchen Falle muß man andere Mittel einsetzen, um ein Kind zu ermuntern, seinem Analytiker gegenüber offen zu sprechen. Dies ist also eine wichtige Ausnahme von der Regel, daß man von einer Analyse nur sprechen kann, wenn der Patient sich auf die Couch legt. Manche Analytiker erklären diese Ausnahme damit, daß sie behaupten, Kinderanalyse sei etwas anderes als Erwachsenenanalyse, nur werde in beiden Fällen dieselbe Bezeichnung benutzt. Sie wollen damit nicht den Wert der Kinderanalyse, weder als Therapie noch als Untersuchungs- und Forschungsverfahren, in Abrede stellen, sondern nur darauf hinweisen, daß man Kinderanalyse und Erwachsenenanalyse nicht gleichsetzen kann, weil zwischen ihnen zahlreiche Unterschiede bestehen, so was die Technik, die Übertragung und die gesamte Lebenssituation des Kindes, aber vor allem seine sexuelle Entwicklung sowie seine physischen und psychischen Fähigkeiten angeht. Andere Analytiker sind der Auffassung, die Ähnlichkeiten zwischen beiden Analyseformen seien um vieles bedeutsamer, so daß dagegen die Unterschiede geradezu nebensächlich seien. Welcher der beiden Auffassungen man auch zuneigt – ich selbst teile die letztere (Arlow und Brenner, 1966) –, die Tatsache, daß in der

Kinderanalyse keine Couch benutzt wird, gemahnt uns an eine technische Überlegung, die von entscheidender Bedeutung ist, auch wenn sie so einfach ist, daß sie sich nicht übersehen läßt. Die praktischen Arrangements der Analyse fördern die analytische Arbeit nur dann, wenn sie für den Patienten akzeptabel sind. Letztlich dienen sie dem Zweck, dem Patienten dabei zu helfen, frei zu sprechen und sich zu verhalten. Wenn sie unbewußt zu viele Ängste auslösen, wie in den weiter oben angeführten Fallbeispielen, erschweren sie es dem Patienten, frei zu sprechen, statt es ihm zu erleichtern. Wenn sie unverständlich und unerträglich restriktiv sind, wie es der Fall wäre, wollte man ein Kind anhalten, eine ganze Sitzung lang auf der Couch zu liegen, haben sie die gleiche negative Auswirkung. Für alle praktischen Arrangements gilt, daß dazu die Zustimmung und die Mitarbeit des Patienten notwendig sind, doch es ist gleichermaßen notwendig, die Gründe aufzudecken, wenn der Patient sich einem vernünftigen und konventionellen praktischen Arrangement widersetzt. Insoweit seinen Einwänden Konflikte zugrunde liegen, ist es geboten, sie analytisch anzugehen.

Eine der Implikationen dieser allgemeinen Regel besteht darin, daß der Analytiker für sich selbst abklären muß, welche praktischen Arrangements in erster Linie deshalb wichtig sind, weil sie für die analytische Arbeit von wesentlicher Bedeutung sind oder sie zumindest fördern, und welche für ihn, den Analytiker, wichtig und zweckdienlich sind. Damit soll keineswegs gesagt sein, daß die letzteren weniger notwendig oder gar weniger wünschenswert sind als die ersteren, sondern das bedeutet nur, daß die beiden Gruppen von Arrangements nicht durcheinandergebracht werden sollten.

Wenn zum Beispiel ein Analytiker mit seinen Patienten die Vereinbarung trifft, ihm das fällige Honorar jeweils am Ersten eines Monats zu zahlen, tut er dies, weil es für ihn aus dem einen oder anderen Grund angenehm ist, daß die Patienten ihn zu diesem und keinem anderen Zeitpunkt bezahlen. Die Vereinbarung dient nicht dem Zweck, die Analysen seiner Patienten zu erleichtern und zu fördern. Man kann eine Analyse genauso gut durchführen, wenn man mit seinen Patienten vereinbart, das Honorar an irgendeinem anderen Tag des Monats zu zahlen, wenn man sie am ersten Tag der

Woche zahlen läßt oder wenn man überhaupt keine Vereinbarung trifft, sondern ihnen an welchem Tag auch immer eine Rechnung aushändigt. An welches Arrangement man sich auch hält, selten folgen daraus irgendwelche Konsequenzen für den Fortschritt der Analyse. Was zählt, ist allein die Bedeutung der Reaktionen eines Patienten auf eine vorgeschlagene Zahlungsweise, wie immer die im einzelnen auch aussehen mag. Warum ist er nicht einverstanden, erhebt Einwände, äußert seine Einwände nicht, bezahlt später oder früher als vereinbart usw.? Mit dem Gesagten würden alle Analytiker übereinstimmen. Doch welche dieser Fragen auf einen bestimmten Patienten zutrifft, um diese Frage beantworten zu können, muß man sich zunächst an die Tatsache halten, daß das vereinbarte Arrangement, wie immer es auch aussehen mag, vom Analytiker gewählt ist und seinen Neigungen am besten entgegenkommt. Es hat keinen Sinn, einem Patienten zu erklären, für seine Analyse sei es »gut« oder »wichtig«, seine Honorarrechnung am Ersten, am Zweiten oder welchen Tag des Monats auch immer zu bezahlen. Denn das ist keineswegs so. Wie eben gesagt, verträgt sich jede der vielen unterschiedlichen Arrangements hinsichtlich der Honorarzahlung mit erfolgreicher Analyse. Doch »gut« für die Analyse eines Patienten ist nicht, daß er seine Honorarrechnung an einem bestimmten Tag begleicht. Dazu wird er vielmehr von seinem Analytiker aus praktischen Gründen und zu dessem eigenen Vorteil aufgefordert. Der Patient ist als erwachsener Mensch mit Einsicht und Verstand verpflichtet, sich an die Vereinbarung zu halten, freilich nicht in erster Linie deshalb, weil es für ihn therapeutisch von Vorteil wäre, wie etwa wenn er die Couch benutzt. Was die Frage angeht, wann und wie der Patient das Honorar bezahlt, so ist es »gut« für seine Analyse, möglichst gründlich zu analysieren, was ihn an Gedanken und Gefühlen bewegt, wenn er seine Honorarrechnungen gemäß den Wünschen und Vorlieben seines Analytikers bezahlen soll. »Schlecht« für seine Analyse wäre es, wenn man es versäumte, diese oder andere wichtigen Gedanken und Gefühle zu analysieren.

Als letztes Beispiel für praktische Arrangements wollen wir uns der Frage zuwenden, ob es richtig ist, dem Patienten eine Sitzung, zu der er nicht erschienen ist, in Rechnung zu stellen. Freud (1913c) riet zwar dazu, die Analytiker sollten alle versäumten Sitzungen in Rechnung stellen, doch auf der anderen Seite gibt es sachkundige und erfahrene Analytiker, die nicht so verfahren. Sie treffen die Vereinbarung, daß der Patient nicht für eine Sitzung zu bezahlen hat, die er aus Gründen versäumt, die sich seinem Einfluß entziehen, zum Beispiel wenn in der U-Bahn der elektrische Strom ausfällt, wenn Schnee und Eis die Straßen unpassierbar machen oder wenn ein naher Verwandter des Patienten stirbt oder schwer erkrankt und ähnliches. Wie es scheint, ist jedes der beiden Arrangements mit zufriedenstellenden analytischen Ergebnissen vereinbar, denn es gibt kompetente und erfahrene Analytiker, die sich an den Ratschlag Freuds halten, und andere, die es nicht tun. Die Frage ist, ob sich nicht jedes der beiden Arrangements zumindest in manchen Fällen dem anderen als überlegen erweist, das heißt größere Vorteile bringt.

Nachdem ich mit beiden Arrangements experimentiert hatte, bin ich zu dem Schluß gekommen, daß das von Freud empfohlene in der Tat vorzuziehen ist. Sowohl eigene Erfahrungen wie Diskussionen mit Kollegen bestärken mich in der Meinung, daß jedes andere Arrangement mit ziemlicher Sicherheit durch den unbewußten Wunsch des Analytikers motiviert wird, seine eigenen Konkurrenzgefühle und sadistischen Wünsche zu verleugnen. Wo dies eintritt, dürften unerwünschte Komplikationen in der Beziehung zwischen Analytiker und Patient kaum zu vermeiden sein. Es ist nun einmal eine objektive Tatsache, daß die beiden sich nicht in der gleichen Lage befinden. Sicher, Patienten kommen aus den verschiedensten Gründen zum Analytiker (siehe Nunberg, 1925), doch in den meisten Fällen besteht einer der Gründe darin, daß sie krank sind und leiden. Ein Analytiker seinerseits hat viele Gründe, Analytiker zu sein und die Patienten, die er in die Analyse nimmt, zu akzeptieren, doch in fast jedem Fall besteht einer seiner Gründe in dem Vergnügen, das es ihm bereitet, Arzt zu sein. Es ist nun einmal nicht zu ändern, daß Patienten krank sind und sich bis zu einem Grade bereitfinden müssen zu tun, was von ihnen verlangt wird, wenn sie wollen, daß ihr Analytiker ihnen dabei hilft, ihr Befinden zu bessern, genauso wenig, wie es zu ändern ist, daß ein Analytiker von seinen Patienten Geld und persönliche Befriedigung bezieht. Es liegt auf der Hand, daß dies nicht die einzigen Faktoren sind, welche die Beziehung, die Analytiker und Patient miteinander eingehen, bestimmen, doch sie gehören zu den Faktoren, die diese Beziehung determinieren. In manchen Fällen sind sie bedeutsamer, in anderen Fällen weniger wichtig. Wenn sie aber wichtig sind, kann man sie nicht ignorieren, ohne die analytische Arbeit zu beeinträchtigen. Genau diese Gefahr droht, wenn man ein Arrangement trifft, das den Eindruck erweckt, der Analytiker bemühe sich, nicht als jemand zu erscheinen, der vom Unglück seines Patienten profitiert, das heißt als jemand zu erscheinen, der frei von solchen Wünschen ist. Wenn man einem Patienten erklärt: »Sie brauchen nicht zu bezahlen, wenn es wirklich höhere Gewalt war, die Sie daran gehindert hat, den vereinbarten Termin einzuhalten«, stellt man sich aber genau in einem solchen Licht dar.

Alles in allem, das Wichtigste, was es zu bedenken gilt, wenn die »praktischen Arrangements« der Analyse anstehen, ist folgendes: sie enthalten allesamt ohne Ausnahme zumindest einige Übertragungselemente, worauf ich gegen Ende des ersten Kapitels hingewiesen habe. Wie wichtig diese Elemente sind, wie nützlich, um es analytisch zu sagen, wie zugänglich sie für Mutmaßung und Deutung sind, all dies ist von Fall zu Fall und von Beispiel zu Beispiel unterschiedlich. Doch sie sind immer vorhanden, und zwar aufgrund des besonderen Charakters der Situation, der darin besteht, daß der Analytiker etwas tut oder etwas zu tun vorschlägt, dem zu entsprechen der Patient aufgerufen ist. Einige Determinanten der Reaktion des Patienten in einer solchen Situation müssen mit seinen infantilen Triebkonflikten zusammenhängen. Das gilt für alle Fälle, ob das jeweilige Arrangement nun in erster Linie analytisch von Vorteil ist oder vor allem eine Sache der Bequemlichkeit, ob für beide Seiten oder nur für eine. Es kann gar nicht anders sein, und der Analytiker sollte diese Tatsache immer im Auge behalten, ob es nun um die Art und Weise geht, wie er seine praktischen Arrangements trifft, oder um die Aufmerksamkeit, die er den Reaktionen seiner Patienten auf diese Vereinbarung widmet. Wie Symptome werden sie allzu häufig unterschätzt oder gar übersehen, obwohl sie nützliche Hinweise auf das Wesen und den Ursprung der psychischen Konflikte eines Patienten sein können.

Wenden wir uns nun vom Thema der praktischen Arrangements, die Bestandteil jeder analytischen Situation sind, einem Thema von noch allgemeinerer Tragweite zu, nämlich dem der freien Assoziation.

»Freie Assoziation« gehört zu den gebräuchlichsten Begriffen des psychoanalytischen Vokabulars. Nicht selten wird er dazu verwandt, um die psychoanalytische Methode zu definieren, etwa wie folgt: »Psychoanalyse ist die Technik oder die Methode der freien Assoziation.« Zuweilen wird uns erklärt, ein guter analytischer Patient sei ein Patient, der die Fähigkeit zur freien Assoziation besitze. Wir hören jedoch auch das Gegenteil, nämlich daß es bei einem Patienten nur selten vorkomme, daß er »wirklich« frei assoziiere, und wenn ein Patient wirklich frei assoziieren *könne*, dann sei dies ein Zeichen dafür, daß er gründlich analysiert, daß seine Analyse eigentlich abgeschlossen sei.

Alle solche Äußerungen beziehen sich auf klinische Daten, die gleichermaßen vertraut wie wichtig sind. Daß sie unter den Begriff der »freien Assoziation« gefaßt werden, diese Tatsache macht die Äußerungen verwirrend oder sogar widersprüchlich. »Freie Assoziation« eignet sich denkbar schlecht zur Bezeichnung der psychoanalytischen Methode, und zwar aus zwei Gründen: erstens trübt der Begriff den Blick für die Tatsache, daß der analytische Patient häufig aufgefordert wird, zu einem spezifischen bewußten Reiz zu assoziieren, und zweitens, was noch wichtiger ist, wird damit die Tatsache vernebelt, daß Freuds größte Entdeckung, eine Entdeckung, die geradezu zum Eckpfeiler der psychoanalytischen Technik wurde, in der Erkenntnis bestand, daß Assoziationen niemals »frei« sind. Im Gegenteil, sie werden immer durch psychische oder sonstige Reize hervorgerufen.

Was den ersten Grund angeht, so weiß jeder Analytiker, daß er im Verlauf einer Analyse häufig Gelegenheit hat, die Aufmerksamkeit seines Patienten auf die eine oder andere Sache zu lenken und dies mit der Anregung, wie immer sie auch vermittelt werden mag, zu verbinden, es ohne die Mühe, darüber nachzudenken. Einen Patienten aufzufordern, über etwas nachzudenken, ob es sich bei dem »etwas« nun um einen Traum handelt, ein Symptom, eine Fehlleistung, einen Tagtraum, eine Körperempfindung, eine bildhafte Vorstellung, ein Ereignis vom Vortage oder eins seiner frühen Kindheit – diese Aufforderung ist ein so üblicher und so integraler Bestandteil analytischer Technik, daß es überflüssig ist, ihn eingehender zu beschreiben. Die Verwendung des Begriffs »freie Assoziation« als Synonym für die psychoanalytische Methode hat mithin den Nachteil, daß damit der Eindruck vermittelt wird, es sei keine gute analytische Technik, die Assoziationen des Patienten in irgendeiner Weise zu »lenken«, und dies entspricht nun keineswegs der Wahrheit.

Was den zweiten Grund betrifft, so wissen wir alle: Freuds Entdeckung, die in der Folgezeit jeder Analytiker überreichlich bestätigt fand, besteht darin, daß jeder Mensch in dem Maße, wie er auf bewußte Kontrolle seiner Gedanken verzichtet, wie er seine gewöhnlichen bewußten Interessen ignoriert, unbewußten Reizen Macht und Kontrolle über seine Gedanken einräumt. Seine Gedanken sind dann nicht länger »Assoziationen« zu ihm bekannten Vorstellungen, sondern zu unbewußten Vorstellungen, Phantasien, Wünschen usw. Nichts ist vertrauter und elementarer. Die Mehrdeutigkeiten und Widersprüche erwachsen aus der Tatsache, daß wir heutzutage viel mehr über die Besonderheiten der psychischen Funktionen wissen als in den ganz frühen Entwicklungsjahren der Psychoanalyse. Als die »freie Assoziation« zum erstenmal verwandt wurde, war der Begriff für Analytiker mit der Vorstellung verbunden: »frei von den verdrängenden und verzerrenden Einflüssen des bewußten Seelenlebens«. Wenn nur diese Einflüsse ausgeschaltet, wenn der Patient sie zeitweilig außer Kraft setzen könnte, dann könnten, so folgerten die Psychoanalytiker, auch seine unbewußten infantilen Wünsche und Erinnerungen unverzerrt und ungehindert hervorströmen, ohne von der Barriere der Verdrängung aufgehalten zu werden. Diese Vorstellung steht hinter dem umgangsprachlichen Gebrauch der Begriffe »freie Assoziation« und »frei assoziieren«, die uns allen so wohlvertraut sind. Die Begriffe kamen freilich den Bedürfnissen der Analytiker nur so lange entgegen, wie ihr Wissen um die psychischen Funktionen sich noch in den Anfangsgründen befand. Heute erfüllen sie diese Aufgabe nicht mehr. Was jemand denkt oder sagt, ist niemals frei von Verdrängung oder anderen Abwehrmechanismen. Jeder Gedanke, jede »Assoziation« ist zwangsläufig eine Kompromißbildung zwischen den verschiedenen Strebungen des Seelenlebens,

Strebungen, die wir unter die Stichworte Es, Ich und Überich zusammenfassen. Wir erwarten oder hoffen auch nicht mehr, daß der Patient seine Abwehrmechanismen und sein Überich auch nur zeitweilig außer Dienst stellt, so daß seine Es-Abkömmlinge ungehindert auftauchen können. Unsere Hoffnung ist, daß wir etwas ganz anderes erreichen, etwas, das sich nach unserem Verständnis mit dem Begriff »freie Assoziation« im alten Sinne nicht deckt. Wir schaffen physisch wie psychisch eine Situation, die äußere und zufällige Reize auf ein Minimum beschränkt, und ermuntern die Patienten, ihre Gedanken mitzuteilen, ohne sie vorher zu zensieren. In den meisten Fällen ausgehend von dem, was der Patient uns mitteilt, bilden wir eine Mutmaßung über das Wesen und den Ursprung seiner psychischen Konflikte sowie über ihre Beziehung zu seinen gegenwärtigen psychischen Funktionen, zu seinen Gefühlen, Gedanken, Träumen, Phantasien, Symptomen usw. Mit Hilfe von Deutungen, die auf unseren Mutmaßungen beruhen, ändern wir die Konflikte des Patienten in der Weise, daß er, neben anderen Dingen, weniger entstellte Abkömmlinge seiner infantilen Triebwünsche tolerieren kann. Als Folge all dieser Vorgänge wird der Patient, wenn man will, freier, unabhängiger. Freier von Angst, Schuldgefühlen und depressiver Affekten, des weiteren, so hoffen wir, freier von Symptomen, Hemmungen und Leidensdruck. Das Wort »frei«, in diesem Sinne verwandt, beschreibt die eintretenden Veränderungen ziemlich gut. Doch die Gedanken des Patienten, seine Assoziationen, sind niemals frei vom Einfluß der Ich- und Überich-Funktionen. Das können sie gar nicht, jedenfalls so weit wir wissen. Sie sind immer Kompromißbildungen, am Ende einer erfolgreichen Analyse genauso wie zu Beginn. Tatsächlich können wir sogar noch weiter gehen und sagen: wie es stimmt, daß Assoziationen nicht einmal nach Abschluß einer guten Analyse frei sind im alten Sinne des Wortes, genauso trifft es zu, daß jede Assoziation, selbst zu Beginn einer höchst schwierigen, letztlich nicht erfolgreichen Analyse zum Teil Ausdruck eines infantilen Triebwunsches ist, denn sie ist zwangsläufig eine Kompromißbildung, bei der Es-Abkömmlinge eine Rolle spielen.

Die Tatsache, daß der Psychoanalytiker nicht die Erwartung hegt, er könne die Abwehrmechanismen eines Patienten jeweils zum Verschwinden bringen, berührt auch seine Einstellung beim Zuhören dessen, was der Patient hervorbringt. Er weiß, alles, was er zu erreichen vermag, ist eine Verschiebung im Kräftegleichgewicht innerhalb der Psyche, eine Änderung des psychischen Konflikts, unter dem der Patient leidet, eine Änderung, die dazu führt, daß weniger verhüllte Abkömmlinge der Triebwünsche des Patienten in seinen bewußten Gedanken und folglich in dem, was er sagt – in seinen Assoziationen –, auftauchen, während er auf der Couch liegt. Was der Analytiker von seinem Patienten zu hören bekommt, ist immer nur eine Kompromißbildung, die hervorgeht aus seinen Triebabkömmlingen, den mit ihnen verbundenen Lust- und Unlust-Affekten, den Abwehrmaßnahmen und damit in Verbindungen stehenden, von Angst und depressiven Affekten ausgelösten Reaktionen sowie dem Einfluß augenblicklicher Umstände und Ereignisse. Der Analytiker mag, während er dem zuhört, was der Patient von sich gibt, seine Aufmerksamkeit, durchaus richtig, auf die eine oder andere der vielen Determinanten richten. Nicht alle sind zu einem bestimmten Augenblick gleichermaßen wichtig bei dem Bemühen, den Patienten besser zu verstehen – Bildung einer Mutmaßung – und ihm dieses Verständnis – als Deutung – zu vermitteln. Nichtsdestoweniger, so weiß er, sind alle Determinanten in dem analytischen Material vorhanden, und jede wird zu einem späteren Zeitpunkt, wie bereits in der Vergangenheit, seine Aufmerksamkeit erfordern. Diese Aufteilung des Interesses auf die verschiedenen Instanzen des psychischen Apparats hat Anna Freud (1936) auf den ersten Seiten ihrer klassischen Monographie so eindringlich und sprachgewandt beschrieben. Der Analytiker kann gar nicht anders vorgehen, wenn er sein Wissen über die Psyche – die psychoanalytische Theorie – auf seine tägliche Arbeit – die psychoanalytische Praxis – übertragen will. In seiner tagtäglichen Arbeit muß er in den Assoziationen jedes Patienten das ständige Wechselspiel jener Kräfte erkennen, die, wie er weiß, hinter diesen Assoziationen wirksam sind. Wie in Kapitel 2 erwähnt, mag seine Wahrnehmung dieser Kräfte bewußt oder unbewußt sein, auf Intuition, Schlußfolgerungen oder intensivem Nachdenken beruhen, doch es bleibt ihm nichts anderes übrig, als sie auf die eine oder andere Weise zu erkennen, wenn seine klinische Praxis vollen Nutzen ziehen soll aus seinem theoretischem Wissen, das heißt aus seinen eigenen Erfahrungen und denen seiner Kollegen.

Es gab eine Zeit, in der die psychoanalytische Theorie vorwiegend mit Psychopathologie befaßt war. Sicherlich, in der Rückschau läßt sich erkennen, daß es sich dabei niemals nur um eine Theorie der Psychopathologie handelte. Man kann in ihr von den Anfängen an die Vorläufer vieler Gedanken und Vorstellungen ausmachen, die heute auch für das Verständnis normaler Anteile psychischer Funktionen nutzbar gemacht werden. Zu jener Zeit jedoch stieß eine solche Betrachtungsweise auf wenig Interesse. Die Psychoanalyse beschäftigte sich damals in der Hauptsache mit Psychopathologie, und die Patienten wurden gleichsam in zwei Hälften aufgeteilt, in eine normale und in eine pathologische. Der Analytiker, so hieß es, solle sich zweckmäßigerweise um die letztere kümmern, denn mit der ersteren habe er in der Praxis so gut wie nie zu tun.

In den letzten Jahren ist den Analytikern immer mehr aufgegangen, daß im Seelenleben Normales und Pathologisches so dicht miteinander verknüpft sind, daß sie im Grunde ein in sich zusammenhängendes Ganzes bilden. Heute werden Patienten nicht mehr in zwei voneinander unabhängige Gruppen eingeteilt. Jeder Patient ist ein unteilbares, kohärentes Ganzes und muß als solches erforscht und verstanden werden. Infolgedessen ist die Analyse ein sowohl ausgedehnteres wie tiefergehendes Unternehmen geworden als früher. Sie ist heute nichts weniger als ein Versuch, das Wesen und den Ursprung der schwerwiegendsten Konflikte eines Menschen zu erkennen, indem wir *all* ihre Folgen für das Seelenleben in Betracht ziehen.

Daß dieser holistische, ganzheitliche Ansatz von größerem Nutzen ist, muß jedermann einleuchten. Mit seiner Hilfe gewinnt der Analytiker einheitlichere und integriertere Kenntnisse von seinen Patienten, als dies sonst möglich wäre. Zum Beispiel kann man im Fall der Patientin, deren Flugangst wiederkehrte, nachdem sie sich viele Monate lang nicht bemerkbar gemacht hatte, deutlich erkennen, welche enge Beziehungen zwischen ihrer Phobie und bestimmten Aspekten ihrer Arbeit bestanden (siehe Kapitel 6). Sie waren allesamt eng verknüpft mit ihrem Penisneid und inzestuösen Wünschen ihrer Kindheit, die sie jeweils unterschiedlich, man könnte sagen: komplementär, beleuchten. Die Analyse ihres Symptoms ließ erkennen, daß einer ihrer Kindheitswünsche zum Inhalt hatte, jemandem – ihrem Bruder, ihrem Vater oder beiden – den Penis abzubeißen und so selbst ein Mann zu werden, statt »nur ein Mädchen« zu sein. Gleichzeitig lieferten ihre Beziehungen zum Vorgesetzten und den Gleichrangigen am Arbeitsplatz weitere Informationen: einmal, daß einer der Gründe dafür, warum sie einen Penis zu besitzen und ein Junge zu sein wünschte, in ihrer Überzeugung lag, ihr Vater hätte sie vorbehaltlos geliebt, wenn sie ein Junge gewesen wäre, und zum zweiten, daß ihr Männerhaß zum Teil ihrer Wut entsprang, die sie gegenüber ihrem Vater hegte, weil er sie als Kind nicht vorbehaltlos geliebt hatte. Als ihr Vorgesetzter ihr eine höhere Position gab, erkrankte sie prompt, nachdem sie Würstchen gegessen hatte, wie es ihr widerfahren war, als sie ihren Freund durch Fellatio befriedigt hatte. Symptom, beruflicher Erfolg, Beziehungen zu Mitarbeitern, Sexualleben und Vorliebe für bestimmte Speisen hingen aufgrund ihrer Verbindungen zu den infantilen Triebkonflikten der Patientin alle eng miteinander zusammen. Über solche Konflikte erfährt man am meisten, wenn man ihre normalen und ihre pathologischen Folgen zusammen betrachtet. Denn auf diese Weise erkennt der Analytiker viel mehr, als wenn er jede Gruppe von Folgen getrennt oder jede einzelne Folge, ob nun normal oder pathologisch, ohne Berücksichtigung all der anderen betrachtete. Die genannte Patientin erzählte zwar von ihrer Angst und ihrem Ekel und berichtete anschließend spontan über das sexuelle Erlebnis, an das sie sich erinnerte. Doch sie erwähnte nicht die Tatsache, daß die Flugreise auf ihre berufliche Beförderung folgte und sozusagen ein Zeichen ihres Erfolges war. Auch äußerte sie sich nicht ausdrücklich über ihre Gefühle gegenüber dem Vorgesetzten. Diese Fakten waren ihr zwar unbewußt bekannt, doch als sie vom Wiederauftreten ihres neurotischen Symptoms berichtete, hatte sie sie isoliert, und so mußte ihre Beziehung zu dem erneuten Auftreten des Symptoms der Patientin gedeutet werden.

Bei diesem Fallbeispiel ließen sich die Zusammenhänge ziemlich leicht durchschauen. Das ihnen zugrunde liegende analytische Material war weder besonders umfänglich noch besonders unklar. In anderen Fällen ist es viel schwieriger, die Querverbindungen und Wechselbeziehungen zwischen dem oberflächlich disparatem Material zu erkennen. Das Material ist in solchen Fällen viel umfangreicher, die Zusammenhänge sind verdeckter, die Faktoren, die allem zugrunde liegen, weniger bekannt und folglich weniger leicht auszumachen. Doch ob die Aufgabe nun einfach oder schwierig ist, ob eine Lösung sehr schnell oder letztlich nicht zu erreichen ist, es ist immer von Vorteil, das Seelenleben des Patienten als ein Ganzes zu betrachten und nicht als ein Konglomerat von Bruchstücken, zwischen denen nur lockere Verbindungen bestehen. Der Analytiker kann seine Aufgabe, die Konflikte des Patienten zu verstehen, am leichtesten, gründlichsten und schnellsten erfüllen, wenn es ihm gleichsam zur zweiten Natur geworden ist, den Patienten als einen Menschen und nicht als zwei zu betrachten, von denen der eine krank, der andere wohlauf ist. Was immer ein Patient tun oder sagen mag, und sei es auch noch so »normal«, gibt zu einem größeren oder geringeren Maße Aufschluß über seine Konflikte. Menschliches Denken und Verhalten *ist* Konflikt, wie Kris (1947) bereits vor geraumer Zeit aufgefallen ist.

Ein ganzheitlicher Ansatz, der sich sozusagen auf dem Teil der psychoanalytischen Theorie gründet, der sich mit der Beziehung zwischen psychischem Konflikt und bewußtem Denken und Verhalten beschäftigt, ist mithin für die Einstellung des Analytikers gegenüber Menschen im allgemeinen und Patienten im besonderen von großem Vorteil. An einen solchen Ansatz sollte man sich nicht nur in einer besonderen Situation halten, er ist nicht nur unter besonderen Umständen von Nutzen, sondern er ist im Gegenteil für die gesamte Einstellung des Analytikers von grundlegender Bedeutung. Er gehört zum Wissen darüber, wie Menschen beschaffen sind.

Die folgende Einsicht ist als Bestandteil der Einstellung zur analytischen Praxis ebenfalls hilfreich. Es trifft auf jeden Erwachsenen und noch mehr auf analytische Patienten zu, daß das Kind, das man einmal gewesen ist, in einem weiterlebt. Von den vielen Bedeutungen, die man diesem Gemeinplatz geben kann, ist in diesem Zusammenhang jene wichtig, die von der Tatsache ausgeht, daß psychische Konflikte ihren Ursprung in den Triebwünschen der Kindheit haben und daß sie weitgehend in diesen Jahren ihre dauerhafte Form erhalten. Die psychischen Konflikte des Erwachsenenlebens sind kindlich, im wortwörtlichen Sinne. Dem Patienten unbekannt, zumindest am Anfang der Analyse, lebt das Kind, das er einst war, in ihm weiter, mit all den Leidenschaften, Ängsten, dem Elend und den Abwehrmaßnahmen, die mit den Worten »psychischer Konflikt« gemeint sind. Es stimmt zwar, daß der kindliche Kern verhüllt, entstellt und mehr oder weniger stark von psychischen Ablagerungen späterer Jahre überzogen ist, doch es ist ebenso richtig, daß die Analyse den Ablagerungsprozeß rückgängig zu machen, die sich daraus ergebenden Veränderungen aufzuheben und so vollständig wie möglich das kleine Kind zu erkennen sucht, das einst vorhanden war und immer noch, trotz aller Wandlungen, die inzwischen eingetreten sind, vorhanden ist.

In der Übertragung kann man das Kind häufig mit besonderer Deutlichkeit am Werke sehen. Vielleicht hängt dies mit dem Charakter der Übertragung selbst zusammen, vielleicht geschieht dies auch, weil die analytische Situation so häufig dazu führt, daß die Übertragung im Mittelpunkt der Wünsche des Patienten und folglich auch der Aufmerksamkeit des Analytikers steht. Welches auch der Grund sein mag, das Ergebnis ist nicht wegzuleugnen. In der Übertragung hat man es im Grunde mit einem kleinen Kind zu tun, und das Wissen, daß dem so ist, erweist sich häufig als hilfreich. Wenn ein Patient sich gegenüber seinem Analytiker in einer Weise verhält, die kindlich fordernd, kindlich klagend, kindlich unvernünftig, kindlich phantasievoll oder sonstwie kindlich ist – wütend, starrköpfig, tränenreich oder wie immer –, sollte den Analytiker dies weder überraschen noch kritisch stimmen. Wie sollte sich ein Kind anders verhalten? So sind Kinder nun einmal, und wenn man genug Erwachsene analysiert hat, weiß man das, so paradox es auch klingen mag, wenn man es so formuliert.

Der praktische Wert, den es hat, in den Übertragungsreaktionen eines erwachsenen Patienten das Kind zu erkennen, ging mir zum erstenmal im Zusammenhang mit einigen Fällen von negativer therapeutischer Reaktion auf (Brenner, 1959). In der psychoanalytischen Literatur, mit Sicherheit aber in der Literatur über psychoanalytische Technik, wird meines Wissens auf dieses Thema nicht ausdrücklich hingewiesen. Doch ich habe starke Zweifel, daß meine Anregung hinsichtlich dieser Problematik in irgendeiner Weise originell ist. Sowohl die Beobachtungen, die diese Empfehlung zugrunde liegen, wie auch die Erklärungen für diese Beobachtungen sind viel zu bekannt, als daß ich mir einbilden könnte, in dieser Hinsicht originell zu sein. Die Vorstellung, daß das Kind, das einmal war, in dem Menschen, der ist, weiterlebt, war ein Allgemeinplatz, lange bevor man in der Psychoanalyse überhaupt daran dachte. 1959 erschien er mir jedoch angebracht, dieser alten Vorstellung dadurch zu einer neuen Bedeutung zu verhelfen, daß ich auf die weitreichenden wichtigen Zusammenhänge hinwies, welche die Psychoanalyse aufgedeckt hatte, und daß ich den solchermaßen bereicherten und erweiterten Gemeinplatz auf die Behandlung eines speziellen Problems der psychoanalytischen Technik anwandte. Ich möchte hinzufügen, daß ich in den Jahren, die inzwischen verstrichen sind, wiederholt auf eindrucksvolle Weise erfahren konnte, wie nützlich und wertvoll die genannte Vorstellung ist, wenn der Analytiker sie zum Bestandteil seiner Einstellung gegenüber allen Patienten zu jeder Zeit macht.

Zusammenfassung

1. Das Ziel der Psychoanalyse im allgemeinen läßt sich am besten definieren als Maximum wohltuender Änderung der psychischen Konflikte eines Patienten, das mit analytischen Mitteln erreicht werden kann.
2. In einzelnen Fällen sind die Analyseziele begrenzt. Psychische Konflikte können niemals verschwinden. Sie können nur so verändert werden, daß die sich daraus ergebenden Kompromißbildungen klinisch normal und nicht mehr pathologisch sind.
3. Man sollte nicht glauben, daß solche Änderungen nur geringfügige Folgen hätten. Im Gegenteil, sie sind für den Patienten häufig von entscheidender Bedeutung und großem Wert. Ihre Bedeutung ist noch um so größer, als ihre wohltuenden Auswirkungen stets weitreichend sind, sofern die Analyse erfolgreich ist.
4. Das offenkundige Ausbleiben analytischer Fortschritte bei einem Patienten kann auf einen oder mehrere verschiedene Gründe zurückgehen. Nur mit Hilfe gründlicher analytischer Untersuchung läßt sich feststellen, welcher Grund in einem bestimmten Fall wichtig ist.

5. Sich klar zu machen, bis zu welchem Grade es möglich ist, eine wohltuende Änderung der psychischen Konflikte eines Patienten zu erreichen, ist für zwei Aspekte der analytischen Praxis von Bedeutung, die auf den ersten Blick scheinbar nichts miteinander zu tun haben, ja sich sogar zu widersprechen scheinen, nämlich die Fallauswahl und Beendigung der Behandlung.

6. Bei der Auswahl von Fällen für die Psychoanalyse sucht man sich auf der Grundlage von Daten, die notwendigerweise begrenzt und häufig nicht ausreichend sind, Klarheit darüber zu verschaffen, wie groß die Möglichkeit ist, daß man die Konflikte eines Patienten verstehen und in günstiger Weise ändern kann, und zwar in einem solchen Ausmaß, daß Zeitaufwand, Mühe und Kosten der Analyse gerechtfertigt sind.

7. Bei der Überlegung, wann eine Analyse beendet werden sollte, sucht man sich auf der Grundlage von Daten, die erheblich ergiebiger sind und von denen man zumindest in erfolgreichen Fällen hoffen kann, daß sie völlig ausreichen, Gewißheit darüber zu verschaffen, ob die geringen Aussichten auf weitere günstige Veränderung der Konflikte eines Patienten es nicht geraten erscheinen lassen, eine Analyse in nicht zu ferner Zukunft zu unterbrechen oder zu beenden.

8. Sogenannte erzwungene Beendigungen der Behandlung sind in der Analyse von zweifelhaftem Wert.

9. Sogenannte praktische Arrangements in der Analyse spielen zwangsläufig eine Rolle bei der Übertragung. Man sollte versuchen, sie unter diesem Blickwinkel zu verstehen, und wenn notwendig, sollten die Reaktionen des Patienten auf diese Arrangements als Äußerung oder Bestandteil der Übertragung analysiert werden. Um dies zu verdeutlichen und zu dokumentieren, wurden die Verwendung der Couch, der Zeitpunkt der Honorarzahlung und die Zahlungsverpflichtung in Fällen versäumter Sitzungen erörtert. Auch wurde auf die Merkmale analytischer Technik bei der Behandlung von Kindern hingewiesen, Merkmale, die bestimmte Aspekte der psychoanalytischen Technik bei der Behandlung erwachsener Patienten deutlicher hervortreten lassen.

10. Den Begriff »freie Assoziation« zur Kennzeichnung der

psychoanalytischen Methode zu verwenden ist aus zwei Gründen nicht ratsam:

a. Weil Patienten in der Psychoanalyse häufig zu ausgewählten, bewußt wahrgenommenen Reizen wie Träume, Symptome usw. assoziieren.

b. Weil die psychoanalytische Methode, das heißt die psychoanalytische Technik, mit der Auffasung steht und fällt, daß die Assoziationen des Patienten niemals »frei« sind. In dem Maße, wie ein Patient darauf verzichtet, seine Gedanken bewußt zu kontrollieren, werden sie von unbewußten Reizen bestimmt, von unbewußten Einflüssen, die in seiner Psyche wirksam sind.

11. Insofern seine Analyse erfolgreich ist, wird ein Patient freier, freier von Angst, Schuldgefühlen und depressiven Affekten, von Symptomen, Hemmungen und Leidensdruck – doch seine Assoziationen sind stets Kompromißbildungen. Sie sind niemals frei von Abwehrmaßnahmen, niemals frei von einschränkenden und entstellenden Einflüssen der Ich- und Überich-Funktionen. Assoziationen sind am Ende der Analyse wie auch zu Beginn Kompromißbildungen zwischen Es, Ich und Überich.

12. Psychische Konflikte führen zu normalen Kompromißbildungen wie auch zu pathologischen. Daher ist es nützlich und sinnvoll, sich einen ganzheitlichen Ansatz zu eigen zu machen, einen Ansatz, der sowohl normale wie pathologische Kompromißbildungen berücksichtigt und sie alle aufeinander zu beziehen sucht, sofern eine solche Beziehung tatsächlich vorhanden ist.

13. Die sprichwörtliche Redensart, im Menschen oder im Erwachsenen lebe das Kind fort, kann als nützlicher Wegweiser zur besten Lösung vieler technischer Probleme in der Psychoanalyse dienen.

8. Schlußwort

Ein Buch wie dieses, bemüht um Erklärungen und Erläuterungen, ist für gewöhnlich ein Monolog. Doch beim Niederschreiben hatte ich das Gefühl, daß es seinen Zweck erst dann richtig erfüllt, wenn der Text, der auf den Buchseiten wie ein Monolog erscheint, das Ergebnis eines Dialogs ist, jedenfalls in meiner inneren Vorstellung, eines Dialogs zwischen mir und der Leserschaft, an die ich mich wende und die aus Kollegen besteht, die bereits in der psychoanalytischen Praxis tätig sind oder dieses Ziel anstreben. Während ich die Sätze dieses Buches schrieb, fragte ich – in der Vorstellung – meine Kollegen immer wieder, ob sie das, was ich zu sagen habe, bereits kennen und nicht unbedingt noch einmal lesen möchten oder ob sie es neu und interessant genug finden, um einige Zeit auf die Lektüre zu verwenden. In jedem Zweifelsfalle ließ ich mich bei meiner Entscheidung von der Antwort leiten, die sie, wie ich annahm, geben würden. Letztlich folgte ich ihren Anweisungen und Anleitungen. Dabei ist ein Buch herausgekommen, das viel schmaler ist, als es sonst wäre. Ich hoffe, es ist auch anregender und ruft mehr Nachdenken auf den Plan, als es der Fall gewesen wäre, wenn ich weniger Rücksicht auf die Leser, an die ich mich wende, und auf ihre Wünsche, wie ich sie mir vorstellte, genommen hätte. Mit jeder Seite habe ich das Buch zu einer nützlichen Ergänzung der Erfahrungen seiner Leser zu machen gesucht. Wie ich bereits in der Einleitung erklärt habe, bin ich der Meinung, daß kein Buch über analytische Technik mehr sein kann als solch eine Ergänzung. Man kann die Analyse nur lernen, wenn man sie praktiziert. Für die Ausbildung einer geschickten Technik ist Erfahrung nicht weniger notwendig als Verstehen. Der beste Techniker vereint beides miteinander. Durch Verstehen erhellte Erfahrung, das ist das Ideal, dem jeder Psychoanalytiker nacheifert.

Mein Berufsleben war in erster Linie der Praxis der Psychoanalyse gewidmet. Wie zu erwarten, habe ich während meiner beruflichen Tätigkeit meinen Teil an dramatischen und ungewöhnlichen klinischen Erfahrungen gehabt, doch ich habe sorgfältig vermieden, eine von ihnen hier aufzunehmen. Zur Veranschaulichung benutzt, haben solche Erlebnisse den Vorteil, die Aufmerksamkeit des Lesers zu fesseln und sein Interesse zu wecken. Doch sie haben auch Nachteile, von denen nicht der geringste in der möglichen Gefahr liegt, daß sie dem Leser den Eindruck vermitteln, als seien sie in der analytischen Praxis die Regel und nicht die Ausnahme. Alles in allem genommen, schien es mir günstiger, sie um des Zwecks willen, dem, wie ich hoffe, dieses Buch dient, hier nicht anzuführen. Mithin sind die ausgewählten Fallbeispiele allesamt übliche, alltägliche. Es sind Durchschnittsfälle, keine Kostbarkeiten. Sie veranschaulichen das tagtägliche Geschäft der Analyse. Darin scheint mir ihre besondere Faszination zu liegen. An diesem Material des Alltags müssen sich die Kenntnisse des Analytikers und seine technischen Fertigkeiten bewähren, sie bilden die größte Herausforderung. Wenn der Analytiker die komplexen Determinanten des tagtäglichen analytischen Materials versteht und durchschaut, wenn er Tag für Tag eine analytische Einstellung beibehalten kann, wenn er seine Mutmaßungen – sein Verstehen – erfolgreich in Form von Deutungen zu vermitteln vermag, während die Tage und Wochen ins Land gehen, dann braucht ihm um seine Fähigkeit, das Seltene, das Dramatische und Bizarre zu verstehen, nicht bange zu sein, auch nicht um seine Fähigkeit, analytisch mit solchen Fällen umzugehen, wenn sie ihm begegnen.

Für viele Praktiker der Analyse liegt ihre hauptsächliche Faszination in ihrem Wert als eine Form der Psychotherapie. Es scheint fast sicher zu sein, daß dies ein wesentlicher Bestandteil der persönlichen Befriedigung ist, die jeder, der Analyse praktiziert, aus ihr bezieht. Man kann sich schwer vorstellen, jemand könne sein Leben als Analytiker zubringen, ohne daß die Rolle des Therapeuten für ihn eine wichtige Quelle der Befriedigung wäre. Daraus folgt, daß es jedem Analytiker Vergnügen bereitet, seine Erfahrung zu mehren und seine technischen Fertigkeiten zu vervollkommnen. Ob bewußt oder nicht, er trägt sich sicherlich mit der Hoffnung, jede gut bewältigte analytische Aufgabe werde ihm gleichzeitig die Mittel oder die Grundlage dafür bieten, die nächste

Aufgabe besser und leichter zu erfüllen oder, wenn das nicht möglich ist, die unvermeidlichen Schwierigkeiten und Rückschläge aufgrund vermehrter Kenntnis besser vorauszusehen. Dieses Buch hätte seinen Hauptzweck erreicht, wenn es dem Leser dazu verhelfen könnte, seine klinische Erfahrung besser zu nutzen, indem es ihm neue und sinnvolle Möglichkeiten weist, mit einigen der technischen Probleme, die sich ihm stellen, fertigzuwerden. Doch vielleicht wird es auch mehr erreichen. Vielleicht wird es einigen dabei helfen, das Potential zu erforschen und nutzbar zu machen, das meiner Meinung nach in der psychoanalytischen Praxis angelegt ist, nämlich das Potential zur Erkundung der menschlichen Seele und zu neuen Entdeckungen in dieser Richtung. Bush (1945) bezeichnete die Gesamtheit der Wissenschaften als eine endlose Grenze, und ich für meinen Teil sehe bisher noch kein Ende dessen, was zu lernen bleibt, zu lernen durch Anwendung der psychoanalytischen Methode. Hier sind einige Überlegungen vonnöten, denn über diese Frage sind nicht alle Analytiker einer Meinung.

Alle Autoren, die über psychoanalytische Technik schreiben, stimmen darin überein, daß sie in der Vergangenheit eine fruchtbare Forschungsmethode gewesen ist. Diese einhellige Meinung hat sogar Eingang in die Definition des Begriffes »Psychoanalyse« gefunden, denn wie Hartmann und Kris (1945) kurz und bündig formulieren, enthält diese Definition dreierlei: eine therapeutische Technik, eine Forschungsmethode (oder nach ihren Worten eine »Beobachtungsmethode«) und ein Corpus von Hypothesen. Freud hat bei der Entwicklung und Anwendung der psychoanalytischen Methode in einer einzigen Lebensspanne mehr über die menschliche Psychologie erfahren, als man seit Anfang der Wissenschaften vor zweitausend Jahren mit allen Forschungsmethoden zusammen entdeckt hatte. Doch in den letzten Jahren haben manchen Analytiker Zweifel angemeldet, ob die psychoanalytische Methode zu neuen wichtigen Entdeckungen führen könne und ob sie darüber hinaus den Kriterien genüge, die man sinnvollerweise an jede wissenschaftliche Methode anlegen solle (Kubie, 1975, S. 325; Gill et al., 1968; Wallerstein und Sampson, 1971; Fisher, persönliche Mitteilung, 1975). Welche Unterschiede auch zwischen diesen vielen Autoren bestehen mögen, sie sind sich einig in der

Behauptung, daß die Praxis der Analyse – die Anwendung ihrer Technik in einem rein therapeutischen Setting, ohne Tonbandgeräte, Computer und dergleichen – als Methode wissenschaftlicher Forschung ausgespielt habe. Nach ihrer Meinung sind die Goldkörner längst eingesammelt – meistens von Freud und seinen zeitlich nächsten Nachfolgern –, und nunmehr seien feinere und systematischere Forschungsmethoden als die der klinischen Beobachtung vonnöten, um das verbliebene Erz zu bearbeiten und aus ihm neue Fakten und Hypothesen zu gewinnen. Das Behandlungszimmer, so erklären sie, sei nach Lage der Dinge kein geeignetes Laboratorium mehr, wie wertvoll es therapeutisch und sogar ausbildungsmäßig auch sein möge, denn niemand, der auf diesem Felde tätig sei und selbst eine Analyse erhalten habe, verkenne oder unterschätze den Wert der Analyse als Bestandteil der Ausbildung sowohl für Therapie wie für Forschung. Doch die Periode der naturalistischen Beobachtung in der Geschichte der Psychoanalyse sei nun vorüber, so wird uns erzählt, und es müsse eine neue Periode beginnen, in der andere wissenschaftliche Methoden eingesetzt würden.

Diese Propheten haben unter Umständen recht. Ob richtig oder falsch – denn wer kann in einem Wissenschaftsbereich sichere Voraussagen treffen? –, sie sollten gewiß in ihrer eigenen Forschungstätigkeit ermutigt und unterstützt werden, welche Methoden sie auch anwenden mögen. Jede in sich sinnvolle Methode und jeder Forschungsansatz sollte so energisch und so begeistert wie möglich verfolgt und erkundet werden. Ich habe dieses Thema hier nur angeführt, um kundzutun, daß ich nicht damit einverstanden bin, bis zu welchem Ausmaß die psychoanalytische Technik in ihrer Funktion als nützliche Forschungsmethode in der heutigen Zeit geschmälert und angezweifelt wird. Ich glaube, daß sie immer noch nützlich ist und daß noch viel zu entdecken ist, wenn man sie geschickt und geduldig anwendet. Ich glaube, daß die Psychoanalyse ein Wissenschaftszweig ist, der noch weit in die Zukunft hinein viel dazu beiträgt, den Wunsch nach weiterem Wissen und nach Entdeckung des bisher Unbekannten zu befriedigen. Wer immer das Verlangen spürt, sich an solchen Erkundungen zu beteiligen, wird Mittel und Wege finden, es zu erfüllen, wenn er seiner therapeutischen Arbeit als Analytiker nachgeht.

Literaturverzeichnis

Alexander, F. (1930), *Psychoanalysis of the Total Personality*, New York und Washington.

–, (1933), The relation of structural and instinctual conflicts, *Psychoanal. Quart.*, 2, S. 181–207.

Arlow, J. A. (1969a), Unconscious fantasy and disturbances of conscious experience, *Psychoanal. Quart.*, 38, S. 1–27.

–, (1969b), Fantasy, memory and reality testing, *Psychoanal. Quart.*, 38, S. 28–51.

Arlow, J. A., und C. Brenner (1964), *Psychoanalytic Concepts and the Structural Theory*, New York.

–, (1966), The psychoanalytic situation, in R. E. Littmann (Hrsg.), *Psychoanalysis in the Americas*, New York, S. 23–43.

Atkins, N. B. (1968), Acting out and psychosomatic illness as related regressive trends, *Internat. J. Psycho-Anal.*, 49, S. 221 ff.

Balint, M. (1961), Contribution to discussion at the 22nd International Psycho-Analytical Congress, unveröffentlicht.

Baranger, M., und W. Baranger (1966), Insight in the analytic situation, in R. E. Littmann (Hrsg.), *Psychoanalysis in the Americas*, New York, S. 56–72.

Beres, D. (1956), Ego deviation and the concept of schizophrenia, *The Psychoanalytic Study of the Child*, New York, 11, S. 164–235.

–, (1966), Superego and depression, in R. M. Loewenstein et al. (Hrsg.), *Psychoanalysis – A General Psychology*, New York, S. 479–498.

Beres, D., und J. A. Arlow (1974), Fantasy and identification in empathy, *Psychoanal. Quart.*, 43, S. 26–50.

Bericht siehe Report.

Bonaparte, M. (1945), Notes on the analytic discovery of a primal scene, *The Psychoanalytic Study of the Child*, New York, 1, S. 119–125.

Brenner, Charles (1953), An addendum to Freud's theory of anxiety, *Internat. J. Psycho-Anal.*, 34, S. 18–24.

–, (1955), *An Elementary Textbook in Psychoanalysis*, New York, 1. Aufl.; dt.: *Grundzüge der Psychoanalyse*, S. Fischer Verlag, Frankfurt (Main) 1967.

–, (1959), The masochistic character, genesis and treatment, *J. Amer. Psychoanal. Assn.*, 7, S. 197–226.

–, (1966) The mechanism of repression, in R. M. Loewenstein et al. (Hrsg.), *Psychoanalysis – A General Psychology*, New York, S. 390–399.

–, (1968a), Archaic features of ego functioning, *Internat. J. Psycho-Anal.*, 49, S. 426–430.

–, (1968b), Psychoanalysis and science, *J. Amer. Psychoanal. Assn.*, 16, S. 675–696.

–, (1969a), Metapsychology and neurophysiology, Diskussion einer Arbeit von R. W. Gardner, *J. Amer. Psychoanal. Assn.*, 17, S. 41–53.

–, (1969b), Some comments on technical precepts in psychoanalysis, *J. Amer. Psychoanal. Assn.*, 17, S. 333–352.

–, (1970), Psychoanalysis: philosophy or science, in C. Hanly und M. Lazerowitz (Hrsg.), *Psychoanalysis and Philosophy*, New York, S. 35 bis 45.

–, (1971), The psychoanalytic concept of aggression, *Internat. J. Psycho-Anal.*, 52, S. 137–144.

–, (1973a), *An Elementary Textbook of Psychoanalysis*, New York, 2. Ausg.; dt.: *Grundzüge der Psychoanalyse*, S. Fischer Verlag, Frankfurt (Main) 1972, erw. Neuausgabe.

–, (1973b), Theory and therapy in psychoanalysis, in A. Grinstein (Hrsg.), *Papers in Honor of Richard Sterba*, unveröffentlicht.

–, (1974a), Some observations on depression, on nosology, on affects and on mourning, *J. Geriat. Psychiat.*, 7, S. 6–20.

–, (1974b), On the nature and development of affects: an unified theory, *Psychoanal. Quart.*, 43, S. 532–556.

–, (1975a), Affects and psychic conflict, *Psychoanal. Quart.*, 44, S. 5–28.

–, (1975b), Alterations in defenses during psychoanalysis, in H. F. Waldhorn und B. D. Fine (Hrsg.), *Monographs of the Kris Study Group of the New York Psychoanalytic Institute*, New York, S. 1–22.

Brunswick, R. M. (1928), A supplement to Freuds' *History of an Infantile Neurosis*, *Internat. J. Psycho-Anal.*, 9, S. 439–476.

Bush, V. (1945), *Science: The Endless Frontier*, Washington, D.C.

Demaria, L. A. de (1968), Homosexual acting out, *Internat. J. Psycho-Anal.*, 49, S. 219f.

De Mijolla, A., und S. A. Shentoub (1973), *Pour une Psychanalyse de l'Alcoholisme*, Paris.

Fenichel, O. (1941), *Problems of Psychoanalytic Technique*, Albany, N. Y.

–, (1945), Neurotic acting out, in *The Collected Papers of Otto Fenichel*, New York 1954, 2, S. 296–304.

Fischer, C. (1975), persönliche Mitteilung.

Freud, Anna (1936), *The Ego and the Mechanisms of Defense*, The Writings of Anna Freud, Bd. 2, New York 1966; dt.: *Das Ich und die Abwehrmechanismen*, Kindler Taschenbücher Nr. 2001.

Freud, Sigmund (1899a), Über Deckerinnerungen, *Gesammelte Werke* (G. W.), 18 Bände, seit 1960 bei S. Fischer Verlag, Frankfurt (Main), Bd. 1, S. 529.

–, (1900a), *Die Traumdeutung*, G. W., Bd. 2/3.

–, (1904a), Die Freudsche psychoanalytische Methode, G.W., Bd. 5, S. 1

–, (1905e), Bruchstück einer Hysterie-Analyse, G.W., Bd. 5, S. 161.

–, (1908a), Hysterische Phantasien und ihre Beziehung zur Bisexualität, G.W., Bd. 7, S. 189.

–, (1910d), Die zukünftigen Chancen der psychoanalytischen Therapie, G.W., Bd. 8, S. 103.

–, (1911c), Psychoanalytische Bemerkungen über einen autobiographisch beschriebenen Fall von Paranoia (Dementia paranoides), G.W., Bd. 8, S. 239.

–, (1912b), Zur Dynamik der Übertragung, G.W., Bd. 8, S. 363.

–, (1912e), Ratschläge für den Arzt bei der psychoanalytischen Behandlung, G.W., Bd. 8, S. 375.

–, (1913c), Weitere Ratschläge zur Technik der Psychoanalyse: I. Zur Einleitung der Behandlung, G.W., Bd. 8, S. 453.

–, (1914g), Weitere Ratschläge zur Technik der Psychoanalyse: II. Erinnern, Wiederholen und Durcharbeiten, G.W., Bd. 10, S. 125.

–, (1915a), Weitere Ratschläge zur Technik der Psychoanalyse: III. Bemerkungen über die Übertragungsliebe, G.W., Bd. 10, S. 305.

–, (1916d), Einige Charaktertypen aus der psychoanalytischen Arbeit, G.W., Bd. 10, S. 363.

–, (1917e), Trauer und Melancholie, G.W., Bd. 10, S. 427.

–, (1916–17), *Vorlesungen zur Einführung in die Psychoanalyse,* G.W., Bd. 11.

–, (1918b), Aus der Geschichte einer infantilen Neurose, G.W., Bd. 12, S. 27.

–, (1919e), Ein Kind wird geschlagen, G.W., Bd. 12, S. 195.

–, (1920g), *Jenseits des Lustprinzips,* G.W., Bd. 13, S. 1.

–, (1923b), *Das Ich und das Es,* G. W., Bd. 13, S. 235.

–, (1923c), Bemerkungen zur Theorie und Praxis der Traumdeutung, G.W., Bd. 13, S. 299.

–, (1924c), Das ökonomische Problem des Masochismus, G.W., Bd. 13, S. 369.

–, (1926d), *Hemmung, Symptom und Angst,* G.W., Bd. 14, S. 111.

–, (1933a), *Neue Folge der Vorlesungen zur Einführung in die Psychoanalyse,* G. W., Bd. 15.

–, (1937d), Konstruktionen in der Analyse, G.W., Bd. 16, S. 41.

Garbarino, H. (1968), Contribution to symposium on acting out, *Internat. J. Psycho-Anal.,* 49, S. 193 f.

Gill, M. M., et al. (1968), Studies in audio-recorded psychoanalysis, *J. Amer. Psychoanal. Assn.,* 16, S. 230–244.

Greenarcre, P. (1953), Penis awe and its relation to penis envy, in R. M. Loewenstein (Hrsg)., *Drives, Affects and Behavior,* New York, S. 176 bis 190.

–, (1968), The psychoanalytic process, transference, and acting out, *Internat. J. Psycho-Anal.,* 49, S. 211–218.

Greenson, R. R. (1958), Variations in classical psychoanalytic technique: an introduction, *Internat. J. Psycho-Anal.,* 39, S. 200 f.

–, (1967), *The Technique and Practice of Psychoanalysis,* New York.

–, (1974), Loving, hating and indifference toward the patient, *Internat. Rev. Psycho-Anal.,* S. 259–266.

Grinberg, L. (1968), On acting out and its role in psycho-analytic process, *Internat. J. Psycho-Anal.,* 1, S. 259–266.

Hartmann, H., und E. Kris (1945), The genetic approach in psychoanalysis, *The Psychoanalytic Study of the Child,* New York, 1, S. 11-30.

Hartmann, H., E. Kris und R. M. Loewenstein (1949), Notes on the theory of aggression, *The Psychoanalytic Study of the Child*, 3/4, S. 9–36.

Heimann, P. (1950), On counter-transference, *Internat. J. Psycho-Anal.*, 31, S. 81–84.

Hermann, I. (1933), *Die Psychoanalyse als Methode*, Wien 1934.

Hoffer, W. (1954), Defensive process and defensive organization: their place in psycho-analytic technique, *Internat. J. Psycho-Anal.*, 35, S. 194–198.

Isaacs, S. (1939), Criteria for interpretation, *Internat. J. Psycho-Anal.*, 20, S. 148–160.

Klein, M. (1935), A contribution to the psychogenesis of manic-depressive states, *Internat. J. Psycho-Anal.*, 16, S. 1945–1974.

Kohut, H. (1959), Introspection, empathy and psychoanalysis. An examination of the relationship between mode of observation and theory, *J. Amer. Psychoanal. Assn.*, 7, S. 459–483.

Kris, E. (1947), The nature of psychoanalytic propositions and their validation, in S. Hook und M. R. Konwitz (Hrsg.), *Freedom and Experience*, Ithaca, N.Y., S. 239–259.

–, (1951), Ego psychology and interpretation in psychoanalytic therapy, *Psychoanal. Quart.*, 20, S. 15–30.

–, (1956), The recovery of childhood memories in psychoanalysis, *The Psychoanalytic Study of the Child*, New York, 11, S. 54–88.

Kubie, L. S. (1952), Problems and techniques of psychoanalytic validation and progress, in E. Pumpian-Mindlin (Hrsg.), *Psychoanalysis as Science*, Stanford, Kalifornien, S. 46–124.

–, (1975), *Practical and Theoretical Aspects of Psychoanalysis*, überarb. Neuausg., New York.

Lebovici, S. (1968), Contribution to the symposium on acting out, *Internat. J. Psycho-Anal.*, 49, S. 202–205.

Levin, A. J. (1957), Oedipus and Samson. The rejected hero child, *Internat. J. Psycho-Anal.*, 38, S. 105–116.

Lewin, B. D. (1952), Phobic symptoms and dream interpretation, *Psychoanal. Quart.*, 21, S. 295–322.

Little, M. (1951), Counter-transference and the patient's response to it, *Internat. J. Psycho-Anal.*

Loewenstein, R. M. (1954), Some remarks of defences, autonomous ego, and psychoanalytic technique, *Internat. J. Psycho-Anal.*, 35, S. 188–193.

Malcove, L. (1975), The analytic situation: toward a view of the supervisory experience, *J. Philadelphia Assn. Psychoanal.*, 2, S. 1–14.

Mitscherlich-Nielsen, M. (1968), Contribution to the symposium on acting out, *Internat. J. Psycho-Anal.*, 49, S. 188–192

Money-Kyrle, R. E. (1956), Normal counter-transference and some of its deviations, *Internat. J. Psycho-Anal.*, 37, S. 360–366.

Moore, B. E. (1968), Contribution to the symposium on acting out, *Internat. J. Psycho-Afal.*, 49, S. 182 ff.

Nunberg, H. (1925), The will to recovery, *Internat. J. Psycho-Anal.*, 7, S. 64–78, 1926.

Panel (1954), Defense mechanisms and psychoanalytic technique, Bericht von E. R. Zetzel, *J. Amer. Psychoanal. Assn.*, 2, S. 318–326.

–, (1955), Validation of psychoanalytic technique, Bericht von J. Marmor, *J. Amer. Psychoanal. Assn.*, 3, S. 496–505.

–, (1967), Defense organization of the ego and psychoanalytic technique, Bericht von E. Pumpian-Mindlin, *J. Amer. Psychoanal. Assn.*, 15, S. 150–165.

–, (1970), The fate of the defenses in the psychoanalytic process, Bericht von J. Krent, *J. Amer. Psychoanal. Assn.*, 18, S. 177–194.

–, (1972), Continuing research: the modification of defenses in psychoanalysis, Bericht von J. Weiss, *J. Amer. Psychoanal. Assn.*, 20, S. 177 bis 198.

Podiumsdiskussion siehe Panel.

Rado, R. (1933), Fear of castration in women, *Psychoanal. Quart.*, 2, S. 425–475.

Rangell, L. (1968), A point of view on acting out, *Internat. J. Psycho-Anal.*, 49, S. 195–201.

Rascovsky, A., und M. Rascovsky (1968), On the genesis of acting out and psychopathic behavior in Sophocles' *Oedipus, Internat. J. Psycho-Anal.*, 49, S. 390–394.

Reich, W. (1951), On counter-transference, *Internat. J. Psycho-Anal.*, 32, S. 25–31.

Reidy, J. J. (1975), Contribution to discussion at meeting of Baltimore-D. C. Psychoanalytic Society, 22. März.

Reik, T. (1937), *Surprise and the Psychoanalyst,* New York.

Report (1968), Reports of discussions of acting out, *Internat. J. Psycho-Anal.*, 49, S. 224–230.

–, (1969), Superego analysis, Bericht von Mitgliedern der Ernst Kris Study Group des New York Psychoanalytic Institute, Kurzfassung in *Psychoanal. Quart.*, 40, S. 189 f.

Riviere, J. (1936), On the genesis of psychical conflict in earliest infancy, *Internat. J. Psycho-Anal.*, 17, S. 395–422.

Rosen, V. H. (1955), The reconstruction of a traumatic childhood even in a case of derealization, *J. Amer. Psychoanal. Assn.*, 3, S. 211–221.

Rouart, J. (1968), Acting out and the psychoanalytic process, *Internat. J. Psycho-Anal.*, 49, S. 185 ff.

Sandler, J., et al. (1970), Basic psychoanalytic concepts: II. The treatment alliance, *Brit. J. Psychiat.*, 116, S. 555–558.

Saussure, R. de (1954), Mechanisms of defense and their place in psychoanalytic therapy, *Internat. J. Psycho-Anal.*, 35, S. 199 f.

Schmideberg, M. (1949), »Error« and »proof« in analytic conclusions, *Samiksa*, 3, S. 254–261.

Schmidl, F. (1955), The problem of scientific validation in psychoanalytic interpretations, *Internat. J. Psycho-Anal.*, 36, S. 105–113.

Schwarz, H. (1968), Contribution to the symposium on acting out, *Internat. J. Psycho-Anal.*, 49, S. 179 ff.

Stein, M. H. (1959), Premonitions as a defense, *Psychoanalytic Quart.*, 22, S. 69–74.

Strachey, J. (1934), The nature of the therapeutic action of psychoanalysis, *Internat. J. Psycho-Anal.*, 15, S. 127–159 (Wiederabdruck in derselben Zeitschrift 1969, 50, S. 275–292).

Ticho, E. A. (1972), Termination of psychoanalysis: treatment goals, life goals, *Psychoanal. Quart.*, 41, S. 315–333.

Tyson, R. L., und J. Sandler (1971), Problems in the selection of patients for psychoanalysis: comments on the application of the concepts of ›indications‹, ›suitability‹ and ›analyzability‹, *Brit. J. Med. Psychol.*, 44, S. 211–228.

Vanggaard, T. (1968), Contribution to the symposium on acting out, *Internat. J. Psycho-Anal.*, 49, S. 206–210.

Waelder, R. (1930), The principle of multiple function, in *Psychoanalysis: Observation, Theory, Application*, New York 1976, S. 68–83.

–, (1939), Criteria of interpretation, in *Psychoanalysis: Observation, Theory*, Application, New York 1976, S. 189–199.

–, (1956), Introduction to the discussion on problems of transference, in *Psychoanalysis: Observation, Theory, Application*, New York 1976, S. 240–243.

Waldhorn, H. F. (1960), Assessment of analyzability: technical and theoretical observations, *Psychoanal. Quart.*, 29, S. 478–506.

Wallerstein, R. S. (1965), The goals of psychoanalysis, *J. Amer. Psychoanal. Assn.*, 13, S. 748–770.

Wallerstein, R. S., und H. Sampson (1971), Issues in research in the psychoanalytic process, *Internat. J. Psycho-Anal.*, 52, S. 11–50.

Weiss, J. (1967), The integration of defenses, *Internat. J. Psycho-Anal.*, 48, S. 520–524.

Zetzel, E. R. (1956), Current concepts of transference, *Internat. J. Psycho-Anal.*, 37, S. 369–376.

–, (1966), The analytic situation, in R. E. Littmann (Hrsg.), *Psychoanalysis in the Americas*, New York, S. 86–106.

Namen und Sachregister

Zusammengestellt von Carla Pehle

SIGMUND FREUD
WERKE IM TASCHENBUCH

Herausgegeben von Ilse Grubrich-Simitis
Redigiert von Ingeborg Meyer-Palmedo

Die Sammlung präsentiert das Lebenswerk des Begründers der Psychoanalyse breiten Leserschichten in neuer Gliederung und Ausstattung. Sie löst sukzessive die früheren Taschenbuchausgaben der Schriften Sigmund Freuds ab. Erstmals werden auch die Bereiche Behandlungstechnik und Krankheitslehre sowie einige voranalytische Schriften einbezogen. Zeitgenössische Wissenschaftler haben Begleittexte verfaßt; sie stellen Verbindungen zur neueren Forschung her, gelangen zu einer differenzierten Neubewertung des Freudschen Œuvres und beschreiben dessen Fortwirkung in einem weiten Spektrum der intellektuellen Moderne.

EINFÜHRUNGEN:

Vorlesungen zur Einführung in die Psychoanalyse
Biographisches Nachwort von Peter Gay. Band 10432

*Neue Folge der Vorlesungen
zur Einführung in die Psychoanalyse*
Biographisches Nachwort von Peter Gay. Band 10433

Abriß der Psychoanalyse
Einführende Darstellungen. Einleitung von F.-W. Eickhoff
Band 10434 *(in Vorbereitung)*

»Selbstdarstellung«
Schriften zur Geschichte der Psychoanalyse
Herausgegeben und eingeleitet von Ilse Grubrich-Simitis
Band 10435 *(in Vorbereitung)*

FISCHER TASCHENBUCH VERLAG

fi 1581/2 a

SIGMUND FREUD
WERKE IM TASCHENBUCH

FISCHER TASCHENBUCH VERLAG

fi 1581/4b

SIGMUND FREUD
WERKE IM TASCHENBUCH

KRANKHEITSLEHRE UND BEHANDLUNGSTECHNIK:

Schriften zur Krankheitslehre der Psychoanalyse
Einleitung von Clemens de Boor. Band 10444

Zur Dynamik der Übertragung
Behandlungstechnische Schriften
Einleitung von Hermann Argelander. Band 10445

KRANKENGESCHICHTEN:

Studien über Hysterie
(zusammen mit Josef Breuer)
Einleitung von Stavros Mentzos. Band 10446

Bruchstück einer Hysterie–Analyse
Nachwort von Stavros Mentzos
Band 10447 *(in Vorbereitung)*

Analyse der Phobie eines fünfjährigen Knaben
(inkl. Nachschrift)
Einleitung von Veronica Mächtlinger
Im Anhang: Vorwort 1979 von Anna Freud
Band 10448 *(in Vorbereitung)*

Zwei Krankengeschichten
Einleitung von Carl Nedelmann
Band 10449 *(in Vorbereitung)*

Zwei Fallberichte
Einleitung von Mario Erdheim
Band 10450 *(in Vorbereitung)*

FISCHER TASCHENBUCH VERLAG

fi 1581/2 c

SIGMUND FREUD
WERKE IM TASCHENBUCH

FISCHER TASCHENBUCH VERLAG

fi 1581/2 d

SIGMUND FREUD
WERKE IM TASCHENBUCH

FISCHER TASCHENBUCH VERLAG